A razão de Deus

José Carlos de Assis

A razão de Deus
Ciência e fé, criacionismo e evolução, determinismo e liberdade

CIVILIZAÇÃO BRASILEIRA

Rio de Janeiro
2012

Copyright © José Carlos de Assis, 2012

PROJETO GRÁFICO DE MIOLO
Evelyn Grumach e João de Souza Leite

CIP-BRASIL. CATALOGAÇÃO NA FONTE
SINDICATO NACIONAL DOS EDITORES DE LIVROS, RJ

Assis, J. Carlos de (José Carlos de)
A866r   A razão de Deus: ciência e fé, criacionismo e evolução, determinismo e liberdade / J. Carlos de Assis. – Rio de Janeiro: Civilização Brasileira, 2012.

ISBN 978-85-200-1028-0

1. Deus. 2. Filosofia e religião. 3. Religião e ciência. I. Título.

12-1724
CDD: 210
CDU: 21

Todos os direitos reservados. Proibida a reprodução, armazenamento ou transmissão de partes deste livro, através de quaisquer meios, sem prévia autorização por escrito.

Este livro foi revisado segundo o novo Acordo Ortográfico da Língua Portuguesa.

Direitos desta edição adquiridos pela
EDITORA CIVILIZAÇÃO BRASILEIRA
Um selo da
EDITORA JOSÉ OLYMPIO LTDA.
Rua Argentina, 171 – Rio de Janeiro, RJ – 20921-380
Tel.: 2585-2000

Seja um leitor preferencial Record.
Cadastre-se e receba informações sobre nossos lançamentos e nossas promoções.

Atendimento e venda direta ao leitor:
mdireto@record.com.br ou (21) 2585-2002

Impresso no Brasil
2012

Para Aniucha e Lucinha,
in memoriam

*A verdade absoluta com respeito aos deuses
e a todas as coisas de que falo, ninguém o sabe
ou saberá. Mesmo que alguém, casualmente,
diga algo muito certo, ainda assim não o sabe;
seja lá o que diga, só o pode adivinhar!*

Xenófanes, século VI a.C.

Sumário

Prefácio de Francisco Antonio Doria	11
Prólogo — A fé e a dúvida	21
CAPÍTULO I — A criação do homem	29
CAPÍTULO II — A criação de Deus	57
CAPÍTULO III — A criação da religião	81
CAPÍTULO IV — A criação do bem e do mal	109
CAPÍTULO V — A criação do Estado	135
CAPÍTULO VI — A criação da filosofia	177
CAPÍTULO VII — A criação da ética	199
CAPÍTULO VIII — A criação da ciência	221
CAPÍTULO IX — A criação do valor	239
CAPÍTULO X — A razão da Criação	269
CAPÍTULO XI — O enigma da paranormalidade	309
Posfácio — Deus em si	329
Nota final	345

Prefácio

Por que um ateu escreve esta introdução?

Conto um incidente, uma pequena história. Foi há quarenta anos, no fim dos gloriosos anos 1960 do século XX. Um casal jovem, ela psiquiatra, passa um domingo de verão na casa de um amigo, também psiquiatra. De repente, ele e ela, que eram namorados, dizem "o mundo está se abrindo". E se fecham, ligam-se um ao outro, ela e ele, num círculo autista; e dizem que estão vivendo juntos a experiência da abertura do mundo. O amigo psiquiatra observa tudo, fotografa o casal, que insiste estar vivendo junto aquela experiência da abertura do mundo e do sentido das coisas. Dizem, um e outro, sei o que ela está vivendo, sei o que ele está vivendo. Vemos, os dois, o Sentido das Coisas. O Fundamento do Mundo.

Não, não haviam tomado nada, fumado o que quer que fosse. No máximo, um copo de cerveja para curtir o começo da tarde de verão. Estavam sóbrios, virginalmente sóbrios. E só diziam, sei o que ela está sentindo, sei o que ele sente. A Abertura do Mundo. O Sentido Maior das Coisas. Assim mesmo, com maiúsculas. A vivência dura a tarde e vai se esbatendo aos poucos: cinco, seis horas talvez. Deixa-os, pelo fim do dia, relaxados e tranquilos.

Sim, foi uma experiência mística de livro, de livro-texto, como aquelas descritas no capítulo final das *The Varieties of Religious Experience,* de William James. O casal discutiu a experiência que se repetiu para os dois, juntos também, anos mais tarde, ainda outra vez entre si e com o amigo psiquiatra que viu tudo. A moça foi pescar nalgum texto de Kurt Goldstein um termo para a tal vivência: *eustress,* o bom estresse. Mas termos e classificações não descrevem o vivido, e vivido simultaneamente, pelos dois, então namorados.

Muita coisa explica, ou pode explicar, aquelas seis horas de integração simultânea de experiências de uma Totalidade Maior. Estavam enamorados, enamoradíssimos; a paixão pode ter induzido o que diziam viver e talvez pequenos indícios subliminares hajam permitido a ilusão (ilusão?) das experiências que se repartiam. A paixão abriu-lhes o Sentido Maior das Coisas do Mundo? Talvez. Isso explica tudo. Um estado de euforia, nada além disso.

Tudo bem: mas essa explicação, ou qualquer outra, deixa de lado, ignora, o que os dois viveram. E juntos. Essa experiência de algo maior, algo com um sentido que dá sentido a tudo, algo que é o fundamento das coisas do mundo. A vivência do fundamento e do sentido das coisas. A *vivência.* A vivência não se deixa dizer.

Anos mais tarde, como num reflexo disso que haviam vivido, a moça, já mulher madura, olhava o jardim da sua casa e dizia, meu deus é meu jardim. No jardim bonito e cheio de matos misturados a árvores e flores e tudo meio selvagem e irregular e desordenado e vivo, a moça de trinta e tantos anos antes, que agora estava morrendo, via um reflexo do Sentido Maior que tinha conhecido, ou reconhecido, na tal tarde de verão três décadas antes. E morreu ateia, como havia sido ateia desde antes daquela experiência, que em nada mudou seu ateísmo. Recusou ritos religiosos e foi-se com simplicidade.

A experiência mística não faz ateus em crentes.

A moça dizia: sou ateia. O que vi naquelas horas não tem nada a ver com Deus ou deuses. Vi o vazio por trás de tudo, e só. Continuou ateia e ateia morreu.

Conceitos para Deus

Não existe um conceito para deus, ou Deus, com ou sem maiúscula, a maiúscula reverencial, comum a todas as culturas. Os gregos tinham seus *theoì,* com certeza seres infinitamente mais poderosos do que os homens, e no entanto homens e deuses estavam subordinados a algo mais básico, algo que tinha um nome, *Moîra,* algumas vezes, ou *Díke,* essa palavra intraduzível, cognata ao verbo *deíknumi,* eu mostro, eu revelo, ou ao nome bem concreto *digitum,* dedo. Como daí se passou a traduzir *Díke* por justiça, não sei, vai além da minha capacidade de compreensão. *Díke* seria algo como o que se mostra, o que se revela. Algo que está além dos deuses e das deusas. E, nesse panorama grego das potestades supremas e ínfimas, surge uma capacidade que têm os homens, e não os deuses, a *húbris,* a capacidade de ir além de si mesmo. O homem pode, ainda que só momentaneamente, se ultrapassar. Isso nem deuses, ou outros seres, são capazes de fazê-lo.

Por outro lado, vamos dar um brevíssimo passeio pela tradição judaico-cristã. Que é a Bíblia? Uma bela, sem dúvida, e carregada de poesia coleção de mitos da Mesopotâmia, como a epopeia de Gilgamesh, lendas edificantes egípcias e duas figuras divinas diferentes que encontramos, uma — muito antiga —, nos primeiros povos semíticos, o deus El, que virou plural e deu em Elohim, o nome divino que abre o *Gênesis, Breshit barah Elohim...* no princípio criou Deus... E Yahweh, o que expulsa o homem do jardim do Éden, na origem provavelmente um deus vulcânico, iracundo, dos canaanitas, sempre cercado de fogos e trovões. Essas duas figuras díspares acabam se fundindo no deus, ou Deus, do Velho Testamento. Novamente temos aqui uma construção histórica, óbvia, de um ente com emoções quase humanas, furibundo, vingativo, explosivo como os vulcões que de certa maneira o metaforizam.

E, de qualquer modo, Elohim/Yahweh não tem nada a ver com algum *theòs* grego, ou com *Díke*.

O conceito de Deus, ao menos no Ocidente, é, portanto, uma construção histórica. Mas por que assumiu esse conceito uma posição tão central, tão dominante, em nossa cultura?

Pode-se provar que Deus existe?

Podemos provar que há um deus, ou Deus, ou Ser Supremo? Vamos olhar uma das ditas provas clássicas da existência de Deus, ao estilo de Aristóteles ou Santo Tomás, a prova do *Primum Movens*. Tudo que se move é empurrado por alguma coisa ou ente que também se move. Organizemos em sequências todas as sucessões de seres que empurram outros seres. O supremo de todas essas sequências é o Primeiro Motor, isto é, Deus.

A prova convence você? Convence? Pois saiba que nela se utiliza um axioma lógico fortíssimo, o Axioma da Escolha, na forma do Lema de Zorn: *toda família de sequências parcialmente ordenadas que, cada uma, tem um elemento máximo possui um supremo*. Se temos sequências parciais onde há, para cada sequência, um primeiro moventezinho, existirá um primeiro moventão para todas as sequências.

Esse axioma foi usado em diversas demonstrações matemáticas no início do século XX e, por motivos que não vêm ao caso, muitos matemáticos duvidaram de sua validade universal. E em 1963 Paul Cohen mostrou que há sistemas matemáticos perfeitamente razoáveis nos quais tal princípio não vale, em geral. Nesses universos matemáticos a prova do *Primum Movens* não pode ser realizada.

Há mais aqui: Deus inventou a lógica, ou as regras de argumentação, ou a lógica inventou Deus? Você acreditaria num Deus subordinado a alguma estrutura lógica? E que lógica utilizar? Porque hoje sabemos que há infinidades de sistemas lógicos e contraditórios entre si. Qual utilizarmos para a prova, alguma prova, da existência de Deus? Até porque, se num sistema lógico provamos de certas premissas a existência de Deus, será possível arranjarmos outro sistema, perfeitamente razoável, no qual as mesmas premissas provarão a inexistência de Deus. Como se sai, então, de tal *imbróglio?*

Big Bang?

Sou ateu. Por quê? Sou físico, sou doutor em física, e no estranhíssimo e muito rico universo que a física de hoje em dia está revelando, figuras míticas não têm lugar. Foi em 1950, creio, que Pio XII proclamou, nalgum documento papal, que a teoria do Big Bang proposta por um abade católico dublê de astrofísico, Lemaître, confirmava a história do *Gênesis*, o *Bereshit*, pois teria havido um instante da criação do universo.

Mas será que as coisas são assim mesmo? Em 1949 Kurt Gödel, o grande lógico matemático, amigo muito próximo de Einstein, dedica-lhe um trabalho de duas páginas, duas páginas só, publicado na revista *Reviews of Modern Physics*. É um dos dois trabalhos de Gödel sobre relatividade geral, bem longe de sua área maior de atividade, a lógica matemática e a filosofia da matemática. Nesse trabalho, baseando-se em Einstein, Gödel descreve um universo onde não há Big Bang e onde existem máquinas do tempo. E, melhor, onde falar-se em idade do universo não tem sentido. O trabalho de Gödel causou horror, causa ainda horror a muitos relativistas. Para fugir às suas consequências, por exemplo, Stephen Hawking propôs há cerca de vinte anos a Conjectura da Proteção Cronológica: em resumo, só se permitiriam universos com tudo bonitinho, como o Big Bang.

Seria o Big Bang um mito? Explico em maior detalhe. O que nos serve de guia na descrição de universos possíveis são as equações gravitacionais de Einstein, postuladas em 1916, e conhecidas entre os físicos como as equações de Einstein (não se trata da muito mais famosa $E = mc2$, mas de outro tipo de bicho). Físicos falam que as equações de Einstein descrevem o universo, mas não é bem assim.

As equações de Einstein descrevem apenas regiões do universo; vizinhanças, nossos entornos. Para termos um modelo de universo, temos de usar postulados ou conjecturas extraequações da gravitação. E o que é um modelo de universo? É um espaço curvo a quatro dimensões, com um dado extra, sobre o qual já falo; e a esse espaço curvo chamamos espaço-tempo.

A RAZÃO DE DEUS

Mas, horror! Em todo espaço curvo "aberto", ou de certo modo infinito, como dizem os físicos e matemáticos, sempre existem equações de Einstein. Quer dizer: por mais estrambótico o espaço-tempo, sempre haverá nele algum conjunto de equações gravitacionais de Einstein, bonitinhas e bem-comportadas, e descrevendo-o localmente, nalguma vizinhança. Tudo bonitinho, conforme o figurino.

E o Big Bang? Pena: *porque entre todas as soluções possíveis para as equações de Einstein, as soluções tipo Big Bang, ou que satisfazem à Conjectura de Proteção Cronológica de Hawking, têm probabilidade zero de ocorrer.* Probabilidade é um conceito estranho e difícil de se compreender em seus fundamentos. Há infinitas soluções do tipo Big Bang para as equações de Einstein e infinitos espaços-tempo correspondentes. Mas a chance de esses ocorrerem, entre todos os espaços-tempo admissíveis, é nula. Espaços-tempo sem o Big Bang são infinitamente mais frequentes.

Nesta descrição compreendemos (compreendemos?) que será verdade melhor o que parece ser o tempo em relatividade geral. Uso aqui de uma metáfora: o tempo é como um rio sobre o espaço-tempo. Mas um rio cheio de torvelinhos, bolsões, meandros, loops fechados, e tudo de tal maneira que não conseguimos definir uma espécie de tempo global, tempo comum a todas as partes do universo, tempo que nos permita dizer, o universo começou há 13,7 bilhões de anos. O tempo é um campo, uma estrutura extra que se acrescenta a um espaço curvo de quatro dimensões para que nele possamos ter as equações de Einstein. O tempo é um extra, um plus.

No infinitamente pequeno

Se, de certo modo, encontramos nas equações de Einstein a base para destruirmos o conceito de tempo, será numa questão levantada igualmente por Einstein em 1935 que veremos o caminho para se implodirem, de vez, nossas ideias sobre espaço e sobre tempo. Trata-se do chamado paradoxo EPR, ou paradoxo de Einstein-Podolsky-Rosen (Boris Podolsky e Nathan Rosen foram colaboradores de Einstein). Estamos aqui no domínio dos fenômenos quânticos.

Eis o paradoxo EPR: suponhamos que dois elétrons estão juntos aqui na terra, num laboratório (num estado emaranhado, ligados um ao outro, como se diz). De repente um deles é afastado para o outro lado do universo, deixando seu par aqui na terra. De acordo com a mecânica quântica, se mexo com o elétron aqui da terra, instantaneamente o que está agora no outro lado do universo vai se mexer. Instantaneamente, pois se temos partículas emaranhadas, é como se essas fossem gêmeas inseparáveis; entre elas não há distância, não há espaço, não há tempo. Como se a mecânica quântica abolisse o espaço e o tempo.

Os três autores, EPR, argumentam que isso é absurdo, viola a teoria da relatividade restrita. Sim, mas o efeito EPR, essa abolição de espaço e tempo, abolição radical, foi tudo verificado numa série de experiências que se fizeram desde 1981, tendo sido pioneiro nisso o francês Alain Aspect. E contra o que esperava Einstein, a estranha abolição das distâncias, no espaço e no tempo, prevista pela mecânica quântica verifica-se direitinho. Ou seja, também no infinitamente pequeno se dissolvem nossos conceitos de espaço-tempo.

Deus?

Como disse, num tal universo figuras mitológicas, deuses furiosos, explodindo em gases vulcânicos, restringindo a sexualidade dos pobres mortais, nada disso tem lugar. O mundo que nos descreve a física contemporânea exclui tais figuras. É com certeza um mundo estranhíssimo, talvez na essência incompreensível.

Neste mundo, aparentemente, só algo como o ateísmo faria sentido. Por que então precisamos da ideia de Deus? Para uma resposta plausível leiam o que José Carlos de Assis tem a dizer: a hipótese que ele expõe do Criador natural, simultaneamente determinístico e probabilístico, portanto quântico, se não convence, certamente convida à reflexão!

Francisco Antonio Doria
Físico-matemático, professor emérito da UFRJ
Membro da Academia Brasileira de Filosofia

Prólogo

A fé e a dúvida

Ponha-se no lugar de Deus!

Teria você, como Deus, necessidade de um grupo profissional especializado e hierarquizado, encarregado de mediar as relações entre você e o conjunto de seres criados por você mesmo, notadamente os humanos?

Acaso você dividiria os povos em diferentes religiões e seitas, cada uma professando dogmas muitas vezes contraditórios entre si e todas igualmente invocando a condição de guardiões sagrados de sua revelação exclusiva e de seus preceitos? Você se sentiria honrado com rituais, liturgias e orações e se colocaria na condição de um provedor de graças movido por preces, e eventualmente por dinheiro, cuidando pessoalmente do destino individual de mais de 7 bilhões de seres humanos — para mencionar apenas contemporâneos vivos, na etapa atual da história — sem falar de gerações anteriores e futuras e dos seres que nossa ignorância chama de irracionais?

Como, em sua infinita modéstia, se sentiria ouvindo louvores diários, ininterruptos e repetitivos de centenas de milhões de pessoas reunidas em igrejas, sinagogas e mesquitas?

Acaso, em sua infinita bondade, você, como Deus, ficaria indiferente diante de charlatães que, invocando seu nome, fazem da manipulação de conceitos e coisas fingidamente sagradas um meio de ganhar dinheiro mediante a exploração dos sentimentos religiosos de milhões de pessoas em busca de consolo espiritual?

Ao tentar pensar como Deus, o homem é levado a repelir pela razão muitas das ideias sobre Deus que foram sendo construídas ao longo da história, desde os mitos e ídolos antropomórficos da Antiguidade às divindades abstratas de épocas mais recentes. Na maioria dos casos, Deus não se revelou efetivamente ao mundo; foi o homem que o inventou e lhe deu atributos, em geral os próprios atributos humanos em escala sobre-humana. Mas houve eventualmente episódios também de revelação, no campo da subjetividade, ao alcance exclusivamente da fé e da experiência mística. Em consequência, o conceito de Deus pôde ser manipulado com segundos propósitos, no campo objetivo, ao mesmo tempo em que pôde ser experimentado no êxtase místico, no plano subjetivo. Assim, no que tange a Deus, piedade e charlatanismo andam paralelamente, nem sempre possibilitando uma distinção objetiva nítida.

Tentar pensar como Deus não é um ato de impiedade, mas de humildade: só pela busca do sentimento subjetivo do Absoluto o homem pode dar-se conta de sua total irrelevância no cosmos. Ao ateu, incapaz de se pensar como Deus, resta o consolo do orgulho humano. Como tal, ele tem mais necessidade de reconhecimento e louvor de seu próximo do que o próprio Deus, pois esse certamente dispensa o reconhecimento de uma Criação que é uma extensão material e espiritual de si mesmo. Em suma, nada indica que Deus precise de grandes louvores de homens e mulheres. Quem mais precisa de louvor para satisfazer-se intelectualmente é o ateu! É o que se revela metaforicamente, por exemplo, no *Gênesis*, onde na criação do mundo não há agradecimentos proferidos ou solicitados.

Agora coloque-se numa situação daquilo que você é, um homem ou mulher comum. Você nasceu quase indefeso, acolhido com carinho por uma mãe, aprendeu a andar, caminhar e falar no ambiente familiar íntimo, cresceu sob proteção materna e paterna até os 9 ou 10 anos, com uma dependência extrema de adultos não encontrada em qualquer outro mamífero, e se tornou um adolescente atrevido com impulsos de contrariar regras da família e do mundo. Acaso você pode dispensar o concurso do outro para lhe orientar na busca de uma explicação para os mistérios do céu e da terra? Certamente seu caminho para compreender o cosmos e a vida, na sua maravilhosa complexidade, dependerá de algum auxílio exterior que não os impulsos inocentes da adolescência. Para os mestres do Vedanta, trata-se de uma escolha que se realiza no âmbito da "sucessão discipular", uma cadeia de transmissão da doutrina correta por mestres sucessivos, e que remonta ao próprio Krishna. Nessa concepção, um dos três caminhos que lhe estão abertos é o do conhecimento, que lhe convidará a penetrar na reflexão intelectual e, em termos modernos, no terreno da experimentação física com suas fantásticas descobertas dos últimos 500 anos. Outro caminho é o da devoção, que lhe suprimirá todo tipo de dúvida sob a orientação de alguém que encontrou na experiência religiosa as principais respostas. O terceiro caminho é o da ação, pelo qual você evitará as perguntas mais complicadas e simplesmente procurará fazer o que lhe parece bom para si mesmo e para os outros, como um moderno existencialista animado por uma ética rigorosa.

Qualquer que seja seu caminho, se perseguido com afinco, ele o libertará de preconceitos e traumas. Os caminhos do conhecimento e da ação não dependem necessariamente de sua crença num Deus pessoal. O caminho da devoção supõe um ser superior a que se deve prestar reverência e a quem se podem dirigir súplicas pessoais. Em qualquer hipótese, não é Deus que precisa de religião, sacerdotes, pastores ou outros intermediários, mas o homem e a mulher que sentem necessidades deles como orientadores de seu caminho individual num mundo diferenciado e complexo. Nesse sentido, encontram-se também eles na cadeia de "sucessão discipular", a qual, no caso do cristianismo, remonta a Jesus Cristo; no caso dos judeus, a Moisés; e no caso dos maometanos, a Maomé, constituindo essas três as grandes religiões monoteístas dominantes no mundo.

Deus não precisa de se imiscuir nos negócios humanos para que a crença Nele, ou para que as preces a Ele dirigidas façam sentido e tenham eficácia. Quando rezam solitários, homens e mulheres se dão uma oportunidade especial de tranquilizar a mente e se reequilibrar psicologicamente em meio à faina diária. Quando se reúnem para orar, criam uma empatia favorável ao sentimento comum de humanidade, fundada no poder de comunicação da linguagem, que se traduz, segundo o filósofo Karl-Otto Apel, numa ética de responsabilidade em escala planetária. Em qualquer caso, podem precisar da ajuda de um pastor ou de um sacerdote, como um jovem iogue precisa da assistência de um mestre. Os rituais e cerimônias, embora dirigidos a Deus, servem, sobretudo, para promover a paz interior dos próprios crentes.

Por certo você não é Deus para pensar realmente como Deus. Nem precisa de tomar decisões que reportam a Deus, nem fingir-se de Deus. Tudo de que precisa é ser razoável. É que o pensamento pode ser o campo comum entre você e a divindade.

Este livro está baseado na crença em Deus, porém na descrença em religiões como mediadoras indispensáveis de Deus, de cima para baixo. Mais adiante, procurarei mostrar que a religião é útil, talvez indispensável, de baixo para cima, na construção da ética e como garantia de estabilidade da ordem social humana. Porém, nada indica que seja indispensável na mediação com Deus. Sua fraqueza pode ser demonstrada pela ciência, mas também pela fé.

Este livro, mesmo contrariando alguns conceitos religiosos tradicionais, poderá reforçar convicções mesmo dos que acreditam sinceramente num Deus pessoal e justo, misericordioso com os bons e implacável com os maus, suscetível à devoção e provedor de bem-aventuranças na vida eterna. Por outro lado, mesmo que não venha a abalar os alicerces epistemológicos dos ateus convictos, talvez lhes abra novas perspectivas filosóficas. Entretanto, é principalmente aos que duvidam que ele se destina. Aqueles que não se sentem nem muito quentes nem muito frios em relação à crença em um Deus. Meu objetivo é contribuir para aquecê-los sob uma ótica que, combinando ciência e fé, política e ética, filosofia e metafísica, pretende dar versão temporária a uma Verdade que, em termos absolutos, jamais será plenamente conhecida, conforme se suspeita desde o filósofo Xenófanes, citado na epígrafe.

A ciência não trata de Deus. Em termos científicos, nenhuma hipótese que não possa ser testada e submetida ao contraditório pode levar ao conhecimento objetivo (princípio da falseabilidade de Popper). Nesse sentido, dificilmente

Deus seria uma hipótese científica falsificável. Também não se pode provar cientificamente a hipótese inversa, isto é, que Deus não existe. Alguns cientistas, como Richard Dawkins, extrapolam resultados científicos parciais sobre a natureza física, biológica e humana e daí tiram conclusões precipitadas no sentido de que Deus não existe. Criticam, às vezes com razão, as religiões, e não se dão conta de que Deus pode estar em contradição com as religiões, ou transcendê-las.

Para muitos pensadores e cientistas, desde Leibniz até Ernst Bloch, é a suposta indiferença de Deus aos males humanos que torna inaceitável a existência de Deus, pelo menos de um Deus pessoal amoroso. Isso foi colocado de forma desconcertante pelo filósofo francês Albert Camus, para quem um Deus Amor e Providência é incompatível com a existência do mal e do sofrimento no mundo. Dizia que, para ele, a prova da inexistência de Deus era a mesma que permitia aos epicuristas sustentar a indiferença dos deuses pelas coisas humanas. Em sua concepção, os males seriam eventos vindos fora da história, dos quais os homens são vítimas inocentes e Deus, o único culpado, se não por outra razão, pelo fato de não intervir para impedi-los. Procurarei, adiante, à luz de certos desenvolvimentos da ciência contemporânea, mostrar os limites desse argumento.

A ciência, de qualquer modo, não pode dar um veredicto definitivo sobre a existência de Deus e nem decretar a inutilidade das religiões. É que as religiões deduziram um código moral das pretensas relações privilegiadas de seu corpo de sacerdotes com a divindade. Esse código moral tem sido útil no curso das civilizações, não obstante perversões ao longo da história. E o será enquanto não for substituído por uma moral secular de tipo kantiano, isto é, uma moral fundada no respeito a valores humanos que conciliem a liberdade individual com os imperativos da vida em sociedade.

Mais difícil, porém, é o caminho do ateu. Ele está inexoravelmente amarrado à terra e fechado para qualquer especulação no campo espiritual, não raro caindo nas armadilhas de um existencialismo radical cujo horizonte é solidão, desespero e náusea — para usar as expressões de um de seus próprios criadores, Jean-Paul Sartre. Suas tentativas de provar que Deus não existe esbarram num paradoxo semântico. Ele diz, com aparente convicção, que "Deus não existe." Entretanto, em sintaxe lógica, essa frase é absurda, segundo a teoria das descrições. Estruturada como um enunciado completo, é possível eliminar sua ambiguidade, mas, na linguagem comum, ela deve ser entendida como algo mais ou menos assim: "Existe uma coisa chamada Deus que não existe." Então, para o ateu, Deus existe e não existe. Além disso, do ponto de vista lógico, como se observou acima, não se pode afirmar que não existe algo cuja não existência não se pode provar. Este livro pretende esclarecer esse paradoxo!

Finalmente, convém destacar o que este livro não é, nem o que não se deve esperar dele. Não é um livro de metafísica, de filosofia, de teologia ou de ciência. Também não é um livro de religião. Ele apenas procura integrar conhecimentos que estão ao nível da informação corrente nesses diferentes campos em direção de uma interpretação racional do que me aparece como inevitabilidade de um Deus criador, que está em interação com o homem e, mais do que isso, que se manifesta no homem. Mas não é uma prova da existência de um Deus criador. É a sugestão de sua existência que, em último caso, só se satisfaz pela fé não enquanto certeza, mas enquanto busca, segundo a fórmula proposta por Maurice

Merleau-Ponty. Nesse sentido, não pretende ser uma negação seja da religião, seja da ciência, mas sim uma aproximação entre elas, respeitadas as respectivas fronteiras, e encaradas não como portadoras de verdades estanques, mas como animadoras de processos criativos de uma verdade que se abre continuamente para a investigação e a admiração do homem histórico.

Rio de Janeiro, março de 2012

CAPÍTULO I A criação do homem

1. Onde Deus se revela necessário para a razão

A existência de Deus não pode ser provada cientificamente, mas é uma exigência da razão.

Deixo de lado, por enquanto, as chamadas provas ontológicas e escolásticas da existência de Deus, elaboradas desde Aristóteles e que ganharam refinamento na Idade Média com os dois grandes padres da Igreja, Santo Agostinho e São Tomás de Aquino, e as que resultaram de um refinamento ainda maior nas mãos de grandes filósofos da Idade Moderna como Berkeley e Hume, e mais recentemente com José Ortega y Gasset: hoje parecem insuficientes e com base em raciocínios circulares. Porém, à luz da filosofia e da ciência contemporâneas, há pelo menos três momentos da realidade do universo conhecida ou inferida cientificamente nos quais a presença de um criador consciente é uma exigência da razão, por um princípio de economia — a chamada "navalha de Occam", em ciência, que estabelece que, entre duas hipóteses científicas, deve-se dar preferência à mais simples:

1. o momento da criação do universo, ou Big Bang (admitindo-se que existiu);

2. o momento da criação da vida e da posterior diversificação das espécies;

3. o momento da aquisição de inteligência criativa no homem, ou da linguagem, na fronteira entre a subjetividade e a objetividade.

A física do século XIX, apoiada nos avanços extraordinários anteriores de Galileo Galilei e de Isaac Newton, reduziu a compreensão dos eventos da natureza à mecânica clássica, que reinou absoluta até a Teoria da Relatividade de Einstein. Aplicada aos fenômenos celestes, produziu resultados tão espetaculares na previsão do movimento dos astros que o astrônomo francês Pierre Simon Laplace teria dito a Napoleão que "Deus é uma hipótese desnecessária" para explicar o cosmos. É que, reduzido a um conjunto de equações matemáticas, esse último se comportava tão previsivelmente como um relógio mecânico.

Se observasse com um pouco mais de atenção a equação fundamental da gravidade por trás dessa teoria cosmológica descoberta por Newton, e aplicada por ele com proficiência, Laplace teria, já em sua época, um pouco mais de modéstia na sua tentativa de descartar Deus do cosmos. A equação, conhecida por todos os que têm curso secundário na forma "matéria atrai matéria na razão direta das massas e na razão inversa do quadrado das distâncias", só funciona com certa precisão para determinar o movimento dos astros porque nela se introduziu uma constante gravitacional deduzida da experiência, sem qualquer justificação teórica.

Se essa constante fosse um pouco maior ou menor do que 6,674, o cosmos seria bem diferente e nosso sistema planetá-

A RAZÃO DE DEUS

rio bastante confuso — se é que existiria como o conhecemos. Claro, se não fosse 6,674, também não estaríamos aqui para reclamar. O fato de ser exatamente esse número, para alguns, é mero fruto do acaso. A isso se chama princípio antrópico: o universo é do jeito que o observamos porque do contrário não estaríamos aqui para observá-lo. Isso, para alguns, resolve o problema da origem do universo e serve para descartar a especulação sobre quem o criou.

Mas não satisfaz a mim. Se estivéssemos diante de apenas um, dois ou três parâmetros ou quantidades que tiveram de ser introduzidos experimentalmente em equações físicas para as fazerem funcionar, ainda seria razoável acreditar no acaso como princípio de criação de mundo. Contudo, há no mínimo trinta, em diversas áreas da física e da biologia, e mesmo que algumas possam ser deduzidas de outras, a maioria tem valor arbitrário que, se fosse apenas ligeiramente diferente, tornaria impossíveis o universo ou a vida na Terra como a conhecemos. Diante do número espantoso de partículas subatômicas recém-descobertas e de tantas constantes físicas inexplicadas, um famoso físico ironizou que teria sido melhor se tivesse se dedicado à botânica!

Tome-se, por exemplo, a velocidade de deslocamento da luz no vácuo. É a mais importante das constantes físicas, base da Teoria da Relatividade de Einstein. Além disso, é um limite físico para a velocidade de todos os corpos e de todas as energias, ou seja, nada pode se deslocar no vácuo com velocidade superior à da luz, aproximadamente 300 mil quilômetros por segundo. (Se não fosse assim, o mundo nos pareceria extremamente estranho: se um avião viesse com velocidade superior à da luz em sua direção, você primeiro o veria se afastando e só depois se aproximando.)

Nenhuma equação explica ou justifica a velocidade da luz. É um dado da natureza. O princípio antrópico tenta resolver o problema argumentando que se a velocidade da luz fosse variável, não estaríamos aqui para reclamar. É um fato. Mas realmente não é uma solução satisfatória para quem procura respostas. Sobretudo se outros enigmas igualmente insolúveis se repetem ao longo de uma investigação objetiva sobre origens do universo e do homem, assim como sobre a origem de capacidade racional num mamífero específico, nisso diferente de todos os demais.

As leis da física, de acordo com o modelo padrão do Big Bang amplamente aceito pela comunidade científica, funcionam razoavelmente bem para descrever regressivamente a evolução do universo até um tempo infinitesimamente próximo da explosão primordial de que se teriam originado o espaço-tempo, matéria e energia. Mas não são capazes de explicar o Big Bang em si. No momento zero essas leis colapsam. Falta uma equação decisiva que integre as quatro forças fundamentais da natureza (eletromagnetismo, força nuclear forte, força nuclear fraca e gravidade) num ambiente primordial próximo da densidade infinita e do volume zero e que, em consequência, descreva matematicamente o aparecimento da energia e da matéria a partir do nada, ou do vácuo quântico. Einstein passou grande parte de sua vida tentando encontrá-la.

A própria teoria do Big Bang é controversa. Teorias concorrentes encontram justificativa matemática para um universo eterno dinâmico — proposto pelo notável físico brasileiro Mário Novello — ou para multiversos, ou seja, uma infinidade de universos paralelos aos nossos, dos quais o nosso é o que, por meios probabilísticos, tomou uma forma compatível com a vida. Na cosmogonia metafísica hindu, que se discutirá adiante, assim como no Judaísmo, o princípio apresentado é o de ciclos de criação (eons) nos quais expansão e contração do universo se alternam também num tempo eterno. Em sua abordagem física, Novello sustenta que a teoria do Big Bang é racionalmente insustentável, pois postula um momento inicial do universo de densidade infinita e volume zero. Isso simplesmente não tem sentido lógico ou físico. Ele sugere um universo que avança por momentos sucessivos de contração e de expansão máximas, que se sucedem no tempo eterno, e que substitui a hipótese da explosão inicial do Big Bang, conformando-se, digo eu, à intuição védica.

Mesmo que não haja ainda evidências conclusivas a favor seja da teoria do Big Bang, seja da do universo eterno dinâmico de Novello, ambas têm em comum a evidência de que houve, ou no Big Bang, há cerca de 14 bilhões de anos, ou no início da última fase de expansão do universo eterno dinâmico, um início do espaço-tempo de contração e densidade máximas no qual a vida era obviamente impossível. Já em outros universos infinitos, sem ciclos de contração e expansão, ou em universos paralelos, a vida como a conhecemos ou outras formas de vida poderiam aparecer por acaso porque não haveria limite de tempo ou de "experimentos" para interação de seus elementos químicos básicos. Tal vida, quando oriunda de um universo paralelo, seria levada para universos antes desabitados (o nosso) por algum processo cabalístico controlado por civilizações muito antigas que tenham desenvolvido tecnologias capazes de lidar com o hoje intratável problema da velocidade da luz como limite físico!

É claro que uma especulação em nível tão espantosamente abstrato coloca o cético que nela se apoia na posição de um desesperado que suporta qualquer hipótese para a criação do universo e da vida, menos que tenha resultado de uma vontade divina. Mas ela "resolveria" um problema: os multiversos podem ser infinitos e eternos, mas a Terra, não. Ela é datada de cerca de 4 a 5 bilhões de anos atrás, por métodos científicos confiáveis, e o aparecimento da vida, de 3,5 bilhões. Nesse tempo, teria sido matematicamente improvável aparecer a vida em nosso planeta por acaso. Daí a hipótese fantasmagórica de que a vida alienígena seria trazida para cá através de uma ponte quântica, um *buraco de minhoca*, no processo denominado panspermia, imaginado pelo físico inglês Fred Holey: uma chuva de princípios vitais primordiais, ou mesmo de DNAs, espalhada no cosmo por civilizações milhões de anos mais avançadas do que a nossa, os quais, no planeta Terra, mas não necessariamente só nele, encontraram um ambiente favorável ao desenvolvimento biológico. Sim, há equações físicas que permitem essas especulações: seriam mais razoáveis do que a hipótese de um criador?

Seguirei, porém, o curso principal da corrente da física que postula o Big Bang — não obstante as insuficiências que ainda enfraquecem a teoria e minha simpatia pela hipótese de Novello. Vejam-se as insuficiências da teoria do Big Bang: para explicar a homogeneidade em larga escala do cosmos, sugerida pela homogeneidade da chamada radiação cósmica de fundo (dado observacional), os físicos postulam um período de expansão inflacionária do universo (hipótese teórica) em alguma fração de segundo depois da explosão primordial. A expansão inflacionária justificaria a homogeneidade, pois não haveria conglomeração assimétrica de matéria pela ação de sua própria força gravitacional, num período curtíssimo de tempo durante o qual o universo se expandiria a uma razão maior do que a velocidade da luz. Contudo, tal hipótese é um dado externo à teoria, introduzido arbitrariamente nas equações. Por outro lado, diante da evidência experimental de que o universo está se expandindo a uma taxa bem inferior à que se esperaria em função do volume de massa e energia nele existente (medidos), os físicos postulam uma massa escura gigantesca, porém invisível, encarregada de contribuir para a contração gravitacional do Cosmos. Ou seja, a teoria do Big Bang é muito elegante e poética, mas não explica esses dois fatos fundamentais da realidade conhecida e medida.

Contudo, os crentes podem se sentir à vontade para aceitar simplesmente que Deus criou o Big Bang, assim como as próprias leis físicas de evolução do universo, inclusive as intrigantes constantes e quantidades introduzidas nas equações, a maioria delas ainda inexplicada. Isso também é compatível com a teoria de Novello. O fato de que a esmagadora maioria dos crentes nada entenda das leis da física não quer dizer que não tenha razão. Eles seguem uma intuição poderosa. Isso, contudo, não basta para convencer os céticos da existência de Deus. Dirão que, em algum momento do futuro, uma explicação natural para as anomalias será descoberta.

Entretanto, se Deus esconde a sua essência e só se revela em seus efeitos, conforme o filósofo Hermann Cohen, a complexidade da criação é o mecanismo pelo qual Deus se esconde. No dia em que a física revelar toda a sua realidade, terá revelado Deus. A partir daí, que estímulo teria o homem para continuar suas buscas já que tudo aquilo que valeria a pena buscar teria sido encontrado? O fato de que há sempre algo a ser buscado e compreendido é o que torna a busca um processo criativo e a dúvida seu principal impulsionador. Em capítulo adiante, sugiro que há uma explicação, justificada pela própria razão de Deus ao criar o homem como ser criativo, para que a busca científica da verdade última seja um objetivo eterno e apaixonante, porém nunca completamente realizado.

Nem sempre predominou a negação por parte dos cientistas quanto a um criador divino. Até fins do século XIX, e ainda hoje em muitos círculos, a maioria dos filósofos e dos cientistas acreditava e acredita na existência de um deus criador da natureza e do homem — na maioria dos casos não num deus metafísico, o deus que no início da modernidade foi assassinado por Nietzsche, deus pessoal e atencioso ao homem, mas um deus abstrato, impessoal, em alguns casos indiferente à criação. O próprio Hume, um dos maiores filósofos do Iluminismo, a despeito do ceticismo quanto à capacidade do homem de desvendar a natureza de Deus, acreditava num Criador. Claro, as concepções de Deus variam. Mas o ponto principal de discórdia que emerge sobretudo a partir do século XX entre crentes, céticos e ateus não se refere diretamente à existência ou não de um deus, mas à forma como seus intérpretes religiosos codificam a relação de Deus com a Criação, notadamente o homem. A religião se baseia no princípio da revelação; já a ciência foi construída a partir da experimentação — seja a experiência direta e passível de repetição com os mesmos resultados num campo de observação controlado, que é o método básico das ciências naturais, seja a experiência inferida de eventos conhecidos a partir da situação vivida, à qual se dão diferentes significações, que é o método próprio das ciências sociais. A comunicação entre esses dois campos tem sido tentada por muitos filósofos, muitos deles crentes, mas os resultados nem sempre são claros.

2. O primeiro choque entre ciência e dogma

O primeiro grande choque histórico no Ocidente entre ciência e dogma religioso aconteceu quando Galileo deduziu de observações diretas no cosmos que Copérnico, e antes dele Empédocles, tinham razão e que efetivamente a Terra gira em torno do Sol, e não o contrário. Empédocles era um pagão que podia ser contestado pela autoridade indiscutível de Aristóteles, mas Copérnico era um monge católico piedoso e Galileo seguramente um crente. A descoberta tinha implicações consideráveis para a Igreja Católica, por tirar da Terra a posição privilegiada de centro do universo que lhe conferiam os textos bíblicos; mas indignou, igualmente, Lutero e outros estudiosos e propagadores das escrituras, pela dificuldade de se conciliar a nova teoria com o relato bíblico de que Deus mandou "parar" o Sol para favorecer Josué no cerco de Jericó!

Hoje sabemos que nem a Terra nem o Sol estão parados, fixados na esfera celeste ou no seu centro. E de acordo com a relatividade dos movimentos, é perfeitamente possível imaginar o Sol girando em torno da Terra, como em seu movimento aparente. Apenas seria um bocado complicado em termos astronômicos, tendo em vista os movimentos dos outros astros envolvidos no sistema solar. Em nome da simplicidade, ou recorrendo à já referida navalha de Occam — o princípio de que, ante duas teorias para explicar um fenômeno, deve-se escolher a mais simples —, é mais econômico considerar o Sol parado e a Terra girando em sua volta e aceitar o relato bíblico como uma metáfora. É que, se fosse dito na ocasião que a Terra gira em torno do Sol — e que, portanto, foi ela que parou por ordem divina, e não o Sol — ninguém seria capaz de entender.

Galileo se safou razoavelmente dos rigores da Inquisição aceitando ficar calado. Obviamente, não abandonou suas convicções subjetivas. E provavelmente não se tornou um ateu. Newton, o grande gigante da física que sucedeu a Galileo, não só era um crente em Deus como se meteu com estudos de ocultismo, o que prova que não levava dogmas religiosos muito a sério, mas valorizava o transcendente. Einstein acreditava num deus parecido com o deus de Espinosa, criador das leis físicas, mas que não dita dogmas nem tem uma relação paternal com os humanos individualmente, através de religiões, nem é movido por orações e loas. Em uma palavra, um deus impessoal, que se revela na natureza, embora não seja a natureza, como no panteísmo.

A inferência do Big Bang a partir de experimentos físicos implicou a aceitação pela maioria dos cientistas de um início do espaço e do tempo há cerca de 14 bilhões de anos. Mas a física, como mencionado, não conseguiu explicar o surgimento do próprio Big Bang. Como, para fazer essa inferência experimental, seria necessário liberar em aceleradores de partículas energias tão elevadas quanto as que supostamente existiram no próprio Big Bang, é uma tarefa acima da capacidade da mente e da tecnologia humanas. Os físicos que tentaram uma explicação entraram, sem se dar conta disso, no terreno da metafísica. O universo, numa variante do modelo do Big Bang, teria começado com uma "flutuação quântica do vácuo", como postulado pelo físico quântico Edward P. Tryon, recorrendo a um fenômeno comum na teoria quântica de campo.

Podemos dar significado metafísico a essa frase. Por exemplo, tomemos o vácuo original — o Caos dos gregos, ou o Brahman hindu, ou o Verbo do *Gênesis* — como um estado de equilíbrio absoluto entre os princípios positivo e negativo dos taoístas, ou entre os princípios espiritual e material dos hindus, ou entre os princípios masculino e feminino dos herméticos, ou ainda dos princípios criativo e receptivo do I Ching. Uma força gigantesca, de origem externa (Deus), seria necessária para romper o equilíbrio estático entre esses dois polos, sendo que o movimento sucessivo de cada polo em busca de restauração do equilíbrio configuraria um estado permanente de vibração entre eles, criando o espaço-tempo e, a partir daí, energia-massa. Claro, isso não é ciência rigorosa. É metafísica, ou uma hipótese filosófica. Mas ajuda a configurar uma imagem mental de como o Big Bang poderia ter surgido da flutuação quântica do vácuo, no início da Criação!

3. O terremoto da evolução por seleção natural

Se a física de Galileo provocou um certo tremor de terra entre a ciência nascente e a religião, a biologia de Charles Darwin provocou um terremoto de proporções gigantescas, com consequências que se estendem ainda hoje. No tempo de Darwin a geologia, a paleontologia e a arqueologia já tinham feito progressos significativos, deixando pelo caminho alguns enigmas. Os geólogos começaram a encontrar evidências de uma idade muito avançada da Terra através da escavação de camadas sedimentares superpostas. Os paleontólogos estavam reunindo, em associação com essas camadas geológicas antigas, um conjunto muito grande de registros fósseis de animais que teriam vivido em passado remoto e não eram mais encontrados no mundo.

As explicações variavam. Alguns supunham que seriam fósseis de animais que haviam morrido no dilúvio. É claro que isso implicava que o acesso à Arca de Noé havia sido seletivo, e não para todos os casais de todas as espécies, como a Bíblia dizia. Além disso, se encontraram nos fósseis registros de animais que não mais existiam, porém não, obviamente, dos que passaram a existir só recentemente Nisso havia um indício claro de evolução. De qualquer modo, a primeira hipótese era uma solução de compromisso entre ciência e religião. A solução definitiva para o enigma foi guardada nas gavetas de Darwin por algumas décadas, justamente pelo receio dele, como crente em Deus, das repercussões religiosas. Quando deu a público suas conclusões (dizem que Darwin fez isso porque se tornou agnóstico em razão da morte prematura de uma filha), foi como uma bomba nos meios científicos e religiosos da Inglaterra e, depois, em todo o Ocidente.

Agora não era a Terra que havia perdido seu lugar privilegiado no centro do universo. Era o homem que perdia seu status de centro da Criação. Para Darwin, a espécie humana não resultou de um ato de criação específico e definitivo, como o casal primordial Adão e Eva, mas foi o resultado de lenta evolução por milhões de anos a partir de ancestrais comuns que, por outras linhas evolutivas, chegaram aos grandes símios e macacos modernos. Não descendemos dos macacos, como se pensa com base no darwinismo vulgarizado; somos, sim, primos distantes deles, tendo um ancestral primitivo comum, um grande avô hominídeo, meio macaco, meio homem, os mais antigos deles tendo deixado suas pegadas em registros fósseis, e os contemporâneos, na estrutura do DNA, 97% do qual compartilham com os homens!

A controvérsia já não se restringia a detalhes históricos da Bíblia, como os implicados na teoria de Galileo, mas no próprio princípio da Bíblia como fonte de revelação divina da

A RAZÃO DE DEUS

criação do homem, calculada por um bispo anglicano irlandês, James Usher, como sendo 4004 a.C. Era o *Gênesis*, em sua integralidade, que havia sido colocado em questão. Em termos contemporâneos, essa controvérsia, para um crente sincero, teria sido resolvida de forma bem simples e racional, apenas mudando a posição de Deus no plano da Criação: em lugar de ser no Éden, usando modelos definitivos para criar tudo, Deus teria criado o universo evolutivo, aí incluídas as leis da física e da biologia, e seus desenvolvimentos naturais enquanto energia, matéria e vida.

Já mencionei superficialmente a insuficiência das leis da física, que quase impõem a existência de um criador. As leis da biologia são ainda mais convincentes nesse sentido. Em realidade, elas estão sintetizadas num único princípio. Chama-se evolução, seja pelo processo da seleção natural, seja por outros processos mais especulativos. A evolução por seleção natural seria o mecanismo pelo qual, por adaptações sucessivas ao meio ambiente, as espécies evoluem e divergem entre si, de acordo com as diferentes condições ambientais e sociais de subsistência. A evidência empírica que serviu de fundamento dessa lei é inequívoca: Darwin, ainda jovem, a encontrou entre tentilhões e outras espécies de aves e animais nas Ilhas Galápagos, no Atlântico Sul, quando numa viagem científica no navio britânico *Beagle*.

No tempo de Darwin ninguém sabia nada de hereditariedade, e muito menos de genética. Por isso, era fácil dizer que as características adquiridas na busca de sobrevivência eram repassadas à prole e assim sucessivamente. Hoje todo aluno relativamente curioso do curso secundário tem uma noção da complexidade do código genético, ou seja, do DNA, tendo o do homem sido decodificado só recentemente. Para ser repassada à hereditariedade, qualquer característica do ser vivo tem de estar de alguma forma codificada no DNA. Como pode acontecer que um tentilhão adquira um bico mais longo, num ambiente onde isso se torna mais favorável para obter comida, a partir de um ancestral de bico curto?

A resposta convencional é: havia numa mesma população tentilhões de bico longo e de bico curto. Os de bico longo emigraram para a ilha onde havia condições mais favoráveis de sobrevivência para eles. Por meio de acasalamentos entre indivíduos com as mesmas características, aumentou a probabilidade de transferirem essas mesmas características à prole e assim por diante. Com isso, as ilhas passaram a ser habitadas apenas por tentilhões de bico longo. Esse raciocínio só tem um problema: os dois tipos de bico já estavam presentes no DNA da população original. Portanto, a seleção natural se aplica sobre algo que já existe. Não cria nada. Como aparecem espécies novas, radicalmente diferentes, em períodos históricos não muito longos?

Um grande cientista, Jean-Baptiste de Lamarck, primeiro a esboçar uma teoria evolutiva, tentou forçar a barra: imaginou que características adquiridas na busca de sobrevivência seriam repassadas à prole diretamente. Por exemplo: uma girafa de pescoço originalmente curto teve de procurar folhas nas copas mais altas das árvores para se alimentar. Com esse esforço continuado por anos, num ambiente onde só havia comida nas copas mais altas das árvores, acabou por esticar o pescoço. O pescoço mais longo seria repassado à hereditariedade. Essa teoria seria amplamente rejeitada na própria época em que foi formulada, por falta de evidência experimental. Hoje, depois da descoberta do DNA, sequer faz sentido: como a forma do novo pescoço reverteria ao

DNA? (Atenção, porém: há indicações experimentais de que características psicológicas novas podem ser transmitidas à hereditariedade; se isso vier a ser comprovado, poderíamos ter uma ligação entre o ambiente, a psicologia, o código genético e o fenótipo. Entretanto, por enquanto é mera especulação. E mesmo que se verifique como verdadeiro, daria uma linha de explicação para a diversidade biológica, porém não para o surgimento da vida.)

Existem teorias concorrentes ou complementares à seleção natural para explicar a diversidade da vida. A evolução neutra, ou neutralismo, estabelece que parte das mutações genéticas é morfologicamente neutra; a deriva genética aleatória conclui que modificações na população eventualmente não se relacionam com aptidões biológicas; a epigênese, que em sua formulação original remonta a Aristóteles, especula que as características da evolução são adquiridas do ambiente em volta do embrião, e não apenas dele.

Em qualquer hipótese, a especialização das espécies é um enorme enigma científico. Embora o princípio da seleção natural seja o mais amplamente aceito, só forçando o argumento se pode conceber uma cadeia evolutiva de baixo para cima a partir da aquisição de uma forma externa do ser vivo, por adaptação, no sentido do DNA, e do DNA para a prole. É mais razoável especular na direção oposta: a molécula original dos seres vivos não era simples, mas complexa; continha o código de todos os seres vivos futuros, mediante bilhões de interações possíveis; o processo evolutivo consistiu em apagar ou acender partes do DNA de forma incidental, modificando ou criando novas espécies; a seleção natural cuidaria do resto. A criação do homem, nesse contexto, significaria a criação de um DNA complexo no qual estaria codificada toda a criação de seres superiores que seriam progressivamente revelados e selecionados pela evolução natural!

Não há registros fósseis de células ancestrais de grande complexidade. Mas há registros vivos de células de DNA extremamente complexas e longas, contemporâneas, que codificam seres paradoxalmente muito simples. Por exemplo, enquanto o DNA do homem contém 3 bilhões de pares de base, o da *Amoeba proteus* contém 690 bilhões e o do jeribá, uma palmeira brasileira, 6,2 bilhões. Também o tabaco, o lírio e a salamandra contêm DNAs bem maiores do que os humanos. O DNA é constituído por cromossomos (23 pares no DNA humano), os cromossomos por genes (cerca de 25 mil no humano) e os genes por pares de bases — quatro elementos químicos conhecidos por adenina, citosina, guanina e timina. Tudo isso, e mais uma complexa relação com elementos químicos do entorno, representa o mapa fundamental da vida: os genes do DNA codificadores de proteínas são transferidos pelo RNA mensageiro e traduzidos para os ribossomos, que constroem as respectivas proteínas.

A parte funcional do DNA são os genes ativos. São eles que codificam o nascimento, o desenvolvimento e a decadência de um ser vivo. Paradoxalmente, representam uma fração muito pequena do DNA, menos de 3%. Todo o resto recebeu o nome um tanto arrogante de "DNA-lixo". Certamente, não é lixo porque não serve para nada. É lixo simplesmente porque a ciência não sabe para que serve. Contudo, é justamente nessa parte do DNA que pode estar o segredo da especialização das espécies. Um DNA primitivo que contivesse a codificação da *Amoeba proteus*, do jeribá e dos humanos poderia evoluir num sentido ou no outro apagando ou acendendo alguns genes, num processo complexo de interação entre suas bases, por ocorrências aleatórias como o bombardeio de partículas cósmicas, fixando os respectivos DNAs. Isso é mais fácil de aceitar do que um DNA que adquirisse, por seleção natural, propriedades codificadoras de uma ou outra espécie.

Claro, um DNA avô muito complexo introduz uma dificuldade intolerável para os céticos. Exigiria que alguém de fora o tivesse criado com a finalidade específica de codificar milhões e milhões de espécies. Dado que isso seria tão terrível quanto acreditar em Deus, insiste-se na ideia de seleção natural com o apoio de um fator poderoso: o tempo. O tempo ajuda porque, pelas leis da probabilidade, alguma coisa muito improvável pode acabar acontecendo se houver suficiente tempo para que eventos aleatórios, ou seja, produzidos pelo acaso, se realizem e ponham à disposição da seleção natural uma massa crítica de novos eventos. Sob os ditames do acaso, a seleção natural "cria" novas espécies através de um tempo suficientemente longo e, regressivamente, a própria vida. A mesma matemática justificaria, por exemplo, que, na hipótese de um tempo eterno, um Boeing 747 fosse construído pelo acaso!

Isso resolveria simultaneamente o problema da diferenciação das espécies e do aparecimento da vida na Terra. Nesse caso, porém, a especulação científica esbarrou numa dificuldade quase intransponível. O DNA é tão complexo que poucos cientistas ousariam elegê-lo como uma célula de vida primordial que tenha surgido por acaso. Dê uma olhada na Internet e veja do que estou falando. Pareceu mais fácil eleger como célula primordial uma proteína, já que o RNA mensageiro também foi descartado por excesso de complexidade. Essa proteína, por algum processo aleatório, teria adquirido, no curso da evolução, capacidades de autorreplicação, transformando-se num DNA por interações naturais, embora ainda desconhecidas.

Acontece que a proteína típica contém 21 aminoácidos, dentre uns oitenta existentes na natureza. Seria necessário que o acaso reunisse exatamente esses 21 num local determinado e em condições favoráveis para que, talvez sob o choque de um relâmpago, ou um bombardeio de raios cósmicos adquirissem vida como a célula primordial. Matemáticos examinaram a hipótese e chegaram à conclusão de que a probabilidade de isso acontecer por acaso seria de 1 dividido por 1 seguido de 120 zeros. Não tente imaginar esse número. É inútil. É muitíssimo menor do que a constante quântica de Plank, 6,6 sobre 1 seguido de 34 zeros, a menor quantidade que pode existir no universo reconhecida pela física!

Isso não seria um problema intransponível para os céticos se o universo fosse eterno, já que haveria oportunidade para eventos aleatórios em qualquer momento arbitrário do tempo. Entretanto, a hipótese do Big Bang estabelece que o universo tem cerca de 14 bilhões de anos — 14 seguidos de nove zeros. E a Terra tem cerca de 4 a 5 bilhões de anos, 4 ou 5 seguidos de nove zeros. É muito pouco tempo para o aparecimento da vida por acaso, em termos probabilísticos rigorosos, assim como para a especialização das espécies. Daí a apelação para multiversos paralelos, já discutida.

4. O espaço estreito para o argumento cético

Os céticos só têm um refúgio: argumentar que um evento probabilístico, mesmo com muito baixa probabilidade, pode acontecer no começo do tempo de referência — não obstante o conceito matemático de probabilidade exija que se con-

A RAZÃO DE DEUS

sidere o conjunto do tempo. Alguns forçam o argumento, dizendo que embora a proteína contenha 21 aminoácidos, apenas cinco responderiam por suas funções essenciais, o que reduziria o espaço de probabilidades. Essas proteínas funcionariam como catalisadoras das demais, formando o corpo completo do aminoácido com suas funções centrais preservadas ou refinadas. Assim mesmo, restaria a explicação de como a união de alguns elementos químicos saltou para a vida: até hoje, isso não foi feito em laboratório, a despeito dos experimentos toscos de Oparin nos anos 1930 e de outros mais recentes, como os de Harold Urey e Stanley Miller.

Acrescente-se a isso o grande mistério que está na origem da extrema diversidade da vida conhecido como a "explosão do Cambriano": o surgimento, há cerca de 500 milhões de anos, da quase totalidade de filos de vida de forma complexa de que se originariam os animais superiores. Isso aconteceu num espaço de tempo geologicamente insignificante de 5 milhões de anos, em vários locais da terra quase simultaneamente, configurando uma situação tão improvável para a evolução como a do próprio aparecimento da vida. Só isso basta para derrubar por terra, pelo menos no estágio atual da Paleontologia, a ideia de que a diversidade da vida, em todas as circunstâncias, decorre da ação progressiva do tempo sobre os seres vivos ao longo de milhões e milhões de anos.

Não é fácil demonstrar ao cético que um deus é necessário para cobrir os imensos espaços vazios da física e da biologia. Ele sempre relegará a solução dos enigmas para uma etapa ulterior da pesquisa científica. Entretanto, alguma coisa sabemos do que nunca saberemos com certeza. Talvez a mais extraordinária delas, ou pelo menos no mesmo nível do surgimento do cosmos e do aparecimento da vida, seja a aquisição de pensamento abstrato pelos humanos e sua aplicação enquanto inteligência racional, o que constitui um enigma para a psicologia.

A aquisição de pensamento abstrato tende a ser vista pela antropologia como consequência do progressivo e milenar processo de desenvolvimento de habilidades práticas do hominídeo primitivo rumo ao *homo erectus* (liberando as mãos), desse para o *homo habilis* (aplicando as mãos) e finalmente deste para o *homo sapiens*. A cada etapa correspondia o aumento da capacidade craniana, requisito estrutural fundamental para o pensamento abstrato. Aqui surge novamente o problema já indicado: como uma nova característica estrutural, o aumento craniano, é adquirida e repassada ao DNA, para que seja repassada deste para a descendência?

A seleção natural não resolve o problema, apenas o descreve. Os registros fósseis indicam a direção e a velocidade do processo, mas não sua natureza intrínseca. Que houve uma lenta evolução na direção do pensamento abstrato é indiscutível, pois certos registros — as pinturas nas cavernas, por exemplo — podem ser datados com relativa precisão e recuados muito no tempo. A vantagem evolutiva do pensamento abstrato — ou, mais especificamente, do uso da razão, relacionando causa e efeito — teria sido decisiva para a sobrevivência do *homo sapiens* em face de outros hominídeos e, por fim, para o domínio das forças naturais, rumo ao homem histórico.

Um mergulho ainda mais profundo nas funções da mente nos leva ao reconhecimento de outras e maiores descontinuidades no processo evolutivo. Algo que nos parece muito natural, como pensar que a casa que estamos observando

A RAZÃO DE DEUS

existe realmente, constitui a face externa de um processo de extrema complexidade, que rendeu duas das mais importantes correntes filosóficas dialeticamente opostas da Idade Moderna, o subjetivismo (ou solipsismo) e o objetivismo (pragmatismo). É que é simplesmente impossível apreender por meios físicos a natureza da interação entre o efeito dos sentidos — por exemplo, do olhar — e a fixação do percepto correspondente na mente. Podemos inferir como isso acontece, mas nunca ter certeza física, sequer filosófica ou racional. Se não podemos saber isso, toda a ideia de mente como resultante de um processo evolutivo natural fica fragilizada, na medida em que é impossível até mesmo conceber seu desenvolvimento por etapas. Por exemplo, não podemos ter certeza se animais têm a faculdade de operar representações mentais para além da percepção imediata, como fazem os humanos; se têm, e se isso constitui característica de um ancestral comum a humanos e animais na cadeia evolutiva, em etapa anterior, como os animais deixaram de desenvolvê-la, se representa uma vantagem evolutiva inequívoca para qualquer espécie?

Uma explicação plausível seria, de novo, a hipótese de um DNA avô, altamente complexo, que fosse se especializando ao longo do tempo mediante a codificação aleatória de milhões de novas espécies ao longo do caminho evolutivo, sendo algumas dessas espécies, com crescente capacidade craniana, mais bem equipadas para sobreviver. Agindo sobre esses seres, a seleção natural dos mais aptos em relação às condições ambientais determinaria os sobreviventes e esses, por acasalamento, transfeririam essas características à descendência.

É evidente que, por essa linha de especulação, o problema da origem da vida seria colocado num nível ainda mais inaceitável para um cético, pois aumentaria o grau de exigência de uma interferência criadora. Se construir uma proteína por métodos aleatórios é matematicamente quase impossível, e se transitar da proteína para o DNA de uma simples bactéria primitiva requer uma engenharia que está acima da capacidade de imaginação da mente humana, imagine o que seria fazer surgir, por métodos puramente aleatórios, um DNA primitivo que contivesse em si o potencial do código genético de todas as espécies futuras!

Seria o que o bioquímico norte-americano Michael Behe conceituou como um sistema irredutivelmente complexo, porém em nível de complexidade infinitamente superior aos sistemas e processos que ele analisou de forma extremamente convincente, como o olho ou o sistema de coagulação do sangue. Nesses casos, cada proteína, enzima ou elemento químico participante do sistema ou processo tem função claramente definida, e sua ausência resultaria no desmoronamento de todo o conjunto. Só um desenhista inteligente, com um objetivo muito bem definido, poderia, como ele sugere, reuni-las daquele jeito e naquele lugar e com aquele propósito. O mecanismo puramente aleatório da evolução natural não poderia dar conta dessa complexidade.

Cientistas contra-argumentaram apresentando exemplos na natureza de olhos que supostamente evoluíram por caminhos diferentes e que, não obstante estar equipados por interações de outro tipo, cumprem as mesmas funções de olhar. O mesmo acontece aparentemente com processos de coagulação do sangue. Contudo, nada disso altera o fato fundamental de que uma função, o olhar, como que ordenou

A RAZÃO DE DEUS

regressivamente a própria bioquímica num sistema complexo, que teria se afirmado pela seleção natural. A função é a intenção do Criador, mesmo que isso seja velado dentro de um processo probabilístico, portanto não determinístico, como argumentarei adiante.

Registros fósseis poderiam ser a chave para desvendar o segredo da evolução. Mas há problemas, alguns quase insolúveis. Tudo poderia ser resolvido se fosse encontrado em bom estado de conservação um exemplar desse DNA avô. Provaria que a tese está correta. Como não foi encontrado, e provavelmente nunca o será, não se pode, por outro lado, provar que nunca tenha existido, porque tudo o que se saberá com certeza é que ainda não foi encontrado. O que a arqueologia eventualmente encontra são fragmentos de DNA primitivos, nada que se compare ao que a imaginação criadora de Steven Spielberg vislumbrou no *Parque dos dinossauros*. Ademais, uma casual descoberta de DNAs de seres simples primitivos, com baixo grau de complexidade, não garante que não tenham sido contemporâneos de seres com DNAs mais complexos, cujos registros fósseis não foram ainda encontrados.

A hipótese alternativa de aquisição de complexidade crescente ao nível do DNA, ou seja, a construção da complexidade de baixo para cima por acréscimo de função no código genético tem alguma plausibilidade. A síndrome de Down, que é a aquisição de um cromossomo 21 extra a partir de pais saudáveis ou assintomáticos, é a doença genética mais comum (um em cada 660 nascimentos) e aponta para o fato de que, ao longo da evolução, mudanças genéticas desse tipo, porém positivas, podem ter favorecido o desenvolvimento humano, aí incluída a aquisição de crescente capacidade craniana.

De qualquer modo, teria sido necessária a presença prévia de material genético com um longo histórico de sucesso no processo de seleção natural para que o acaso provocasse novos avanços. Naturalmente, estou usando uma terminologia de caráter antropocêntrico, que situa o homem histórico como ápice do processo evolutivo. Outros seres poderiam (ou podem) ter adquirido inteligência ou capacidade de raciocínio abstrato, mas nenhum deles foi capaz de transformar o raciocínio lógico em matemática e fazer máquinas complexas. A inteligência é um atributo do homem e da mulher e o processo pelo qual foi adquirida, relacionado com a capacidade craniana identificada nos fósseis, não explica por si mesmo como e por que aumentou essa capacidade e, sobretudo, como quem a adquiriu primeiro a transferiu à posteridade.

5. Entre a ciência e a plausibilidade

A hipótese do DNA avô não é científica, no sentido de que não resulta da observação e análise experimental de um evento objetivo, nem permite que seja contestada racionalmente por experimentos. Mas não é absurda. Os buracos negros da física quântica foram deduzidos matematicamente muito antes da verificação experimental de que forças gravitacionais fortíssimas atuam a partir de uma massa imensa invisível às ondas de luz, porque as engolem. A antropologia se serve de registros fósseis raríssimos de hominídeos separados no tempo por centenas de milhares de anos, e só um grande esforço de imaginação torna possível alinhá-los na direção do homem contemporâneo. Se é tão raro encontrar esqueletos fossilizados mesmo incompletos de hominídeos, que eram seres adultos de carne e osso, e principalmente osso, o que se pode dizer de uma molécula quase invisível de DNA especial presente entre trilhões e trilhões de outras na natureza primitiva?

A própria ciência não se priva de imaginação, ao contrário. O grande antropólogo Richard Leakey conta que foi encontrado nas Montanhas Rochosas da América do Norte um molar atribuído a um primata, ancestral dos grandes símios modernos. Como não existiram grandes símios na América do Norte, a conclusão foi que o dono desse particular molar veio da África por terra quando todos os continentes estavam juntos. Essa audaciosa inferência da Pangea, a união original de todos os continentes, a partir de um registro fóssil tão precário assustou os próprios antropólogos, não obstante a hipótese do continente único ser corroborada cientificamente pela geografia e o estudo do deslocamento das placas tectônicas. É certo que não temos o DNA avô. Contudo, vemos os seus efeitos e podemos medi-los na diversidade da natureza.

Há nós misteriosos no processo de criação do universo e da vida, mas não há menos enigmas nos processos intermediários. A ciência, como já notado, não tem explicação convincente para a explosão de espécies no Cambriano. Seria muito forçado acreditar que essa explosão de vida diferenciada resultou de seleção natural a partir de aquisição de características novas em milhões de DNAs mais simples. Mais fácil seria aceitar que a seleção natural, por um bombardeio aleatório de partículas cósmicas, atuou simultaneamente sobre um DNA avô complexo, gerando espécies diferentes a partir de apagamentos, perdas aleatórias ou de fusão de genes naquele curto período, numa interação com fatores ambientais extremos.

Uma hipótese racional, mesmo quando não serve à ciência, serve à filosofia. E se não serve à filosofia, serve à metafísica. Todas têm validade em seu campo. A ciência jamais poderá dar um veredicto definitivo sobre Deus porque Deus ou sua não existência não pode ser experimentado fisicamente. Já os místicos, que dizem ter a experiência de Deus, não podem comunicá-la objetivamente. Entre esses dois extremos, o melhor que faz um homem comum é tirar suas conclusões a partir da aplicação da razão e da experiência, conduzido simultaneamente pela inteligência, pela intuição e pelo sentimento. É a busca da razão de Deus, paradoxalmente alimentada pela dúvida, mas que eventualmente ganha certeza pela fé.

O argumento aqui desenvolvido é essencialmente equivalente, em termos lógicos, ao argumento da Contingência, que sempre me pareceu o mais forte argumento metafísico a propósito da existência de Deus. No célebre debate entre o filosófico Bertrand Russel e o padre jesuíta Copleston, em 1948, reproduzido no livro de Russel *Por que não sou cristão*, o religioso expôs mais ou menos assim o argumento da Contingência: "Todos os seres no mundo são contingentes, isto é, eles não contêm em si sua própria explicação; portanto, é logicamente *necessário* que haja um ser não contingente, fora do mundo, que o explique." Russel rejeitou o argumento sob a alegação de que não via sentido no termo "necessário" usado na frase. E o debate, nessa parte, ficou inconcluso, já que era sempre possível imaginar uma sucessão infinita de seres contingentes anteriores que explicassem sucessivamente os posteriores. Em outras palavras, não haveria a Causa Primária de Tomás de Aquino ou o motor imóvel responsável pelo início do movimento de Aristóteles, mas infinitas causas e motores, regressivamente.

A RAZÃO DE DEUS

Na época, era razoável considerar Deus desnecessário, não tanto pelo conhecimento científico acumulado até então, mas pela excessiva confiança numa ciência que ainda sabia muito pouco no campo biológico. Nos anos 1940, não havia a genética como a conhecemos hoje. Conhecíamos, sim, desde Darwin, com relativa segurança, o processo de evolução dos seres vivos pela dinâmica da seleção natural. Quanto ao surgimento da vida, em si, era razoável supor que resultasse de algum processo químico bem simples que, sem necessidade de forçar muito o argumento, pudesse ser atribuído ao acaso ou às forças naturais aleatórias. Nesse caso estaríamos diante de um ser contingente, responsável pela origem da vida, que conteria em si a sua própria explicação probabilística ou determinista.

Acontece que o avanço da ciência resultou no oposto. O que se descobriu nas vizinhanças da origem da vida, que é datada (cerca de 3,5 bilhões de anos atrás), foi uma molécula da mais extrema complexidade, o DNA, interagindo com outras moléculas, por intermédio do RNA, de uma forma ainda mais complexa e que por nenhum caminho lógico razoável poderia aparecer na Terra espontaneamente e conter em si a sua própria explicação. Deus se tornou muito mais necessário, em termos filosóficos, do que o foi na época das provas ontológicas e escolásticas de sua existência, incluindo nos termos da prova a Contingência do jesuíta Copleston.

E não se trata apenas da origem da vida, mas de processos bioquímicos subsequentes, altamente complexos, interagindo com fenômenos geológicos e cosmológicos, que escapam a uma explicação pela evolução natural na dimensão do infinitamente pequeno — como sugerido pelo já citado Michael Behe. Com detalhada informação científica, Behe adaptou a retórica do argumento escolástico aos tempos contemporâneos, transformando a "Primeira Causa" de Tomás de Aquino, ou o "necessário", do argumento da Contingência, numa constatação incontornável: ao nível bioquímico, certos processos altamente complexos não podem ter surgido por evolução natural, porque têm propósito irredutível. E isso também se revela de forma ainda mais convincente na morfologia interna dos organismos vivos, com cada uma das diferentes partes exercendo funções rigorosamente especializadas, porém convergentes para um fim único, no sentido de contribuir cooperativamente para a sobrevivência e a reprodução do todo.

São, pois, resultado de um desenho inteligente, embora não na forma determinística de uma equação linear — e aqui é este autor, não Behe ou os neocriacionistas, quem argumenta, antecipando o que se exporá com mais detalhe à frente —, mas na forma caótica de equações não lineares com uma infinidade de variáveis independentes. Já estas são determinantes de um caos que só se reordena pela mão de um Atrator Estranho, o ente quase sobrenatural que alguns matemáticos inventaram para explicar a ordem que emerge dos processos naturais caóticos. Ou, dito de outra forma, tudo isso são os caminhos simultaneamente deterministas e probabilísticos da razão de Deus, que afirmam sua realidade indiscutível para crentes, ao mesmo tempo em que alimentam dúvidas razoáveis junto a céticos, e causam espanto e desorientação nos ateus!

CAPÍTULO II A criação de Deus

1. A gênese dos deuses no início das civilizações

O homem primitivo criou o conceito de deuses provavelmente
a partir da observação dos fenômenos da natureza, os quais
ele identificava como forças cósmicas das quais dependia
na luta pela sobrevivência. Ao especular sobre a origem do
universo (cosmogonia), sua própria origem (antropogonia)
e sobre seu destino, no mundo e no pós-vida, ele criou não
apenas um deus, mas vários, cada um associado a aspectos
físicos de seu meio ambiente e a aspectos de sua própria psicologia. E não apenas deuses, monstros e heróis, mas seres
espirituais com diferentes qualidades, inclusive as almas
dos antepassados, que se relacionavam com ele mediante
procedimentos mágicos, rituais e feitiçaria. Se vemos essa
proliferação de deidades como manifestação de um primiti-
vismo ingênuo, convém parar para refletir: não é diferente
substancialmente do que o espírito especulativo faz hoje
quando deduz um deus criador de fenômenos que ainda não
pode explicar em termos racionais. Quanto maior é o nível

de informação, maior é o reconhecimento da complexidade do mundo e da vida, e é a complexidade, ao afastar-se do acaso como explicação razoável do universo e do homem, que impõe a necessidade do criador transcendente!

O mais antigo conceito racional de um criador supremo, vinculado a uma cosmogonia de extremo refinamento e complexidade, encontra-se na metafísica hindu, ou no Vedanta, como é designado o conjunto de hinos sagrados da primitiva religião indiana, mais tarde comentados e transformados em vertentes doutrinárias pelos Upanixades e depois codificados no yoga (deísta) e no sistema sanquia (ateu). A origem do Universo é Brahma (no Bhagavad Gita, Krishna) do qual emanam dois princípios, um impessoal e abstrato, *purusa*, identificado como espírito inapreensível, e outro material, o estofo do Universo material e psicológico, originalmente não manifestado, *prakrti*. Da interação entre o princípio espiritual e o material surgem, através de três atributos de *prakrti*, denominados *gunas*, o movimento, os ciclos e as formas materiais como as conhecemos, assim como todo o mundo manifestado, a vida e o homem, inclusive sua parte psicológica. Os *gunas* são portadores dos atributos de existência, movimento e inércia. É um desequilíbrio entre eles, provocado por *purusa*, que põe *prakrti* em movimento, desencadeando a manifestação de todo o processo criativo sob a lei universal de Brahman (com n), o Absoluto. Note-se a similaridade desse conceito com a imagem de flutuação quântica do vácuo sugerida anteriormente.

Em todos os seres habita o Atman universal — conceito mais complexo do que o da alma cristã —, que pode ser interpretado como a presença do Atman absoluto, Brahman, em cada ser. Nessa acepção, todos e cada um temos no mais

A RAZÃO DE DEUS

íntimo de nós um princípio divino, embora condicionado pela forma material e psicológica externa, a qual por sua vez está submetida ao ciclo de vida, sofrimento e morte, o *karma*. Somos, assim, como deuses velados. A busca da perfeição (*dharma*) consiste numa identificação com o Atman interior e, por meio deste, com o Absoluto, quando o indivíduo supera para sempre o ciclo de vida e morte e se funde com Brahman. São três os caminhos principais dessa busca: o conhecimento, a devoção e a ação, tendo o *Bhagavad Gita*, considerado o mais sagrado dentre os principais livros do hinduísmo, estabelecido uma hierarquia entre eles, colocando a ação sem busca de recompensa em posição superior.

A origem do universo, num nível ainda mais abstrato, é Brahman, o Absoluto, o unipolar, o vácuo, o inapreensível: aquele que tem em si mesmo o princípio masculino e feminino, os quais se equivalem. Brahman se expressa através de atributos bipolares, que a linguagem védica apresenta na forma de deuses e deusas: Brahma e sua consorte Saraswati, os criadores primordiais do tempo e do espaço (Big Bang); Shiva e Parvati, o aspecto destruidor ou transformador do universo dentro do espaço-tempo; Vishnu e Laksmi, os mantenedores ou estabilizadores da criação. Em linguagem freudiana, poderíamos associar Brahma com o superego (com o atributo de condicionador supremo da criatividade original), Shiva com o id (a energia transformadora da criação, predominantemente masculina) e Vishnu com o ego (a energia mantenedora da criação, predominantemente feminina), cada um com sua respectiva consorte.

O processo pelo qual essa teogonia de alta sofisticação, construída em tempos imemoriais, resvalou para a esfera da crença popular por meio de uma multidão de deuses de forma humana, animal ou material (mais de 30 mil) confundiu os ocidentais. Imagina-se que o hindu adora esses múltiplos deuses, começando pela vaca, o macaco e o elefante, como se fossem efetivamente deuses. Contudo, se isso pode acontecer em nível popular, em termos de doutrina superior o sentido é totalmente diferente: Deus não é o animal, não é uma coisa; o espírito de Deus se deixa revelar no animal ou na coisa, pois cada animal e cada coisa tem seu Atman, que é da essência de Deus; mas Deus não está na coisa ou no animal, ele os transcende. Além disso, o Bhagavad Gita, que além de um corpo de doutrina é um código de conduta, assinala claramente que Brahman, ou Krishna, é Deus único, provedor de toda a criação, e os deuses pessoais não passam de sua representação, aí incluída a tríade superior, interpretada como aspectos de Brahman.

É o espírito tolerante e humanista que inspira toda a filosofia hindu que está na origem da conciliação entre a doutrina culta e o rito religioso popular. O Gita dá pouco valor aos rituais védicos, às preces decoradas e às formas externas de devoção. Por outro lado, tolera as expressões de religiosidade do povo, na forma de devoção a deuses pessoais, com a ressalva de que se deve ver nesses deuses não mais do que uma representação de Brahman impessoal, o supremo Criador. Compare-se isso com a devoção a santos na Igreja Católica pela qual as imagens são doutrinariamente consideradas representação, e não como santos em si, e concluímos que a distância não é grande entre as duas formas de manifestação religiosa.

A própria versão culta do hinduísmo contribuiu para a proliferação de deuses, na medida em que, em nível popular, é difícil distinguir um atributo ou uma qualidade do Deus

A RAZÃO DE DEUS

único de um deus independente. Assim, na concepção hinduísta contida nos Vedas sagrados, a Trindade Suprema apresentada da forma acima exposta personifica atributos, para uma melhor compreensão do homem comum. Entretanto, na interpretação dos sábios, não são obviamente três deuses e três deusas: todos são Brahman na forma criadora, na forma transformadora e na forma mantenedora. A relação entre atributos ou princípios polares está na própria base da dialética hindu, como expressão dos processos vitais, e suspeito que tenha tido alguma influência na construção da dialética e da metafísica do filósofo idealista alemão Friedrich Hegel.

2. Uma variante ateia num meio místico

É evidente que a recorrência de trilogias supremas na teogonia de várias civilizações antigas de alta cultura não deve surpreender. O princípio masculino e feminino é óbvio na natureza, de sorte que, por inferição de causalidade, um ser superior simultaneamente masculino e feminino como origem de ambos aparece como uma necessidade da especulação lógica. Adiante farei referência a trilogias supremas nas teogonias egípcia e cristã. O que parece surpreendente, porém, é que ainda na Antiguidade hindu surgiu como contrapartida da metafísica bramânica uma metafísica totalmente agnóstica, conhecida como o Sistema Sanquia.

Esse sistema elimina o conceito de Brahman do triângulo superior, como fonte de atributos, porém mantém todos os atributos que teriam originado a criação segundo a metafísica védica. Seria, contudo, um processo inteiramente natural, sem criador e sem regulador, proveniente apenas de interação de forças naturais eternas. O grande físico in-

61

glês Stephen Hawking desenvolveu uma teoria que implica um universo eterno, sem um momento de criação e, portanto, sem necessidade de um criador. Porém, esse modelo quântico-gravitacional não elimina a necessidade de uma força externa que sustente continuamente o universo contra a autodestruição. Essa força natural é similar ao que propõe o Sistema Sanquia.

3. O mistério do deus supremo egípcio

A outra civilização antiga de alta cultura na qual surge o conceito de um deus único criador é o Egito de Akenaton. É um mistério como isso pode ter acontecido. Antes e depois de Akenaton, o Egito era e continuou sendo uma civilização de múltiplos deuses, cada um deles tendo atributos de ação nesta vida e na vida futura. A religião estava imbricada com o trono, tendo o próprio faraó atributos de divindade. Isso dava aos sacerdotes um controle considerável sobre os negócios do Estado, o que provavelmente terá sido um pretexto usado por Akenaton para eliminar ou subordinar os deuses autônomos do clero, venerados sobretudo em Tebas, a uma autoridade maior que refletisse o poder político supremo dele próprio. Ele construiu para tanto uma nova capital dedicada a Aton, o Deus Sol, elevando ao mais alto nível um deus de categoria inferior, Ra, também uma representação do sol. Reinou por 17 anos, ao lado da mais bela e famosa rainha da Antiguidade egípcia, Nefertiti, cujos bustos esculpidos em estilo natural são testemunho fascinante de uma revolução também nas artes que transcorreu *pari passu* com a revolução religiosa.

É difícil saber se o Sol de Akenaton era o Deus único, ou apenas o símbolo de Deus — o que aproximaria sua doutrina do hinduísmo do Bhagavad Gita. De qualquer forma, foi uma intuição poderosa das faculdades naturais de criação. Pois o Sol é o que mais próximo de Deus existe como fonte de vida na Terra. É ele que comanda o ciclo das estações, provendo frutos, folhas e alimentação em geral para homens e animais, e é em referência a ele que existem dia e noite, alternando o ciclo de vida entre atividade e descanso. Sem a energia de um Sol, nenhuma forma de vida superior — pelo menos, vida similar à da Terra — pode existir. Essa percepção não foi única na Antiguidade. Entre os gregos, mais tarde, floresceu o culto de Mitra, o Sol, posteriormente transferido aos romanos e finalmente absorvido e transcendido pela Igreja cristã de Constantino!

O Deus de Akenaton não era propriamente único, mas supremo. Outros deuses do panteão egípcio eram tolerados, desde que num nível menor. Mas mesmo na condição de Deus supremo não sobreviveu ao seu principal adorador. Manipulando os faraós que o sucederam, os sacerdotes dos diversos outros deuses egípcios, sobretudo em Tebas, conspiraram para varrer do país todos os vestígios de Aton, reconvertendo seus templos aos antigos rituais politeístas. O que sobrou pode ter sido recolhido, aproximadamente na mesma época (18ª dinastia), por um imigrante hebreu iluminado, Moisés, elevado a uma alta posição de influência junto ao trono e que estava destinado a tirar seu povo do Egito e levá-lo à Terra Prometida de Canaã sob as ordens e proteção do Deus único.

Não significa que Moisés tenha se convertido ao culto de Aton. Não há nada nas Escrituras que se refira ao Sol como Deus. Ademais, as datas indicadas referentes à possível estada de Moisés no Egito divergem de cerca de um século do tempo de Akenaton. De qualquer modo, datações da Antiguidade nunca são muito precisas. Assim, o culto de Aton pode ter sido inspiração no sentido do Deus único, criador de todas as coisas. Pois é extraordinário que naquela que não passava de uma insignificante tribo de nômades semitas no Oriente Médio, tenha surgido noção de tão elevada abstração caso não estivesse associada a uma cultura sofisticada, dominada por uma hierarquia religiosa capaz de transcender o próprio politeísmo.

A teogonia e a cosmogonia gregas, expostas na forma original por Hesíodo, o primeiro literato do Ocidente, têm elementos da metafísica hindu na medida em que é possível associar o Caos, a massa informe e o vazio insondável dos gregos, com *prakrti*, o escopo da realidade primordial sem forma, dos hindus. A partir daí, porém, são as forças imemoriais da Natureza que comandam o processo criativo na mitologia grega, através de três gerações de deuses e entidades superiores com elas identificadas. Certamente a mais importante dessas forças, o Deus Amor (Eros), filho do Caos e portanto um Deus primordial, é o elemento explicativo central de todo o processo criativo do Cosmos depois do período inicial em que as forças da natureza teriam evoluído assexuadamente, por transformação. O caráter específico da religião grega é que, ao contrário de outras religiões da Antiguidade e das três religiões monoteístas, ela não reconhece um deus responsável pela criação do homem. Isso terá implicações óbvias no comportamento existencial dos gregos, que não têm, nos seus sofrimentos individuais, o conforto de recorrer a um deus-pai, só lhes restando confiar no destino, este fixado pelos deuses, ou por Zeus, já no momento de seu nascimento, conforme aparece nas tragédias.

A RAZÃO DE DEUS

É verdade que o todo poderoso Zeus pode, se quiser, interferir no destino humano. Na Ilíada, ele se sente impelido a fazê-lo "no caso do seu filho Sarpédon, no momento em que a vida deste acabava de chegar a termo. Mas Hera observa que um gesto desse tipo terá como consequência a anulação das leis do Universo — ou seja, da justiça (diké) — e Zeus lhe dá razão".[1]

Outra versão da mitologia grega coloca Chronos como o criador primordial da Natureza, portanto de deuses e de homens. Como Chronos está associado ao tempo, é uma intuição que não deve chocar um físico moderno: a teoria do Big Bang exige que espaço-tempo seja o marco inicial da criação do Universo, essencial para a existência de matéria e movimento. Entretanto, para um pensador contemporâneo, os mitos através dos quais foram transmitidas secularmente as ideias teogônicas gregas têm mais interesse para a psicologia, especialmente para a psicologia dos arquétipos junguianos, do que para a teogonia em si. Nesse particular, assim como no caso dos egípcios, os mitos são fragmentados, contraditórios e confusos, provavelmente adaptados a circunstâncias sociais em evolução, portanto, mudando com o tempo.

Embora sendo de uma alta cultura posterior à hindu e à egípcia, os gregos clássicos, conforme já observado, não têm a noção de um Deus único. Seu Deus supremo, Zeus, é apenas um da terceira geração dos deuses de Hesíodo. Está antecedido e cercado de outros deuses e deusas construídos

---

[1]ELIADE, Mircea. *História aas Crenças e aas Ideias Religiosas* I e II, Rio de Janeiro: Zahar, 2010. Esta obra monumental fornece uma visão profunda da história universal das religiões e dela me servi em vários contextos, sendo as citações identificadas, entre parênteses, pelas iniciais (ME).

com as melhores e piores características humanas, sendo ele próprio um adúltero reiterado, às vezes vingativo, com um senso de justiça eventualmente tão duvidoso quanto o de qualquer mortal malicioso. O panteão da última geração de deuses gregos, incluindo os heróis semideuses, reflete, pois, o ambiente político democrático da Grécia clássica, onde a ordem social era imposta pela maioria dos cidadãos (cidadania limitada, claro) e por uma ética de devoção à pólis e às divindades que a protegiam.

4. Nasce o Deus único da civilização ocidental

Em contraposição, um reduzido grupo de pastores seminômades na região hoje conhecida como Israel, trazido à nacionalidade por um patriarca criado e ilustrado no Egito, aceitou como revelação ter sido o povo escolhido do Deus único. O caminho entre o politeísmo naturalista das tribos da Cananeia e o monoteísmo hebreu tem sido recuperado por especialistas modernos através da arqueologia e da linguística: o conceito de um Deus superior, não único, foi identificado como El (ou Il), adorado na Babilônia, e que era provavelmente, segundo alguns estudiosos, o Deus de Abraão. El evoluiu para Elohim e daí, por transliteração, para Jeová, Yaveh ou Javé — o que em português equivaleria mais ou menos a "ele se mostra (*jav*) como deus (*el*)". YHWH teria sido o termo apresentado pelo próprio Deus a Moisés quando esse lhe perguntou pelo seu nome. A pronúncia exata, tendo em vista que o hebraico escrito só usa consoantes, foi perdida ao longo dos séculos, justamente por ser proibido falar o nome de Deus em vão. Já Elohim, na Torá, é o primeiro termo utilizado em relação à divindade como consta no livro do *Gênesis*: "No princípio criou Elohim os céus e a terra."

A RAZÃO DE DEUS

El, Elohim ou Javé tinha uma esposa, Asherah, o que era comum nas teogonias dualistas orientais baseadas no princípio do equilíbrio entre contrários, espelhado na relação masculino-feminino. É evidente que isso teria sido problema para uma teogonia de Deus único, do qual só os sábios hinduístas haviam escapado mediante a noção de Brahman, que contém em si, simultaneamente, os princípios polares. Entre os hebreus, por volta do século VII a.C., de acordo com registros arqueológicos, promove-se o "divórcio" de Asherah e ela simplesmente desaparece, talvez sancionando por aí a tendência originalmente machista dos três "Povos do Livro". Com o rei Ezequias o templo de Jerusalém seria expurgado de todos os vestígios de outros deuses e Javé, ou Jeová, foi identificado daí em diante como o deus único do povo hebreu, representado pela Arca da Aliança, não por imagens.

Os hebreus comuns não têm propriamente uma teogonia, pois o Deus único entronizado nos tempos de Ezequias liquidou com toda a concorrência em níveis inferiores; Ele é único e é o Criador de tudo e de todos, o que basta às pessoas de senso comum. Entretanto, o judaísmo mantém a Cabala, um conjunto de práticas e rituais secretos, conservado e interpretado por sábios para o entendimento da natureza de Deus e do universo, com base em noções de polaridade — ou seja, a interação entre os princípios masculino e feminino — presentes em toda metafísica de origem oriental. Os iniciados na Cabala sustentam que o ser humano tem potencial para pleno desenvolvimento material e espiritual, sendo o propósito da Cabala ajudar nesse desenvolvimento, usando as faculdades de clareza, compreensão e liberdade — algo como divinizar-se, o que corresponde ao ideal hindu de iluminação no êxtase do iogue.

Isso obviamente nada tem a ver com a cosmogonia um tanto simplória da Bíblia: claro que o universo e o homem não podem ter sido criados da forma e segundo a cronologia do *Gênesis*. Contudo, só um fanático da interpretação literal da Torá rejeita o fato de que, para a época, e para o público a que era dirigida, sua linguagem não poderia ser outra. Os textos bíblicos são uma combinação de revelação, moral, política e história. Como tal, mesmo que se aceite que sejam inspirados por Deus, não são infalíveis. As contradições não são prova de que Deus não os inspirou, mas de que o homem é falível e, como tal, mais bem instruído por meio também de metáforas e parábolas — no caso, transmitidas secularmente por via oral.

O Deus único dos hebreus foi transmitido a cristãos e muçulmanos. Esses últimos atribuem ao profeta Abraão, quando morava na Babilônia, o estabelecimento do monoteísmo. Hoje, El, Eloyn, Jeová, Deus ou Alá é adorado por centenas de milhões de pessoas em todos os continentes. Satisfaz pessoas humildes e cientistas eminentes, dirigentes políticos, professores, teólogos e laicos. A expansão dessa crença causa espanto, seja na versão profundamente humanista que lhe deu Jesus de Nazaré, seja na versão profundamente piedosa de Maomé. Da minúscula Palestina conquistou o mundo grego, no rastro da uniformização linguística e cultural promovida três séculos antes de Cristo por Alexandre da Macedônia. Seguiu depois para o Egito, e depois para Roma, levada pelos apóstolos — dentre eles, o maior propagandista de fé de todos os tempos, Paulo de Tarso. Com Constantino, no século III, iria se tornar religião oficial do Império Romano. Isso lhe tiraria a pureza do cristianismo primitivo, mas lhe daria a força do braço secular para promover cruzadas e,

A RAZÃO DE DEUS

séculos mais tarde, justificar o plano de colonização mundial português e espanhol, que marcou profundamente a cultura ocidental e parte da oriental. Na versão muçulmana, a partir do século VII, o Deus único, Alá, o supremo criador no qual acreditam todos os "Povos do Livro", dominou o Oriente Próximo, o Oriente Médio, parte da Ásia e o norte da África, revertendo para o Ocidente até esbarrar na resistência cristã na Espanha.

Não obstante, os fundamentos da teologia original hebraica são quase ingênuos em termos científicos modernos. Não falo dos intérpretes históricos da Torá ou da Bíblia cristã, ou dos cabalistas, nem das construções intelectuais elaboradas que justificam as doutrinas neles contidas, mas da simplicidade dos textos originais. Qual é exatamente sua força para ter influenciado tanto no passado quanto no presente gerações e gerações de homens e mulheres de diferentes culturas e graus de instrução? No meu entender, sua força está justamente na simplicidade: deixando de lado os recursos de comunicação usados numa época de quase nenhum conhecimento científico, o essencial é transmitido como numa fórmula mágica: Deus criou o universo tal como existe e criou o homem a sua imagem e semelhança!

Isso não é fundamentalmente diferente da teologia hindu, na medida em que o Atman, sendo a presença do Deus supremo no íntimo de cada homem, o faz não só semelhante, mas, potencialmente, igual a Deus. A fusão ou absorção do Atman individual pelo Atman supremo resulta do estado de iluminação atingível pelos três métodos básicos do yoga, segundo o Gita: conhecimento, devoção ou ação. Voltarei a isso em capítulo adiante. O importante a registrar aqui é que o conceito de fusão ou de identificação do Atman individual com o Atman Absoluto é idêntico ao conceito hebraico e cristão segundo o qual se reserva aos bons voltar ao seio de Deus depois do cumprimento dos tempos.

Nas duas teologias mencionadas, Deus explica o inexplicável. Com isso, ajuda a satisfazer a curiosidade humana sobre sua origem e seu destino. De um ponto de vista estritamente lógico, Deus não é necessário: como Ele próprio é inexplicável e escapa aos métodos experimentais da ciência, a relação de causalidade nunca poderá ser interrompida, a não ser que se viole o princípio da causalidade e se admita uma causa sem causa. Ou seja, se Deus é a causa do mundo, deve haver, logicamente, uma causa para Deus, outra causa para a causa de Deus e assim sucessivamente. Isso é intolerável para o senso comum. Assim, embora possa ser dispensável para os sábios, Deus, a causa sem causa, é uma exigência do espírito para o homem comum. Daí, provavelmente, o êxito do Deus dos hebreus e mesmo do Deus único bramânico, nesse caso a despeito dos transtornos das representações politeístas.

5. Oriente: a ética como substituto da religião

Duas outras grandes civilizações da Antiguidade dispensaram a existência de um deus criador: a chinesa, com Lao Tsé e Confúcio, e a indiana, com Sidarta Gautama, o Buda. Ambas se difundiram largamente no Oriente, na forma de taoísmo, confucionismo e budismo, e nenhuma delas conformou uma religião no sentido de um corpo de dogmas revelados. Sustentaram, sim, uma poderosa ética humanista, sendo que o budismo teve surpreendente florescimento no Ocidente nos anos 60 do século passado como inspiração do movimento hippie e a condenação do consumismo e do materialismo da civilização capitalista.

A tradição diz que Lao Tsé esteve na Índia, pelo que não surpreende que o budismo e o taoísmo tenham algo em comum: o primeiro, a busca da supressão do desejo, no plano individual, para evitar o sofrimento; e o segundo, a conformação parcial com o curso natural das coisas, reduzindo os espaços de conflito, no plano social. Os dois sinalizam o plano oposto ao que tomou a civilização materialista ocidental, como se discutirá ao se tratar de ética. Esses três gigantes fundadores da ética oriental estão, para o Oriente, no mesmo nível em que Cristo está para o Ocidente: são Avataras, ordenadores do mundo em períodos conturbados, conforme se discutirá.

O confucionismo é sobretudo um código moral e político. Como código moral, coloca em primeiro lugar entre seus princípios básicos a benevolência e a humanidade. Partilha com o hinduísmo uma ética de ação que deve ser seguida por seus próprios méritos, e não pela busca de recompensa. Esse conceito é bem próximo do taoísmo, pelo qual o caminho da perfeição consiste em trabalhar com as forças naturais e humanas, e não contra elas. Contudo, o que de mais extraordinário têm essas doutrinas, com suas múltiplas variantes históricas, é a ausência de um Deus supremo criador de tudo — não obstante a presença de deuses, deusas e gênios no panteão de algumas correntes budistas. No taoísmo, o próprio Tao é o princípio criador e ordenador do mundo. É um princípio natural, não um Deus.

É possível que alguns princípios da filosofia e da metafísica orientais tenham chegado à Palestina por meio de monges itinerantes, ou, eventualmente, através do Egito. Segundo a tradição, a família de Jesus fugiu para o Egito temendo a fúria do rei Herodes e nada se sabe, historicamente, e mesmo pelos Evangelhos, do que tenha contribuído para sua formação religiosa e filosófica enquanto crescia. Um incidente no templo, relatado no Evangelho, revela Jesus, aos 12 anos, debatendo a lei em pé de igualdade com sacerdotes. Entretanto, no curso de seu ministério, os conceitos básicos que prega são familiares ao taoísmo, ao confucionismo e ao budismo. Nesse último caso, temos uma identidade: quando vemos o Dalai Lama dizer que o esteio fundamental dos ensinamentos budistas é a "compaixão", podemos traduzir isso perfeitamente no mandamento fundamental de Cristo: "Ama teu próximo como a ti mesmo"!

Os sistemas éticos orientais, essencialmente agnósticos, penetraram fundo em muitas civilizações e em muitos casos ancoraram as suas políticas, com príncipes e reis assumindo seus valores e em certos casos tornando-se eles próprios os seus difusores junto ao povo. Portanto, parece desnecessária a crença num deus único criador, e também ordenador ético do mundo, para que os homens se organizem num corpo político baseado no respeito mútuo e na busca do bem comum. Isso não deve inquietar quem acredita num Deus criador do mundo e da evolução: se ele está internado e individualizado no próprio ser humano, basta ao homem ou à mulher agir em consonância com uma ética humanista — por exemplo, a confuciana — para justificar Deus na ação e fazer sua vontade na prática.

Se grandes e antigas civilizações em geral não criaram o conceito de um deus único, criador e ordenador do mundo para se organizar social e politicamente, por que isso aconteceu com o pequeno grupo nômade de hebreus que deixou o Egito rumo à Terra Prometida? Sim, porque os Dez Mandamentos revelados por Moisés colocam Deus

em primeiro lugar, mas imediatamente deriva dele um código ético e político, que transcende os valores tipicamente
religiosos. O enigma se resolve pela própria avaliação da
situação objetiva enfrentada por Moisés. Depois de séculos
de cativeiro, sob a influência inevitável da cultura egípcia
e de seu panteão de ídolos, deuses e deusas, ele tinha de
buscar um princípio de identidade e de organização de seu
povo. Tomar de empréstimo um ídolo egípcio seria violar a
própria identidade. Diferente seria inspirar-se no Deus único
de Akenaton, distingui-lo do Sol e de qualquer entidade concreta e conferir-lhe uma identidade dos hebreus, na condição
de Povo Escolhido. E talvez seja essa a origem natural do
monoteísmo no mundo.

O hinduísmo e o cristianismo têm também em comum o
conceito de um deus que se tornou humano, um avatara, para
intervir nos negócios terrestres em situações de grave crise religiosa ou social. Krishna e Cristo partilhariam uma condição
simultaneamente divina e humana. É curioso que, no caso
de Jesus, pelos relatos evangélicos, em nenhum momento ele
se diz deus. Diz-se, sim, Filho de Deus. Entretanto, filhos de
Deus todos nós somos pelas Escrituras e pelos próprios ensinamentos de Cristo, em especial no Sermão da Montanha.
Foram as igrejas cristãs que construíram um complexo sistema teológico, com o conceito de Trindade, ininteligível para
o senso comum, a fim de explicar três pessoas de Deus numa
só: Pai, Filho e Espírito Santo. A trilogia hindu não trata de
pessoas, mas de atributos da pessoa suprema, o Absoluto, e
nisso é bem mais compreensível.

Para o católico comum essa divagação teológica é totalmente dispensável. Ele simplesmente adora Jesus como
Deus, reza para Ele e espera Dele receber graças, embora os

crentes mais sofisticados tenham uma certa predileção pelo Espírito Santo em questões que requerem alguma inspiração interior. Obviamente, para o senso comum, um deus-homem com quem se pode estabelecer uma relação pessoal preenche melhor suas necessidades espirituais do que um deus abstrato impessoal. É provável que esse seja o motivo por que os hindus criaram o conceito de Avatara, o Deus que de séculos em séculos vem à terra, como Krishna ou Cristo, para promover o reordenamento de um mundo espiritualmente conturbado. Já os muçulmanos dispensaram esse conceito: para eles, como para muitos hereges do cristianismo, Jesus era apenas um homem muito sábio, o penúltimo profeta. Mas não Deus.

6. Um conceito útil ao ordenamento social

Junto à noção de Deus único, em cada civilização onde essa noção existiu, veio um conjunto de predicados divinos de Deus, que em geral correspondeu às necessidades políticas e sociais da época. O Deus-sol de Akenaton era um soberano absoluto que devia servir de âncora a um faraó perturbado por um mundo conturbado por lutas políticas e religiosas. O Deus hebreu era provedor de benesses, mas também irado, vingativo, ciumento; dificilmente os hebreus, em condições tão desfavoráveis como se encontravam na busca de uma pátria, assegurariam a própria identidade política com o concurso apenas de um deus bondoso e pacífico. Alá, para os árabes, é misericordioso, mas com conotações também guerreiras, pois a Jihad, guerra santa, tanto se aplica a uma guerra externa contra infiéis ou em defesa da fé, quanto a uma guerra interna, psicológica, para vencer o mal interior.

Os hindus, a seu turno, construíram um deus orgânico, intelectualizado, como ponto de apoio a uma ordem social estável ancorada em castas durante milênios.

Jesus fundiu os elementos de um deus muitas vezes irado e vingativo do Antigo Testamento com as características de um deus essencialmente misericordioso que cuida dos homens com maior carinho do que seu cuidado com a beleza dos lírios do campo. Sim, porque embora também o Deus do Antigo Testamento se apresente eventualmente como um deus de bondade, é o Deus dos Exércitos que em geral predomina nele, prefigurando de forma profética o Israel moderno. Já Cristo se apresenta, sobretudo, como o profeta do amor. Entretanto, numa perspectiva de hoje, seria muito difícil reconhecer bondade e misericórdia em alguém que condena as pessoas a purgar eternamente no fogo do inferno só porque não acreditam nele. É também contraditório condenar com extrema severidade o adultério para pouco depois perdoar a mulher adúltera. É impossível conciliar essas contradições aparentes sem apelar para a época e o lugar da pregação de Cristo. Israel estava ocupado por uma força externa e dividida entre correntes religiosas e políticas. Assim como no caso de Moisés, era necessária uma doutrina de extrema energia para criar um espírito de unidade e de identidade do povo. Era preciso pregar o amor, mas também a disciplina. A história posterior mostrou que a pedagogia funcionou.

É pouco provável que todas essas concepções de Deus estejam corretas em termos absolutos, já que são contraditórias entre si. E não podemos reconstruir a história humana, tirando dela a concepção de Deus, para ver como as civilizações se desenvolveriam sem ela. O máximo que podemos fazer é uma comparação entre as civilizações agnósticas do Oriente, da China e de parte da Índia, principalmente, e as civilizações do Deus único do Ocidente. Sem fazer julgamentos de valor, mas nos atendo apenas à questão material, somos obrigados a concluir que onde houve um deus único, da Arábia medieval aos Estados Unidos atuais, o processo criativo intelectual e material se expandiu notavelmente, até açambarcar virtualmente o mundo inteiro.

Assim, se o Deus único não existe, criá-lo foi certamente útil para o avanço da civilização ocidental, a despeito de atrocidades cometidas em nome da religião. Uma multiplicidade de deuses fere os conceitos filosóficos de unidade básica da natureza e deus nenhum traz sérios problemas metafísicos e filosóficos, como temos visto. Contudo, se Deus existe, por certo ele não deixou muito claro os seus propósitos, de forma que nos induziu a procurar a sua verdade pela especulação filosófica, pela metafísica e, eventualmente, pela própria ciência. A religião, nesse contexto, foi o veículo que permitiu ao homem, em diversos estágios de sua evolução material e psicológica, se aproximar do sagrado, ou mesmo criar o sagrado.

Na história, por sucessivos estágios, evoluiu-se do animismo, do panteísmo, dos deuses antropomórficos, até o Deus único abstrato dos hebreus, que conformaria as três grandes religiões do mundo judaico, cristão e islâmico. Não se pode dizer de qualquer dessas que esteja certa ou errada. É provável que, cada uma em seu contexto histórico, todas tenham contribuído de alguma forma para o progresso do gênio humano — a despeito de ciclos recorrentes obscurantistas, determinados sobretudo por interesses materiais revestidos de dogmatismo, como se verá no próximo capítulo. Em contraposição, é espantoso o pouco que se produziu em termos de desenvolvimento material, por exemplo, entre tribos animistas da África, assim como, especificamente quanto a ciência aplicada e tecnologia, pela civilização de alta cultura metafísica e ética oriental, que não tinha um deus ou uma religião que se encarregasse de estabelecer uma relação pessoal do homem com Ele, embora pudessem ter mitos impessoais de criação e mesmo uma teogonia complexa, porém elitista, fora do alcance do senso comum, como na Índia. Assim, se houve uma vantagem evolutiva humana na criação do Deus único, essa vantagem se deveu à religião, que vinculou esse Deus ao homem.

É certo que os avanços recentes da ciência, em especial da física, tiveram implicações religiosas. Na mesma medida em que muitos cientistas, como Einstein, rejeitaram a concepção de um deus pessoal, um número considerável deles, como o próprio Einstein, assumiu alguma forma de crença numa espécie de força cósmica ordenadora do universo, revelada pelo espetáculo de sua regularidade e beleza. Nos textos e palestras nos quais tratou de religião, Einstein concebeu Deus como o criador das leis físicas responsáveis pela magnífica arquitetura do universo, aferrando-se, porém, a uma concepção estritamente determinista que tirava do homem qualquer margem para o livre arbítrio.

Foi a geração dos grandes físicos quânticos da própria época de Einstein que trouxe à baila uma concepção da realidade física que os empurrava inelutavelmente para a metafísica. Entre os mais destacados deles, identificados como a escola de Copenhague, Niels Bohr, Werner Heisenberg, Erwin Schroedinger e David Bohm relacionaram em diversos textos e conferências as concepções modernas da física com o pensamento místico oriental. Na base de suas especulações encontravam-se os grandes paradoxos da mecânica quântica, entre os quais o princípio da indeterminação de Heisenberg. Esse implica a impossibilidade de determinar-se simultaneamente dois atributos de certos eventos quânticos correlacionados — por exemplo, a posição e a velocidade de uma partícula. Pela interpretação de Bohr, uma aplicação especial de um conceito de Einstein tornou possível medir o estado de uma partícula por meio de probabilidade, sendo essa probabilidade considerada irredutível e inerente à natureza, não decorrendo de limitações nos instrumentos de medida. Isso, obviamente, viola o determinismo.

Einstein, contudo, jamais abandonou o determinismo. Daí sua insatisfação com a corrente principal da mecânica quântica. Isso teve efeito na religião "cósmica" que abraçou. Enquanto grande parte dos físicos quânticos, aderentes à interpretação de Copenhague, deixava o caminho aberto para uma conciliação da concepção de Deus com o livre arbítrio humano, Einstein agarrava-se ao conceito de Espinosa segundo o qual o que ocorre na mente é uma representação do que ocorre no mundo, num determinismo rigoroso, algo inconciliável com a ideia de um deus bom que dá ao homem a liberdade de pecar. Para escapar desse paradoxo, o deus de Einstein é um criador indiferente às suas criaturas. Assim, não fossem os físicos quânticos com seus elegantes modelos de probabilidade e seu princípio de não localidade — uma prova de que eventos em sistemas não relacionados espacialmente influem uns sobre os outros, outra violação do determinismo —, estaríamos condenados a nos reconhecer vivendo num mundo sem imaginação e sem criatividade, sem responsabilidade em relação a nós mesmos e aos outros, pensando e agindo como robôs e, para todos os efeitos práticos, sem Deus, pois um Deus que não interfere na Criação é como um Deus que não existe!

A RAZÃO DE DEUS

Também em relação ao enigma do tempo a Teoria da Relatividade Geral de Einstein forneceu pistas importantes com repercussão no campo teológico. O modelo do Big Bang, dela derivado, sugere a criação do espaço-tempo concomitantemente com a criação da matéria e a energia, tornando sem sentido a especulação sobre o que Deus fazia antes da criação do mundo. A resposta da física não é diferente da que seria dada por um teólogo: nada se pode saber desse tempo antes da criação porque, nas vizinhanças do Big Bang, todas as leis físicas colapsam. Chamemos, pois, esse tempo de eternidade, porém sem nos preocuparmos muito com o conteúdo conceitual do termo "eternidade". É certamente inapreensível pela física e pelo homem comum.

Se em cada tempo histórico o homem criou um conceito de Deus adaptado às circunstâncias sociais, políticas e científicas contemporâneas, o Deus que a ciência recente ajudou a criar não difere, paradoxalmente, do Deus de todos os tempos, que se apresenta diferentemente à consciência de homens e mulheres. Em outras palavras, a acumulação de conhecimento humano não eliminou as dicotomias que acompanham o conceito de Deus, seja provando definitivamente sua existência, seja negando-a de forma peremptória. O determinismo, que pretendeu dispensar Deus da ordem cósmica, sucumbiu ao princípio de indeterminação de Heisenberg e a outros enigmas da mecânica quântica. Com isso, Deus sobrevive ao avanço da ciência.

CAPÍTULO III A criação da religião

1. Um meio de superação do medo da morte

A criação da religião como fenômeno social provavelmente respondeu a dois sentimentos do homem associados intimamente, o medo de morrer e a esperança de sobreviver de alguma forma à morte física. A interação desses sentimentos complementares no plano subjetivo permitiu que, no plano objetivo, fossem constituídas instituições sociais específicas para tratar dessas relações, que acabaram conquistando autonomia e seguindo um curso próprio. Ao longo da história, essas instituições inevitavelmente interagiriam com outras instituições humanas no processo de organização das sociedades, em especial no campo da moral e da política. E na medida em que o progresso da investigação filosófica assim o exigiu, a religião criou um corpo especializado de pensadores, os teólogos, para justificar Deus e explicar intelectualmente a origem e o destino do homem.

No sentido etimológico latino-cristão, religião é o meio pelo qual o homem, expulso do Paraíso — por excesso de curiosidade em relação à origem do bem e do mal, usando uma interpretação literal do *Gênesis* —, encontra um caminho de reconciliação com Deus através de uma nova aliança, tendo sido a primeira aliança quebrada pelo homem e pela mulher quando pecaram e foram por essa razão expulsos do Paraíso Terrestre. Essa é a religião revelada. Em sentido vulgar, é o conjunto de dogmas, doutrinas, rituais e liturgias pelos quais o homem e a mulher demonstram seus sentimentos de crença, de temor, de esperança e de amor a um deus pessoal, criador do universo, no qual o homem tem um lugar especial como a sua imagem e semelhança. Já em sentido histórico, religião é um princípio de organização política das sociedades apoiado no sobrenatural. É nessa condição que o tema da religião nos interessa agora, pois a discussão da religião enquanto revelação divina transcenderia os limites deste livro enquanto busca de uma explicação natural para a Criação.

É possível que o princípio do sobrenatural tenha estado na origem da organização de todas as sociedades primitivas, seja na forma de ritos mágicos para aplacar ou atrair forças da natureza, seja na forma de práticas místicas para buscar identificação do homem com os deuses. Entretanto, nem todas as sociedades antigas se apoiaram numa religião organizada. Já vimos que na China e em parte da Índia as formas mais elevadas de especulação filosófica tomaram o caminho da ética, e não dos deuses — sobretudo se nos recusarmos a entender como religião o culto dos antepassados, presente nessas duas civilizações. Foi no Oriente Médio e no Ocidente, no intervalo entre a Antiguidade Clássica e a Idade Média, que uma religião em especial, a hebraica, consolidou num mesmo código de valores a religião, a ética e a política,

A RAZÃO DE DEUS

subordinando-as a um princípio único de revelação pelo Deus único. Com efeito, dos Dez Mandamentos, pedra angular da religião hebraica, os três primeiros são uma vindicação ao povo hebreu da crença no Deus único e em seus atributos, como base comum de sua identidade como povo eleito; já o quarto constitui uma regra de ordem social ("guardarás o sábado") e os demais impõem princípios éticos e morais fundamentais à convivência social e à ordem política ("não matarás", "não adulterarás", "não roubarás" etc.) que não surpreenderiam caso estivessem escritos na forma de preceitos puramente civis, por exemplo, no Código de Hamurábi, que se acreditou ter sido dado pessoalmente ao rei pelo Deus Marduck. Como matriz das grandes religiões monoteístas, cuja inspiração está presente também no Deus Ahura Mazda do Zoroastrismo, na Ásia Central, a hebraica constitui com maior coerência o momento inicial de uma organização política que se fez dependente de Deus e em que a política, através dos reis ungidos pelos sacerdotes, se ancora na religião como fonte legitimadora.

Posteriormente, no Ocidente, esse processo ganharia grande expressão com o cristianismo, enquanto no Oriente, a partir de Maomé (século VII), seria levado à extensão máxima também pelo islamismo, no qual poder civil e religião, em pelo menos alguns de seus ramos, se confundiram por séculos no aparelho de Estado e no código judicial. No caso ocidental, houve um processo mais complexo de alternância de poder entre papas e imperadores que se estendeu por séculos até a Idade Moderna. Constantino cooptou e corrompeu bispos de várias partes da Europa para, no Concílio de Niceia, no século III, uniformizar a doutrina, fundir rituais, tomando alguns de empréstimo ao culto de Mitra (Deus-Sol dos pagãos), e estabelecer uma disciplina simultaneamente religiosa e laica do catolicismo, erigido à condição de religião oficial do Império Romano. Daí em diante imperadores e reis passam a manter relações próximas ou conflituosas com os bispos da Igreja, inclusive invocando prerrogativas recíprocas de nomeação uns dos outros — com a notável exceção de Juliano, que num reinado de três anos tentou restaurar o culto de Mitra, e, cerca de um milênio depois, de Frederico II, que foi excomungado pelo Papa e revidou tentando secretamente criar uma nova religião na qual ele próprio seria o Messias.

A aliança entre religião e política teve alguma eficácia como justificadora da ordem social. Por séculos a Idade Média imperial não conheceu rebeliões civis, só as disputas feudais internas e a pressão militar vinda do exterior por parte de forças "bárbaras" — sendo que alguns de seus reis acabaram se convertendo ao cristianismo. Nesse sentido, a religião funcionou muito bem como "ópio do povo", na expressão de Karl Marx. Paradoxalmente, as maiores perturbações da ordem social, algumas com incrível ferocidade, resultaram de querelas dogmáticas no interior do próprio corpo religioso a partir de interpretações doutrinárias divergentes dos cânones cristãos, assim como da crítica de base ao comportamento da hierarquia eclesiástica, ou como resultado de pura intolerância religiosa e étnica como no caso das recorrentes perseguições a judeus.

2. A religião como fonte de opressão

A maior iniciativa de perseguição religiosa na Idade Média ocidental, a mais sanguinária e a de maiores consequências políticas seria a guerra decretada pelo Papa Inocêncio III

A RAZÃO DE DEUS

contra os cátaros, a chamada Cruzada Albigense, no início do século XIII. Os cátaros professavam de forma bem simples uma religião complexa, com elementos cosmogônicos do gnosticismo e do hinduísmo (um princípio material e um espiritual da criação), do maniqueísmo (um deus mau criador da matéria, o demiurgo, e um deus bom, supremo, criador do espírito) e do cristianismo, na qual Cristo era uma personagem histórica excelente, porém não um deus. Rejeitavam os sacramentos católicos e, sobretudo, os procedimentos argentários da Igreja na cobrança de óbulos e indulgências. Provavelmente em razão disso, e da valorização da simplicidade da Igreja primitiva em contraste com a suntuosidade adquirida pela Igreja Romana com sua ligação com o Império secular, adquiriram a simpatia e granjearam a proteção dos senhores feudais da região de Languedoc em conflito com mandatários da Igreja, no sul da França e norte da Espanha.

Eram militantes fervorosos e expansivos. Com sua pregação em favor da restauração dos costumes simples da Igreja cristã primitiva, representavam uma ameaça muito maior para a hierarquia católica do que a pacífica exortação de um jovem místico, São Francisco de Assis, na mesma época, a uma vida de pobreza e bondade. Por isso, depois de tentativas de seu antecessor de converter os cátaros pela via missionária, o Papa Inocêncio III decidiu convocar os príncipes e senhores feudais da Europa a uma cruzada para liquidá-los fisicamente, com a promessa de ganhos na terra (a titularidade dos feudos conquistados aos nobres que os protegiam e o perdão de todos os pecados) e no céu (a salvação eterna). Depois de três décadas de campanhas e muitos banhos de sangue, os cátaros foram praticamente dizimados; os que restaram seriam liquidados aos poucos mediante a operação de outra funesta instituição da Igreja, inicialmente criada para o mesmo fim, a "Santa" Inquisição.

O massacre dos cátaros não passou de uma guerra entre príncipes e senhores feudais rivais por domínios com pretextos religiosos pelos dois lados. Na medida em que se tornara religião oficial do Império, a Igreja Católica adquiriu influência crescente na ordem social. Tendo ajudado a pôr ordem no Império, pela unidade religiosa, passou a cobrar do Império apoio secular para estabilizar a própria ordem religiosa, quando isso se tornava necessário. Essa relação evidentemente aproveitava aos dois lados. A ordem social, por decreto de Diocleciano (século III), havia vinculado os servos hereditariamente aos feudos e os artesãos às corporações de ofício. Com a bênção posterior da Igreja, a ordem social passou a ser um derivativo dos desígnios celestes e a regra geral entre as classes subalternas era o conformismo imposto pela religião. Excetuando as carnificinas contra hereges, mesmo as frequentes guerras de cavalaria ainda na Alta Idade Média eram, em sua maioria, quase simbólicas, envolvendo apenas profissionais e quase nunca o povo: na célebre batalha de Zagonara (1424), na Itália, segundo Maquiavel, só morreram um nobre e dois de seus homens de armas, mesmo assim porque, ao caírem dos cavalos, se asfixiaram na lama.

O sistema social de Diocleciano, embora mais simples, não era essencialmente diferente do sistema de castas hindu. Só que esse último, ainda hoje muito mal entendido no Ocidente, não estabelecia, originalmente, uma hierarquia entre classes. Era uma distinção funcional. Estava inserido numa cosmologia, ou seja, numa ordem cósmica, sem necessidade de justificação religiosa. Apesar de legalmente abolido, o sistema ainda prevalece na Índia, pelo costume, ramificando-se em milhares de castas e de subcastas, nesse caso por força da própria proliferação de profissões no mundo contemporâneo. Obviamente, sugere o conformismo social. Isso, porém, não é justificado pela vontade de um deus, mas pelo bom funcionamento da ordem humana, pelo menos até a predominância do capitalismo na Índia.

Durante séculos, o conformismo social e a aliança objetiva com as forças de dominação política do mundo feudal foram a marca mais significativa da hierarquia católica. Isso provavelmente desempenhou um papel crucial no favorecimento do processo produtivo que Marx chamou de "acumulação primitiva" do capitalismo. Algo dessa ordem social foi preservada até recentemente nas relações sociais e religiosas em muitos países católicos. Apenas algumas décadas atrás, por exemplo, o dia de trabalho numa grande usina de produção de açúcar em Sergipe começava invariavelmente com a assistência obrigatória a uma missa tradicional na qual os trabalhadores, suas mulheres e seus filhos cantavam juntos a seguinte oração, obra-prima do uso da religião em favor do conformismo social:

Meu bom Jesus da pobreza,
tenha de mim compaixão,
me dá um pedacinho do céu,
não quero riqueza não.

É evidente que isso não passava do desvirtuamento oportunista, em favor dos interesses materiais da classe dominante, do espiritualismo radical que o próprio Jesus pregou enquanto caminho de iluminação, como explicitado no Sermão da Montanha: "Não acumuleis para vós tesouros sobre a terra, onde a traça e a ferrugem corroem e os ladrões escavam e roubam. Mas ajuntai tesouros no céu, onde nem a traça nem a ferrugem corroem e onde os ladrões nem escavam nem roubam" (Mateus 6: 19-20). É claro que se tratava de uma metáfora espiritual. Não uma regra rigorosa para a vida cotidiana. A esse respeito, os protestantes que viram no sucesso material um sinal do favor de Deus interpretaram melhor o sentido da Bíblia, como se verá adiante.

3. A perda da pureza espiritual

A Igreja Católica Apostólica Romana perdeu muito de sua pureza espiritual e passou a interferir aberta e diretamente no mundo civil a partir do século VIII, quando Pepino, o Breve, por meio de um documento falsificado atribuído a Constantino (Doação de Constantino), reconheceu como propriedade do Papado os territórios que viriam a se tornar os Estados Pontifícios (754). Anos depois Leão III coroou o imperador Carlos Magno (800), instituindo o Sacro Império Romano Germânico. No interregno (século VII), como mencionado, surgira na Península Arábica o profeta Maomé, instituindo uma nova religião monoteísta com elementos hebraicos e cristãos, um forte código moral e, com base na própria simplicidade doutrinária, tendo um apelo extraordinário à expansão.

Ao fiel muçulmano basta o cumprimento de algumas poucas regras de conduta para se salvar: acreditar no Deus único, rezar cinco vezes por dia ajoelhado em direção a Meca, submeter-se ao jejum do Ramadã, pagar óbulos rituais e,

A RAZÃO DE DEUS

se possível, fazer uma peregrinação a Meca. Do ponto de vista subjetivo, há nisso bem mais conforto, para uma mente simples, do que o oferecido pela complexa doutrina católica relativa à Trindade, à transubstanciação, à natureza do bem e do mal, à divindade de Cristo e assim por diante. É nessa simplicidade que, possivelmente, reside a chave explicativa para a popularidade e expansão do Islã na Arábia, no norte da África até a Península Ibérica, no Oriente Médio, na África subsaariana e, no Oriente, até a Índia e a periferia da Rússia.

Ao lado desse aspecto estritamente religioso, o Islã é, sobretudo, um código moral e político. Todos os aspectos da vida de um muçulmano estão regulados pelo Alcorão, devendo os processos sociais, políticos e militares ser uma aplicação dele. Para os muçulmanos ortodoxos, não há um código civil separado do religioso: a Sharia, baseada ela própria no Alcorão, se aplica ao conjunto da sociedade e a cada indivíduo em suas relações religiosas, sociais e políticas. Não obstante, em sua origem medieval, o Islã foi peculiarmente tolerante com cristãos e judeus, chamados por Maomé "Povos do Livro". Não houve tentativa de convertê-los à força, ao contrário do que aconteceria com "infiéis", ao longo das inúmeras guerras de expansão do Islã. Paradoxalmente, foi um desses "Povos do Livro", os cristãos, que desencadeou contra o Islã, no século XII, uma sequência de campanhas militares caracterizadas por extrema brutalidade e selvageria, em que se incluiu a matança indiscriminada de crianças, mulheres e camponeses indefesos, cercos impiedosos e incêndios de cidades inteiras, julgamentos sumários e decapitações.

A justificativa religiosa das Cruzadas era a recuperação da Terra Santa tomada pelos muçulmanos turcos em seu avanço anterior sobre o Oriente Médio. Como isso tinha de ser feito pelo braço secular, porque a Igreja não tinha exércitos próprios, os papas, para convencer príncipes e barões a assumirem a empreitada, recorreram de novo ao arsenal de poderes já usado no caso dos cátaros, tanto os sobrenaturais quanto os terrenos: os cruzados teriam perdoado todos os seus pecados, ganhariam o reino dos céus e, principalmente, a titularidade terrena dos reinos de Jerusalém e adjacências, quando fossem conquistados. Assim começou a grande carnificina dos ocidentais contra os árabes, e também judeus, cujas consequências se arrastam mil anos depois!

As Cruzadas se estenderam por dois séculos, em oito etapas principais. Delas participariam senhores feudais, condes e barões, príncipes, reis e o próprio titular do Sacro Império. Foi esse o caso do rei São Luís da França e do duplamente excomungado (da segunda vez porque assinou um tratado de paz com os turcos, encerrando a última cruzada), o imperador Frederico II. Do ponto de vista religioso, as Cruzadas podem ser consideradas uma blasfêmia contra Deus. Do ponto de vista militar, foram uma violação de todos os códigos de guerra cavalheiresca adotados até então. Do ponto de vista político, foram um retumbante fracasso: lugares "santos" conquistados pelos cruzados foram recuperados pelos árabes, curdos e turcos seguidores do Islã, principalmente sob o comando do sultão e notável chefe militar Saladino, na virada do século XII para o século XIII, voltando tudo ao ponto de partida.

Uma consequência política e moral ainda mais devastadora das Cruzadas foi o prolongamento da Inquisição por séculos, depois de sua instituição contra os cátaros. Após essa primeira empreitada militar contra hereges, numa cruzada interna que pode ser considerada uma guerra civil dentro do Sacro Império, os papas tom..ram o gosto de se apoiar no braço secular para impor a ferro e fogo os dogmas e os preconceitos da Igreja em seus domínios espirituais. Através de um corpo especializado, os inquisidores, nobres, plebeus e uma quantidade nada desprezível de mulheres acusadas de bruxaria assim como de judeus, foram torturados e condenados à fogueira em vários países da Europa Ocidental, principalmente na Espanha, mediante julgamentos manipulados e, não raro, com propósitos políticos. Os próprios Cavaleiros Templários, que se haviam constituído como guardiões do Templo em Jerusalém, foram massacrados pelo rei de França, que cobiçava suas riquezas, e sob instigação do Papa, pelo temor da Igreja do poder crescente da Ordem, que obtinha grandes rendimentos pelo que se chamaria hoje de "serviços bancários" aos peregrinos que se dirigiam do Ocidente à Terra Santa e ao Oriente.

4. O contato entre as civilizações do Ocidente e do Oriente

Mas houve consequências positivas, se assumirmos o ponto de vista eurocêntrico de que teria sido bom para o avanço da civilização tudo o que contribuiu na história, de alguma forma e a qualquer custo, para o progresso material e intelectual da Europa no processo de seu desenvolvimento. Através das expedições militares, a Europa medieval, dogmática e inculta, teve contato com uma cultura intelectualmente mais avançada, a muçulmana, e estabeleceu com os orientais novas linhas comerciais. Foi também nesse período que os europeus tomaram conhecimento de dois produtos que se tornariam, séculos depois, vitais no progresso dos povos, o algodão e o açúcar. É claro que fica em aberto a especulação de que tais consequências positivas poderiam resultar de métodos mais pacíficos de relacionamento entre culturas.

Diante dessa página negra de crimes e desumanidade na história da Igreja Católica em sua relação com a moral e a política, são relativamente inócuos, do ponto de vista social, os pecados dos papas da Renascença: guerreiros, lúbricos, avarentos, nepotistas, eles se tornaram o prenúncio da Reforma protestante e só são perdoados pela história por sua condição de generosos mecenas, a que se deve a insuperável arte sacra italiana do período. Contudo, exceto os guerreiros, não prejudicaram aos outros, com sua licenciosidade, mais do que à própria Igreja; e mesmo os guerreiros, como Júlio II, não se comportaram de forma diferente do que qualquer outro príncipe europeu da época, lutando pela conservação e expansão de seus domínios terrenos. Paralelamente à hierarquia católica, é imperioso reconhecer que, em todas as épocas e em todos os séculos, a Igreja Romana teve entre seus quadros homens e mulheres genuinamente piedosos, de moral elevada e de inequívoca santidade, muitos dos quais seriam martirizados em defesa da fé, e que foram exemplos de virtude para a multidão de fiéis que, em vida como depois de sua morte, os venerariam como santos.

A Reforma protestante tentou descolar o homem da terra, em que o amarrava a Igreja Católica profana, e aproximá-lo novamente de Deus. Era um apelo ao retorno ao cristianismo primitivo, que ecoava as doutrinas anabatista e cátara, ambas baseadas na fé e na interpretação pessoal da Bíblia. Contudo, foi também um movimento político. Da mesma forma que era um ponto de apoio espiritual importante para os príncipes, a Igreja Católica tornou-se um estorvo político na medida em que intervinha em questões temporais. Diante

A RAZÃO DE DEUS

disso alguns príncipes alemães, e logo em seguida outros por toda a Europa, acolheram com simpatia, no século XVI, as ideias de Lutero e de outros reformadores propondo a revisão dos cânones católicos a partir de uma denúncia veemente do tráfico de indulgências, de manipulação dos sacramentos e também de interpretações doutrinárias das Escrituras.

Em questões temporais, os reformadores eram, em geral, conformistas. Estavam preocupados sobretudo com espiritualidade e doutrina. Sua ética estava limitada estritamente ao plano subjetivo. A exceção extraordinária foi o teólogo Thomas Müntzer, inicialmente seguidor de Martinho Lutero em sua ruptura com a Igreja, mas logo tendo assumido uma atitude de reformador radical. Antecipando-se a Marx em quase três séculos, pregou a igualdade entre os homens e a extinção da propriedade privada. Isso era demais para Lutero, bem como para os príncipes alemães. As armas do rei Frederico acabaram por esmagar a ele e seus seguidores na batalha de Frankenhausen, sem paralelo na história em termos de assimetria de forças.

Eis como a Enciclopédia Wikipedia, da Internet, descreve o evento:

"No dia 15 (maio de 1525), Filipe atacou com cerca de cinco mil artilheiros e dois mil cavaleiros. À frente dos camponeses, Müntzer, que não tinha conhecimento militar, enfrentou os exércitos da nobreza com oito canhões sem munição, uma bandeira com o símbolo do arco-íris e uma espada. Os camponeses foram feitos em pedaços. Cinco mil morreram no campo de batalha, seiscentos foram capturados e o restante fugiu para as florestas de Thuringian. O exército de Filipe perdeu apenas seis homens. Müntzer foi preso, torturado e decapitado em 27 de maio de 1525."

(Filipe foi o chefe militar a quem o rei Frederico havia encarregado de eliminar os rebeldes.)

No continente europeu, príncipes e reformadores se beneficiaram reciprocamente do movimento reformista, os primeiros livrando-se das demandas terrenas da Igreja Católica que os incomodavam e os segundos conquistando o direito da liberdade religiosa sob o braço do Estado. Naturalmente, foi um processo sanguinolento que se caracterizou por bárbaras perseguições religiosas de parte a parte e culminou na Noite de São Bartolomeu, na França, com uma verdadeira carnificina contra os huguenotes protestantes. Nas décadas subsequentes, a busca da liberdade religiosa e de novas condições de vida levaria milhões de protestantes europeus à nova Terra Prometida das Américas, principalmente do norte.

Na Inglaterra, houve uma curiosa acomodação entre Igreja e Estado, com benefícios, sobretudo para o Estado, porém sem prejuízo para a Igreja local. O rei Henrique VIII, por um acidente dinástico — queria um herdeiro homem e a rainha, por mais que tentasse, não lho podia dar — rompeu com o Papa por lhe negar o direito do divórcio e assumiu, ele próprio, depois de muitas decapitações de dissidentes, a chefia da Igreja, desde então chamada Anglicana. Contudo, manteve praticamente os mesmos dogmas e rituais da Igreja Católica, com poucas exceções — como a da abolição do celibato dos sacerdotes.

A ruptura da Igreja Anglicana sob Henrique VIII antecipou um movimento mais vasto de descolamento do poder civil em relação à Igreja de Roma que seria consagrado nos tratados de paz de Vestfália (1648), os quais puseram fim à Guerra dos Trinta Anos, como ficaram conhecidos os anos de sangrentos conflitos religiosos na Europa a partir da as-

A RAZÃO DE DEUS

censão do protestantismo e da reação católica. Esses tratados, rompendo uma tradição que vinha desde Constantino, deram nascimento ao moderno sistema de estados-nação soberanos, eliminando, no caso dos novos países protestantes, o poder de Roma, e reduzindo-o sensivelmente no caso dos demais — embora, na Espanha, as garras da Inquisição continuassem ativas ainda por longo tempo até o século XVIII.

5. A destruição das civilizações ameríndias

O próximo ato de extrema selvageria das igrejas cristãs foi a cobertura religiosa para o trucidamento de civilizações inteiras no processo de colonização das Américas. Aí também houve exceções, como o bispo católico De Las Casas, na América Central, defensor apaixonado dos índios, e os jesuítas da República Guarani, no sul do Brasil. O impulso evangelizador pode não ter sido a força motora central do movimento de grandes descobertas e de colonização, estimulado sobretudo por interesses comerciais, mas é claro que foi uma salvaguarda religiosa e moral de vital importância para sua realização. E o fato mais repugnante, desse ponto de vista, é que, nas caravelas, não veio só a cruz, mas também a "Santa" Inquisição.

Não obstante, foram as grandes descobertas e o processo de colonização que se seguiu que revelaram o mundo a si mesmo, como um globo povoado, promovendo o maior salto civilizatório desde Alexandre Magno, na Antiguidade. Isso coloca duas questões: a primeira é que se não havia alternativa, em termos contemporâneos, a um processo tão violento de expansão civilizatória, uma vez considerada a Europa Ocidental como o núcleo e o vetor da civilização mais avançada; e a segunda remete diretamente ao papel da religião nesse processo, no sentido de que, como justificadora religiosa e ideológica dele, resta saber se, sem ela, o movimento de "descobertas" teria sido muito retardado historicamente ou mesmo encontrado resistências muito fortes.

É claro, a esse respeito, que é inevitável considerar que a cultura portadora da civilização supostamente mais avançada era, no momento dos "descobrimentos", a mesma cultura que promovia internamente a Inquisição e queimava em fogueiras mulheres acusadas de bruxaria. Ou seja, colocados num mesmo patamar, é difícil estabelecer uma hierarquia de valores (ou de não valores) entre os aventureiros espanhóis que destruíram brutalmente culturas milenares e os representantes autóctones dessas culturas que ainda estavam no estágio de apoiar a estabilidade social e política em sacrifícios rituais de crianças ao Deus Sol. Respeitar essas culturas implicava respeitar também esse aspecto delas, tão brutal para o cristianismo sincero?

Na análise histórica, temos de ter cuidado para não aplicar aos eventos do passado os conceitos atuais. Por outro lado, somos descendentes distantes daqueles assassinos de índios que conquistaram pela violência o Oeste americano, as montanhas incas, as planícies astecas e as costas e o hinterland brasileiros, de sorte que, se nos colocarmos numa posição muito exigente em relação a eles no sentido de que tivessem seguido no passado nossos códigos morais de hoje, certamente não estaríamos aqui para louvá-los. Cruzados e colonizadores não agiram de forma muito diferente de príncipes contemporâneos na conquista de territórios, tributos e honra. A diferença estava na imensa assimetria de força militar. Os graus de selvageria variavam de acordo com os critérios dos capitães no campo de luta, não obedecendo a códigos escritos. Poderia ter sido diferente. No caso dos muçulmanos, havia no próprio Alcorão prescrições claras para a guerra, com vedação da morte de crianças, mulheres e homens desarmados e até a proibição de destruição de plantações. Por certo isso não impedia, na prática, exageros eventuais.

A associação da religião católica com o Império secular favoreceu a guerra e a violência a ela associada, mas não as criou. É possível, pela natureza tríplice do Islã — religião, moral e política —, que, nesse caso, a expansão do Estado tenha sido produto direto do estímulo religioso. Em qualquer hipótese, o ponto relevante não é saber se a religião foi uma base de apoio para o Estado guerreiro, mas se era possível o avanço da civilização sem guerras. Aqui, mais uma vez, assumindo um ponto de vista eurocêntrico, é difícil ignorar a guerra como um estímulo civilizatório. A melhor forma de tirar uma conclusão é observar o que aconteceu em outras civilizações onde não estava presente uma religião organizada capaz de se associar ao Estado numa ética de conquista e de agressividade.

A China não conhece nos primórdios de seu processo civilizatório uma religião organizada. Lao Tsé e Confúcio eram moralistas. Eles ajudaram a reformar e estabilizar o Estado, mas não sua expansão. Eram pacifistas e, fundamentalmente, conformistas. No auge da Revolução Cultural na China, nos anos 1960, um curioso lema dos ativistas dizia que "Confúcio era reacionário em sua própria época." Talvez a ausência de uma religião hegemônica capaz de sedimentar a identidade do povo e justificar um espírito missionário ao lado da expansão militar explique a decisão do imperador chinês Hung-hsi de, um pouco antes de os portugueses lançarem suas naus ao mar, no século XV, mandar queimar a própria frota, quantitativa e tecnologicamente bem mais avançada, consagrando uma determinação de fechar-se dentro de suas próprias fronteiras.

Poucas décadas antes de a Europa, através dos navegantes ibéricos, abrir-se para o mundo nas grandes navegações, as facções confucionistas que disputavam o poder interno na China caminhavam para uma vitória definitiva contra a abertura comercial e marítima, defendida por facções rivais da burocracia e do exército. Até mesmo os registros de seis expedições marítimas chefiadas pelo legendário almirante Cheng Ho, visitando trinta países e trocando presentes com eles, foram queimados, numa tentativa de abolir a memória dos contatos havidos com outros povos. Muito mais bem equipados do que os portugueses, os chineses escolheram não navegar. Essa opção significou o fechamento da China por séculos, até seu virtual retalhamento por forças militares ocidentais superiores no século XIX, levando depois à regeneração nacional sob a bandeira comunista, a um novo fechamento e, enfim, à abertura iniciada com a visita de Nixon nos anos 1970 e consolidada por Deng Xiao Ping nos anos 1980.

Não se pode repetir a história para tirar uma conclusão definitiva, mas o fato é que, sem uma religião expansionista, a China não mandou missões ao exterior para converter outros povos. Com isso, também não expandiu sua civilização além dos próprios limites territoriais. Apesar de progressos científicos e tecnológicos que, na altura da Renascença, poderiam rivalizar com os ocidentais ou mesmo superá-los, o país não converteu essas conquistas numa base de desenvolvimento de mercados e de efetivo progresso material dos povos. Enfim, não inventou o capitalismo, embora, em termos de potencial de forças produtivas, pudesse tê-lo feito.

O budismo é outra expressão extraordinária de uma ética pacifista. Diferentemente dos ensinamentos dos grandes sábios chineses (embora, aparentemente, Lao Tsé teve contato com os ensinamentos de Buda), os do Gautama se espalharam por grandes extensões de terra na Índia, na própria China, no Japão, no Ceilão. Contudo, jamais seriam o conduto do progresso material da civilização indiana, dado seu caráter essencialmente subjetivo. Era e é uma ética intimista, pessoal, em busca da iluminação espiritual. Portanto, caso se dependesse do confucionismo ou do budismo, é provável que o máximo que teríamos hoje em matéria de tecnologia não iria muito além de alguns equipamentos hidráulicos dos chineses e da roca de fiar algodão dos indianos, que chegaram a construir uma indústria têxtil manual satisfatória até ser destruída pela concorrência monopolista dos teares mecânicos ingleses.

6. A religião e as guerras de conquista

Onde houve uma religião altamente organizada, houve guerras e, com as guerras de conquista, a expansão civilizatória; onde não houve religião organizada, mas uma ética pacifista, houve conformismo social, subjetivismo e autarquização. Isso é decepcionante para pessoas de índole bondosa, assim como para antirreligiosos militantes, mas faz parte das lições da história. E o mais chocante ainda está por vir: é possível que pouquíssimas pessoas ainda neguem a contribuição do capitalismo para o progresso civilizatório (o próprio Marx a exaltou), mas a grande maioria que leu ou ouviu falar de Max Weber concordará com ele na identificação da ética protestante, e em especial a calvinista, como fundamental para o desenvolvimento capitalista. Enquanto o católico repetia a máxima do Evangelho de que "é mais fácil uma grossa corda passar no buraco de uma agulha do que um rico entrar no reino dos céus", o protestante via e vê na riqueza um sinal de bênção e de retribuição de Deus ao trabalho dedicado.

Não concordo, pois, com certa classe de ateus, como Richard Dawkins, que baseiam sua negação de Deus na incompatibilidade de um ser infinitamente bondoso com atrocidades praticadas em nome dele e da religião. Não concordo nem mesmo com o agnóstico Bertrand Russel, que usava argumentos bem mais sofisticados, no plano filosófico, para "duvidar" da existência de Deus e os reforçava com a crítica da prática histórica tradicional das religiões, principalmente a católica. Para fazer esse julgamento, a partir das condições contemporâneas, é necessário relativizar no tempo os eventos praticados pela religião ou em nome dela e entrar no terreno da metafísica para responder uma pergunta essencial: "Dado que existe algo que reconhecemos como o bem e o mal, qual é o propósito da Criação?"

Isso se discutirá mais detalhadamente num capítulo posterior. Por enquanto, a resposta doutrinária do catolicismo e do protestantismo a essa pergunta é que o homem, embora criado bom por Deus, pecou e disso veio o mal. Daí se derivou uma moral individual, não propriamente uma ética, porque ética, em termos filosóficos, é a busca do equilíbrio entre o subjetivo (a satisfação individual) e o objetivo (o bem comum). Ao dar ênfase excessiva ao primeiro aspecto, e negligenciar por séculos o segundo (as injustiças sociais), o catolicismo só tardiamente construiu as bases de uma verdadeira ética. Contudo, por incluir, na categoria de pecado, impulsos naturais inatos do homem e da mulher, como o sexual, a religião abriu caminho para a repressão subjetiva de instintos que, em limites extremos, leva à fragmentação da própria personalidade. É da noção de pecado que surgem os complexos de culpa. Esses acabaram por conformar uma disciplina médica específica, a psicanálise, com sua terapêutica onerosa e demorada, inteiramente fora do alcance das classes pobres.

7. A noção do pecado e a psicanálise

A psicanálise está no limite entre a ciência e a metafísica. Na medida em que tenta identificar espaços e funções no campo mental, inalcançável à experimentação objetiva, não passa de uma metafísica. Contudo, ao fundar seus conceitos na comparação e padronização de histórias subjetivas individuais, e suas representações, entra no terreno da intersubjetividade e se torna uma ciência. Com isso, ela contribui para tirar das classes cultas e ricas o peso da moral do pecado que recai, por injunções culturais, mesmo sobre os que são indiferentes à religião formal. Já as multidões de crentes mais vulneráveis à pregação contra o pecado, sobretudo do sexo, só têm a seu dispor, para o reequilíbrio de sua personalidade, de graça ou pela contribuição de um óbulo, o perdão dado em confissão privada a um sacerdote ou num ato público ministrado por um pastor. Há nisso um curioso e aparentemente eficaz mecanismo de defesa mental da espécie gerado internamente pela própria religião repressora de instintos naturais: se ela inventou o pecado, inventou também o perdão — sendo ambos, na essência, mecanismos de controle social, sobretudo das massas pobres.

É curioso que, dentre os sete pecados capitais da religião católica — vaidade, inveja, ira, preguiça, avareza, gula e luxúria — é o pecado "da carne" que gera os efeitos de culpa mais pronunciados, a ponto de Freud estabelecer a repressão ao sexo como base fundamental de sua doutrina de disfunções psicológicas. Jung foi além, buscando nos arquétipos aspectos mais profundos da psicologia humana, mas seus conceitos se aplicam melhor ao homem e mulher de mente equilibrada do que aos psicóticos. A razão subjacente para isso pode estar no caráter social do próprio ato sexual completo, simultaneamente subjetivo e objetivo, portanto sujeito ao controle público. Diferentemente da inveja, por exemplo, que pode ser escondida na subjetividade e relativizada, o sexo a dois se manifesta necessariamente como um evento objetivo, que expõe o pecador à visão do outro, mesmo que esse outro seja o próprio parceiro.

Os homens e mulheres contemporâneos, na medida em que se tornam menos religiosos — porém, muitas vezes, sem descrer de um Deus —, estão conseguindo se livrar da repressão sexual e das disfunções mentais a ela associadas. Já as religiões moralistas ainda resistem em seus conceitos. A Igreja Católica pelo menos deu um passo no campo da terapia mental dos reprimidos ao dispensar a confissão individual a um padre para que as pessoas sejam perdoadas de seus pecados sexuais: agora basta um ato de contrição público, sem individualização desses pecados, escapando da situação vexatória anterior de se expor a intimidade de dois a um terceiro. Entretanto, a força avassaladora que está destruindo a moral do pecado sexual, inclusive o relacionado com o homossexualismo masculino e feminino, é a liberação da mulher, com o simultâneo enfraquecimento do machismo. Para isso o judaísmo e o catolicismo têm dado uma contribuição moderada (restringida, no caso da Igreja Católica, pela proibição de acesso das mulheres ao sacerdócio), enquanto algumas correntes do islamismo continuam no século VII. Disso, porém, se tratará adiante, quando se abordará a criação do bem e do mal e da ética.

8. A inspiração hindu através da Grécia

Os cultos gregos primitivos, aos quais não se aplica inteiramente o conceito de religião, podem ter sido o caminho intermediário entre a metafísica hindu que, transferida do

Egito e da Mesopotâmia, inspirou as religiões ocidentais organizadas. O mundo sobrenatural egípcio, povoado de deuses e deusas com múltiplos atributos, estava centrado no culto aos mortos e na crença na reencarnação: as pirâmides eram a base material para guardar os corpos dos faraós e dos principais da corte para a volta das almas numa vida posterior. Isso está associado à separação de corpo e espírito, assim como ao ciclo de reencarnações dos ensinamentos védicos. Esse tipo de crença correspondia às necessidades subjetivas da classe dominante, que tinha como principal preocupação cuidar exclusivamente de seu próprio bem-estar e manter o sistema de poder reinante sobre uma base social de servos ou escravos considerados como uma propriedade natural, em geral conquistada em guerras.

A civilização mesopotâmica, um pouco anterior à egípcia, é menos subjetiva e mais ancorada na realidade social. Hamurábi, o grande legislador, teria recebido o código que leva seu nome diretamente das mãos de Baruk, o Deus supremo, fazendo daqueles que o violassem autores de um ato de impiedade. A deidade suprema da Babilônia é Istar, deusa da fertilidade, o que dá a seu culto um caráter especificamente social. Na forma de Artemisa, a Grande Mãe, o culto à deusa da fertilidade chegou à Grécia, como Artemisa ou Diana dos Efésios. E foi em Éfeso que, séculos mais tarde, num concílio, a mãe de Jesus foi proclamada Mãe de Deus.

A Grécia foi o cenário geográfico em que as principais tendências do gênio humano se manifestariam de forma embrionária, aparentemente contraditórias, mas que iriam se revelar, na história, finalmente complementares. Isso também aconteceu no campo religioso. Trazido da Trácia, o culto de Pã, o Deus pastor, aparentemente se transformou no culto de Baco (o Deus da cerveja e depois do vinho), evoluindo para o de Dionísio e, finalmente, para o de Orfeu. Pã, na crença popular, acabou se tornando um deus com atributos amplos, do que se derivaria a palavra panteísmo para designar a crença de que tudo é Deus, um desvio do conceito de que Deus está em tudo (oriundo dos Vedas e atribuído também a Tales de Mileto, o primeiro filósofo grego, segundo o qual todas as coisas estão cheias de deuses).

Os cultos dionisíacos, ou báquicos, descritos em *As bacantes*, de Eurípides, eram verdadeiros rituais de liberação daquela parte da sociedade grega mais oprimida social e psiquicamente, fora os escravos: as mulheres. Em termos modernos, seriam ritos de socioterapia, prefigurando certas festas pagãs atuais, como o carnaval. O rito era um rompimento completo com as convenções sociais. As mulheres corriam livremente em bandos, pelos montes, descalças e seminuas, caçando cervos que matavam com as mãos e cuja carne crua comiam numa orgia coletiva. Diz-se que os homens não gostavam nada disso, mas não interferiam por tratar-se de rito religioso!

O culto dionisíaco foi reformado por Orfeu, uma figura mítica, meio deus, meio homem, a quem se atribui ter criado a música. É possível, porém, que tenha existido como sacerdote e filósofo. Insatisfeito com os excessos do culto dionisíaco, deixou uma doutrina pela qual, segundo seus seguidores, a alma pode ter no outro mundo um gozo extremo e sofrimento infinito, de acordo com a maneira de viver na terra. Os órficos também acreditam na transmigração das almas, o que os aproxima de certos aspectos da filosofia hindu. Em seu caso, como para um iogue, o êxtase místico não era mais propiciado pela cerveja ou pelo vinho, como no culto ancestral dionisíaco, mas por rituais de purificação e de descontaminação.

Há intrigantes elementos comuns em diferentes formas de religiões e de cultos em partes do mundo tão distantes entre si quanto a Índia e o sul da Itália. Entretanto, subestimamos o potencial das viagens em caravanas e barcos primitivos. Também subestimamos o impulso de expansão monástico e a força da correspondência, em especial depois da invenção da escrita, por volta de 4000 a.C. Além disso, podemos estar subestimando a idade da civilização: calculamos entre 8000 e 10000 a.C., enquanto alguns sábios hindus datam partes dos Vedas em tempos anteriores à última Idade do Gelo. Em qualquer hipótese, elementos da sabedoria hindu podem ter chegado à Mesopotâmia e ao Egito, daí a Creta e finalmente à Grécia. Se isso é verdade, todas as religiões são efetivamente Uma!

9. O vetor religioso da colonização

A terceira onda de expansão do cristianismo, depois daquela conduzida pelos apóstolos e da segunda viabilizada pelo Império Romano a partir de Constantino, seguiu no rastro da colonização portuguesa e espanhola após os Descobrimentos sob as coroas católicas da Península Ibérica. É uma obra sobretudo de jesuítas. Eles percorreram todo o mundo que se tornara conhecido por obra da audácia das caravelas portuguesas. Chegam ao Japão, à Índia e à China, porém não se consolidam aí como força expansionista. Esbarraram em culturas ancestrais que tinham raízes profundas assentadas nos Vedas, em Buda e nos ensinamentos éticos de Lao Tsé e Confúcio. Poucos foram convertidos, mas nessa relação também não houve reciprocidade: se aconteceu um momento da história em que, através dos órficos, a teologia e depois a filosofia do Oriente e do Ocidente se encontraram, certamente isso não se repetiu durante o período da colonização, no qual os dogmas de parte a parte as tornavam incomunicáveis. Um início de aproximação só se daria depois dos anos 60 do século XX, cuja expressão popular seria o movimento hippie e as práticas de yoga.

O politeísmo da África guarda elementos de espiritualidade oriental que em nenhum outro país do mundo ocidental, como o Brasil, encontra expressão mais vibrante. A macumba e o candomblé, assim como o vodu no Caribe, principalmente no Haiti e até nos Estados Unidos, traz para os terreiros americanos rituais de incorporação mística, sob a proteção de seres sobrenaturais, que se pode imaginar como uma representação viva, mais de dois milênios depois, do que seriam os rituais báquicos ou órficos da antiga Grécia. Uma mãe de santo que incorpora Iemanjá não é diferente de uma bacante que, tomada por *entusiasmo* místico, percorria as paragens da Ática correndo atrás de um fauno, na descrição fascinante de Eurípides! Isso se encontra em várias culturas africanas, mas principalmente na tradição yoruba.

A força da tradição africana foi tão inelutável que, no Brasil, a Igreja Católica tolerou as crenças negras e aceitou que o povo promovesse, através de sincretismo religioso, a fusão dos santos católicos com os orixás e outros deuses pagãos, abaixo de Olorun, o supremo. Algo notável nos seres espirituais africanos, porém, é que não são movidos por princípios morais ou éticos: Exu, se bem recompensado, pode fazer o mal. Assim também acontece com os rituais de vodu. Para se defender de perseguições religiosas, os negros no Brasil esconderam Ogum por trás de São Jorge e Oxum por trás de Nossa Senhora.

Isso não bastou para amaciar o coração dos orixás, mesmo porque, com os olhos recobertos de um véu de tranças, alguns deles não conseguem reconhecer o bem e o mal. Agem exclusivamente movidos pelas oferendas que lhes são trazidas. Nesse sentido, se apresentam, sobretudo, como atributos indiferenciados da natureza e do próprio homem e ainda não têm a coerência metafísica que se exige de uma crença que, para tornar-se religião, exige um nível de organização mais sofisticado e, aparentemente, uma noção do bem e do mal que possa ser codificada num corpo de doutrina relacionado com um deus.

No extremo oposto da espiritualidade, o deslocamento dos aspectos primitivos da religião para uma esfera racional se encontra, entre os filósofos, principalmente em Espinosa, que teve inequívoca influência sobre Einstein. Ambos se inclinavam ao determinismo, mas Einstein não foi tão longe quanto Espinosa na direção de um deus que existe na natureza e que se confunde com o puro panteísmo. Einstein preferiu não cruzar essa fronteira, rejeitando um deus pessoal e admitindo um "deus cósmico", autor das leis físicas e responsável pela maravilhosa ordem universal que, no seu entender, convidava a uma espécie de fervor místico. Esse deus, porém, tendo criado o mundo, só interfere nele uma vez, através das leis físicas que ele também criou. Nesse sentido a religião de Einstein, embora aceitando Deus, nega a utilidade da religião.

CAPÍTULO IV A criação do bem e do mal

1. O ateísmo como reação aos males existenciais

O ateísmo, mais do que o agnosticismo, constitui para muita gente uma espécie de protesto ingênuo contra Deus por causa dos males pessoais e sociais existentes no mundo. Pelo que se viu anteriormente, é perfeitamente possível e quase inevitável acreditar num deus criador e ignorar a religião, mas mesmo a religião é aceitável se nos colocarmos dentro de uma perspectiva histórica. Já negar a existência de Deus independentemente de religião, com um pretenso apelo à ciência, é exagerar os recursos da ciência e cair numa forma paralela de metafísica que remete supostas provas da inexistência (ou desnecessidade) de Deus para algum campo científico ainda inexplorado ou para futuras investigações. Já a negação de Deus por causa dos males do mundo não é uma atitude racional, mas emocional. Uma atitude racional investigaria, antes, as possíveis razões naturais e políticas do bem e do mal e tentaria estabelecer uma conexão entre elas e a ação do Estado, antes que apelar a Deus.

O mais antigo e popular argumento ateísta apresenta-se com um silogismo: "Se Deus existe, ele fez o bem e o mal; se fez o mal, não pode ser um deus infinitamente bondoso, como propagam todas as religiões monoteístas; se não é um deus bondoso, não vale a pena acreditar nele ou respeitá-lo." O equívoco desse argumento é tomar a posição religiosa, eminentemente pedagógica ao nível popular, como expressão daquilo que realmente é Deus, como criador do Universo. A essência desse equívoco é considerar Deus apenas como um ente que tem uma relação pessoal com cada homem e mulher em particular, que anota suas ações diárias, que difere as boas das más segundo um código moral objetivo, que atende a suas súplicas, perdoa pecados e, finalmente, os manda para o céu ou para o inferno depois da morte de acordo com o balanço contábil dessas ações.

Um deus com tais características seria simplesmente ri-dículo, um deus-contador. Para entender metafisicamente a mente de Deus no processo da criação — como tentou fazer o notável físico Stephen Hawking, porém limitado ao campo da física — é preciso se colocar no lugar de alguém que tem um infinito poder de tudo criar, mas que quer ter o prazer de repartir esse poder com alguém mais. Não pode fazê-lo com outros seres iguais a ele porque, diante da unidade básica da Criação, nossa razão rejeita a existência de mais de um deus. Em razão disso, ele cria não seres acabados, robôs, mas seres que têm, em sua essência, também poder criativo, derivado diretamente dele. Em outras palavras, como intuiu a Bíblia, ele criou seres à sua imagem e semelhança. E, dentre esses seres, um, em especial, com possibilidade de adquirir, no processo evolutivo, a capacidade de investigar os desígnios do Criador e os processos pelos quais a sociedade, através do Estado, estabelece a fronteira entre bem e mal.

2. A Criação como fonte de prazer

A Criação é o prazer de Deus. E a forma como Deus, fora do espaço e do tempo, tornou possível a Criação foi, segundo a corrente principal da física, a criação primordial do próprio espaço-tempo, no Big Bang, como ponto de partida do processo evolucionário da matéria e da vida. É axiomático que não há criação no plano material sem tempo e espaço: criação é o processo pelo qual alguma coisa no espaço se torna outra na mesma dimensão do espaço ao longo do tempo. Se a Criação é o prazer de Deus, Deus se revela dentro da Criação — portanto, no espaço-tempo por ele criado — para experimentá-la. Ele faz isso participando da experiência dos seres evolucionários criados, na forma intuída pelos mestres hindus como Atman, presente esse nos homens, e, numa forma inconsciente, também nos demais animais, nas plantas, na matéria. Pela fórmula canônica, "Deus se fez homem e habitou entre nós." E, de acordo com o *Gênesis*, ele viu que era bom o resultado de seu ato criativo, o que significa ter sentido prazer na criação.

Para garantir que o processo de Criação não se interrompesse no tempo, Deus transferiu aos entes criados sua própria faculdade de ter prazer, o prazer da Criação. Esse tomou, nos animais, sobretudo a forma de prazer sexual, garantidor da reprodução da espécie, e, no caso do homem e da mulher, para além do prazer sexual, o prazer intelectual da busca do conhecimento e da sua aplicação na realização do novo. No caso da matéria inanimada, a estabilidade e a evolução da Criação são asseguradas por um conjunto de quatro forças atrativas e repulsivas entre partículas subatômicas, num jogo que talvez não fosse exagerado chamar de prazer quântico, por sua natureza probabilística — algo a que voltarei mais adiante.

Suponha que um criador com poder absoluto queira fazer um Boeing 747: por ter poder absoluto, pode fazê-lo num instante, dentro ou fora do tempo e do espaço. Do mesmo modo poderia fazer, num instante, toda a Criação, assim como a criação da Criação — tudo o que existiu, existe ou existirá no Universo. Qual seria o prazer derivado desse processo? Certamente não haveria o prazer de captar por uma câmara lenta o desabrochar de uma rosa, de ver-se transformar uma crisálida numa borboleta ou de acompanhar o desenvolvimento fascinante da personalidade em formação de um bebê. Não haveria evolução. Tudo estaria pronto e acabado, num instante. O criador ficaria de fora de todo o processo criativo, sem participar dele.

3. Um criador que se revela na Criação

A concepção da principal corrente filosófica do hinduísmo é mais razoável. O criador não cria robôs, mas seres nos quais se faz presente, como Atman, e com os quais partilha seus próprios atributos espirituais de emoção e razão, no campo comum do pensamento e da consciência. Esses seres, encerrados no tempo e no espaço da Criação, adquirem no curso de milhões de anos uma crescente capacidade criativa através da evolução por seleção natural e numa fase intermediária desse processo, o nosso tempo, conseguem construir Boeings 747 e bombas de hidrogênio. Na verdade, esses produtos da inteligência humana são atos indiretos do Criador universal, que realizam no prazer humano da criação o prazer de criação do próprio Deus.

A RAZÃO DE DEUS

A evolução é aleatória e não determinista, no sentido de que são infinitas as possibilidades de combinação genética nos seres vivos e de partículas elementares no cosmos. Com isso, a Criação é um campo aberto à experimentação do novo. E o criador se dispensa a monotonia eterna de saber o futuro dos seres e das coisas na dimensão do espaço-tempo. O futuro, nessa dimensão, está nas múltiplas interações do código genético e, para a matéria inanimada, nas leis quânticas da física, interpretadas como probabilísticas na corrente principal dessa ciência. Nesse sentido, Deus propositadamente se vela, deixando ao homem a tarefa de ir retirando progressivamente o véu da Criação com suas descobertas, elas mesmas criativas. Em outras palavras, ao contrário do que sugeriu o gênio de Albert Einstein, Deus joga dados. E essa é a única forma de Ele ter o prazer de ver o surgimento do novo num universo que, de outra forma, estaria tão estritamente definido como se concebia segundo as leis da mecânica clássica no século XIX.

Esse, pois, é o propósito da Criação como o prazer de Deus. Nele o papel dos humanos não é obedecer a Deus em sentido religioso, mas dar a Deus uma oportunidade de ter prazer através do prazer do próprio homem. Isso porque Deus, para ter o prazer de criar no mundo material, tem de estar no espaço e no tempo, conforme já observado. E ele se manifesta no espaço e no tempo como ente espiritual e material, pelo que sugerem numa forma bastante plausível as escrituras védicas tardias, participando intimamente da natureza humana, singularizado no Atman de cada homem e cada mulher. O prazer da criação evolutiva em escala animal realiza-se de forma inconsciente no ato sexual. Esse contém em si mesmo a experiência do prazer em seu mais alto grau, porém sem conexão consciente com a procriação. Só tardiamente, mesmo no homem e na mulher, pela aquisição do conhecimento biológico, o ato sexual foi relacionado com procriação. Essa pode ser, para alguns crentes, a origem da metáfora da expulsão de Adão e Eva do Paraíso Terrestre: o conhecimento do bem e do mal pode ter sido o conhecimento do prazer sexual como um objetivo em si, descolado do que se podia pensar ser o plano divino da perpetuação da espécie!

4. Um seguro a favor da sobrevivência

Ao lado do prazer sexual, também o prazer do paladar é um instinto que se realiza de forma desvinculada de sua finalidade biológica última, ou seja, preservar a vida do indivíduo. O gosto de comer responde a um objetivo em si, assim como o sexo: ninguém procura um restaurante tendo por preocupação primeira alimentar-se para sobreviver; o objetivo é saborear algum bom prato e deixar que os processos biológicos inconscientes cuidem da sobrevivência. Não é um fenômeno cultural atual: no tempo em que homens e mulheres se alimentavam de sementes, o gosto entre elas variava, de forma que isso implicava uma escala de valor e uma escolha pelo paladar. Poderia ser de outra forma? Claro que não. Não sendo consciente a relação entre sexo e criação, assim como a relação entre comer comida saborosa e sobreviver, os impulsos de prazer, nos dois casos, asseguram a evolução criadora sem necessidade de conhecimento de sua função precípua, o qual só se manifesta nos humanos, e assim mesmo tardiamente.

O prazer de criação de uma nova vida, no homem e na mulher, não se reduz ao fornecimento de um espermatozoide para fertilizar um óvulo. Há todo um processo de gestação e, posteriormente, de amor e cuidado com a prole, desde a primeira infância até a vida adulta. Por certo que o prazer da maternidade e da paternidade existe também entre os animais, o que configura um plano superior que assegura a sobrevivência individual e da espécie como base essencial da evolução criadora em todos os domínios dos seres vivos superiores. É notável que esses dois instintos, o da maternidade e o da paternidade, existem também em relação a filhos adotivos, inclusive entre animais, configurando sua autonomia em face do ato sexual.

A ciência contemporânea acentuou a separação entre o prazer sexual e a procriação por dois caminhos: aperfeiçoou métodos contraceptivos para evitar filhos e, no polo oposto, desenvolveu processos relativamente seguros de inseminação artificial para se ter filhos. Nenhum dos dois casos configura uma negação do sexo como fonte principal do prazer e da sobrevivência da espécie. Há, sim, uma tomada de controle do momento da procriação pela repetição de tentativas que visam a aumentar as probabilidades da concepção. O conjunto de instintos e sentimentos envolvidos no processo criativo de um novo ser é complexo demais para ser eliminado por fatores culturais que, em termos de evolução da humanidade, estão sujeitos a contingências econômicas, sociais e políticas históricas.

Mesmo quando consideramos a evolução como um propósito divino e o prazer sexual como instrumento da evolução, nos surpreendemos com a formidável carga de sentimentos que cerca o sexo entre humanos. Caso fosse apenas instrumento da evolução, a procriação poderia ter tomado as formas assexuadas das células elementares (partição por um processo de acumulação de energia), das plantas (insemina-ção sem contato físico) ou dos peixes (inseminação direta dos óvulos fora do corpo da fêmea). Entretanto, entre os mamíferos e os pássaros, o sexo requer uma interação física que transcende a individualidade. É um ritual. Um prazer a dois. E que se manifesta também na homossexualidade masculina e feminina, enquanto excentricidade de uma curva estatística normal.

O homem e a mulher herdaram de seus antepassados pri-matas essa faculdade comum aos mamíferos e, no processo civilizatório, cercaram o sexo de um conceito quase místico, o amor, dando-lhe, no caso de alguns ramos do budismo tântri-co e de outras escolas místicas, um caráter de transcendência e de liberação espiritual. O elemento animal, simplesmente fisiológico, continua presente, mas a interação psicológica entre homem e mulher, no ato sexual, realiza um prazer sem paralelo, nos limites do êxtase. Isso não era necessário para a evolução. É um produto da evolução e, como tal, encontra-se dentro do plano evolucionário divino. Em outras palavras, Deus deu ao homem a faculdade de sentir prazer sem procriar e, no extremo oposto, deu ao homem e à mulher que querem procriar a possibilidade de o fazerem pela realização de um prazer que é o mais próximo que podem ter do prazer de Deus — exceto a experiência do êxtase místico, a qual, de qualquer forma, é também subjetiva e incomunicável.

5. O sexo e a propriedade privada

A perda da espontaneidade no sexo surgiu com a instituição da propriedade privada. Nas comunidades agrícolas, ter uma prole grande era garantia de mais braços para o pastoreio e para a agricultura dentro de um clã. Assim, Deus prometeu a Abraão uma descendência tão numerosa quanto as estrelas do céu. Sintomaticamente, augurar uma prole grande é uma fórmula presente ainda hoje nas cerimônias de núpcias, não obstante a tendência cultural inexorável entre casais contemporâneos de terem poucos filhos por razões sociais e econômicas. A certeza do controle da prole, em sociedades patriarcais, só se obtém no casamento monogâmico e com a garantia da fidelidade da mulher. O mesmo se aplica no que diz respeito à partilha da herança, quando se pretende contemplar apenas os próprios filhos.

Ao longo da história, os tabus sexuais foram particularmente restritivos em relação à mulher, pois elas eram a garantia natural de manter a propriedade nos limites da família. Na Índia o costume tradicional de queimar a esposa infiel, embora reprimido oficialmente, é aceito ainda hoje pela moral comum em partes do país. Entre gregos e romanos, o adultério era rigidamente condenado na mulher e relativizado no homem. Nesse caso, só se considerava adúltero o homem que se relacionava com mulher casada da própria classe social, mas não com mulheres de classes mais baixas, independentes ou prostitutas. Essa moral relativista presente em quase todas as sociedades que adotaram regime de propriedade privada explica a proliferação universal da prostituição feminina e, em apenas alguns casos, da prostituição masculina.

A centralidade do sexo na vida humana e da mulher como garantidora da legitimidade da prole colocou-o no foco dos códigos morais, religiosos e políticos desde a Antiguidade. Na tradição judaico-cristã, é a mulher, justamente a mais reprimida antes (para manter a virgindade) e dentro da institucionalidade do casamento (pela condenação assimétrica do adultério), que leva a culpa do pecado original. Dada a extensão na qual o cristianismo influiu no processo civilizatório, ainda hoje, mesmo depois dos movimentos vitoriosos de liberação sexual da mulher, o código moral comum associa o mal, principalmente, ao "pecado" feminino do sexo.

A corrente mais conservadora da Igreja Católica desempenha nesse processo um papel atávico. Não só condena o sexo fora do casamento como pretende limitar o sexo, dentro do casamento, à função reprodutora. Os métodos contraceptivos são fortemente condenados, exceto os que ela considera naturais — aí incluído, certamente, o coito interrompido, verdadeiro atentado de frustração física e psicológica para o casal. Os padres devem se submeter a votos de celibato perpétuo — o que constitui, no ambiente cultural de forte apelo sexual nos tempos atuais, um desafio emocional que muitos sacerdotes, em outros aspectos profundamente piedosos, não conseguem suportar.

Esses tabus são uma violência repressora inconsistente com o progresso civilizatório e responsáveis por levar muitos crentes sinceros ao divã de psicanalistas ou, quando não têm dinheiro para isso, a profundas crises de depressão psíquica. Poucos conseguem sublimar a proibição na forma de exaltação mística, compensadora da renúncia sexual. Mesmo nesse caso, fora as exceções de sempre (excentricidades), são homens e mulheres que se fazem voluntariamente incompletos na vida amorosa, sublimando na relação virtual com Cristo a relação que lhes é vedada, voluntária ou involuntariamente, com um parceiro de carne e osso.

Depois dos psicanalistas e psicoterapeutas Freud, Jung e Lacan, cada um em sua linha específica de investigação, a volta a um tipo espontâneo de sexo, sem tabus e desprovido de seu sentido estritamente civil como instrumento de transmissão legítima de propriedade, deveria ser o curso natural da civilização. Isso acontece em muitas sociedades avançadas, em particular no norte da Europa, mas nas sociedades sob maior influência do cristianismo a tendência só se verifica nas classes mais abastadas. Nesse caso, segundo a moral popular, sexo será sempre um mal e um pecado fora do casamento e métodos contraceptivos, quando adotados, o são com sentimento de culpa.

Existe, porém, um aspecto das relações sexuais no mundo contemporâneo no qual a orientação da Igreja Católica desempenha um papel inequivocamente positivo: é quando se trata de desestímulo a relações sexuais entre crianças ou adolescentes. A resistência que a Igreja Católica brasileira opôs à propaganda oficial de contraceptivos para prevenção da Aids se tem justificado, principalmente, pela mensagem subliminar implícita de estímulo à sexualidade precoce. É evidente que, numa campanha de mídia, é virtualmente impossível distinguir a recomendação do uso de camisinha para prevenir a Aids da recomendação do uso de camisinha para fazer sexo em geral. O efeito sobre uma criança ou adolescente pode ser um estímulo, o que impõe uma política pública de prevenção duplamente responsável.

Em relação aos métodos contraceptivos, uma razão básica para a controvérsia está na distinção religiosa, não só da Igreja Católica mas principalmente dela, entre métodos naturais e artificiais de contracepção. Se entendemos a Criação como um processo divino realizado pelo homem, essa distinção não se justifica. Uma pílula anticoncepcional ou um preservativo são, pela via indireta da intervenção da inteligência humana, tão naturais quanto a observação de uma tabela de fertilidade. É que podem ser considerados como resultados de um processo de evolução natural conduzidos conscientemente pelo homem dentro de um plano divino, ainda assim simultaneamente determinista e probabilístico. Também é natural, nesse sentido específico de ver a ação humana como um braço inteligente da natureza, uma operação cesariana para salvar bebês ou mães, ou simplesmente para reduzir o sofrimento da parturiente — a despeito de que o *Gênesis* condena a mulher, eternamente, a parir com dor!

6. Aspectos da noção do bem e do mal

É claro que a noção do bem e do mal não se restringe ao sexo. Assassinar sem ser em legítima defesa é considerado um mal em todas as culturas. Entretanto, desde que existem guerras — e existem guerras desde o início da civilização — esse preceito é contraditório, na medida em que esbarra em objetivos políticos que só se realizam com guerras, sendo que guerras resultam em assassinatos coletivos e genocídios. Torturar também é um mal, mas a Inquisição torturou sob o pretexto de que essa era a forma de purificar a alma de suas vítimas. Por outro lado, os impulsos positivos de bondade, fraternidade, compaixão, amor ao próximo, talvez sejam mais bem justificados pela educação do que por uma motivação intrínseca.

O que me parece é que o conceito do bem e do mal é um fenômeno cultural, não inato. É um princípio secular de organização do Estado. Nisso, suspeito que o filósofo alemão Immanuel Kant estivesse equivocado: ele acreditava num princípio moral, o "imperativo categórico", que deveria funcionar como instrumento distintivo subjetivo do bem e do mal em todos os tempos e em todas as sociedades. Claro, à vista da carnificina em que se converteram a Primeira e a Segunda Guerra Mundial, à vista do bombardeio impiedoso de milhares de civis pelos Aliados em Dresden, à vista da devastação de Hiroshima e Nagasaki por bombas atômicas, à vista da morte de 6 milhões de judeus no Holocausto, à vista de sacrifícios humanos em culturas primitivas, não parece que haja algum imperativo moral que impeça o homem de fazer o mal, ou ter uma noção universalmente aceita do Bem. Bem e mal é uma distinção fundamentalmente política, que se incorpora à moral. E a religião, por fora, dá cobertura a ambos.

Existe, sim, um "imperativo categórico", não oriundo do interior para o exterior, mas no sentido exatamente contrário, do exterior para o interior. Esse "imperativo categórico" resulta de condições sociais, ambientais, políticas e militares criadas pelo desenvolvimento das forças produtivas e está estabelecendo um limite para a liberdade individual no processo de organização das sociedades. Esse limite é dado pelo fato de que, se for ultrapassado, põe em risco a existência da própria civilização. No mundo contemporâneo, ele se manifesta em dois níveis principais, mas não só nestes: a prevenção da guerra nuclear e a prevenção dos fatores humanos da degradação ambiental e das consequências sociais e econômicas das mudanças climáticas. É este o principal papel do Estado, hoje, na perspectiva civilizatória: a forma de promover o bem e evitar o mal sob pressão de processos políticos que têm na democracia de cidadania ampliada a sua melhor forma de expressão

Essas prevenções respondem a situações objetivas no campo da política, dos movimentos sociais e da ciência contemporâneos. O homem não precisa da atuação de um deus externo para controlar esses processos porque os controles estão ao alcance de seus próprios meios, como instrumentos evolutivos indiretos de Deus. Nos dois casos, o bem está claramente identificado, assim como o mal. Mesmo que interesses econômicos, profissionais e de classe se oponham, o conjunto de forças políticas que se sente ameaçado constitui massa crítica suficiente para promover a mudança na direção de uma civilização que se autopreserve da extinção. O Estado é a criação humana que, através do monopólio do uso da força e do instrumento da tributação, melhor pode assegurar a conciliação da satisfação individual com o interesse comum também nesses casos.

Em qualquer dessas hipóteses, a condição fundamental para a ação humana é a cooperação. Isso se aplica também ao campo da economia — na ausência de um hegemon com poderes absolutos de ordenar o mundo, é impossível superar a crise financeira atual e reinstaurar um sistema internacional de financiamento produtivo sem cooperação entre países. Isso acontece igualmente no campo da genética. É que na genética a experimentação na forma de tentativa e erro por pesquisador isolado chegou a um limite. O geneticista está na fronteira de uma tecnologia que pode levar tanto a um nível mais elevado de conhecimento científico e de terapêutica quanto a um nível de degradação e desvirtuamento de princípios vitais. Só a cooperação entre cientistas, laboratórios e países possibilitará o estabelecimento de um código de ética na genética para evitar aberrações, inclusive com genes humanos, e seu uso militar. Em todos esses casos é inútil buscar um critério absoluto do bem e do mal. Em última instância, ele será estabelecido pela política, através dos Estados nacionais, não apenas na forma de leis, mas principalmente na forma de um consenso de maiorias. A esse respeito, as sociedades contemporâneas, com poucas exceções, deram um passo gigantesco no pós-guerra: hoje, a democracia de cidadania ampliada é uma realidade na maioria dos países, sendo que nos poucos países de grande expressão onde ainda não existe (como a China), existem condições materiais e tecnológicas para que venha a existir em prazo relativamente curto. É uma questão de paciência histórica: para os que estão esquecidos, os negros só tiveram direitos civis reconhecidos nos Estados Unidos nos últimos anos 1960 e esse era o país pioneiro da democracia de massas!

7. O paradoxo fundamental do mal

Os filósofos ocidentais, desde Sócrates e Platão, se dedicaram por muitos séculos à tarefa de buscar um princípio absoluto para o bem e o mal. Para as religiões isso sempre foi um estorvo, pois o Deus que em geral conceberam era um deus bom, e um deus bom, que tudo criou, não pode ter criado o mal. Zoroastristas, maniqueístas, cátaros e muitas outras religiões e seitas que os sucederam resolveram o problema criando dois deuses, um bom e outro mau, o demiurgo; no caso dos zoroastristas, criou-se um princípio do mal, Ahriman, criador da matéria, capaz de desvirtuar a obra de Deus, criador do espírito. A corrente judaico-cristã resolveu o impasse por um caminho mais engenhoso, o do livre-arbítrio, pelo qual o homem, criado bom, teve a liberdade de pecar, criando o mal. Mas como o homem, criatura de Deus, e necessariamente bom por ter sido feito por ele, pode pecar?

O aspecto frágil dessas concepções é tomar o homem, individualmente, como objeto da Criação, e não como um elemento num campo muito mais amplo de evolução universal. O medo da morte e a esperança na sobrevivência depois dela, como já se viu, são aspectos da psicologia humana que a empurram para a aceitação de mitos e dogmas religiosos em relação com seus sentimentos subjetivos mais profundos. Um deus protetor é confortável psicologicamente. Fazer o bem prescrito por esse deus é uma garantia de sobrevivência à morte e de salvação na vida eterna. Se ninguém sabe o que esse deus prescreve, então inventa-se alguma coisa, através de um corpo sacerdotal e de um sistema doutrinário, a fim de se criar algum conforto espiritual indispensável para tolerar as agruras da vida terrena, sobretudo dos pobres.

Entretanto, para um deus, a dança de uma partícula subatômica infinitamente pequena não é diferente da dança de uma bailarina num templo hindu. As dimensões relativas não afetam o ser Absoluto. Além disso, o propósito cósmico é o da Criação através do processo evolucionário, no qual a participação individual, determinista, situa-se num ambiente probabilístico. O homem e a mulher encontram-se diante de múltiplas possibilidades, sendo a escolha final uma responsabilidade pessoal. A Deus interessa que avance como um todo o processo, para o qual os desequilíbrios em relação à média provocados pela ação individual não são bons ou maus, mas simplesmente essenciais: não há evolução sem desequilíbrio.

Muitos homens sábios — inclusive um dos mais destacados filósofos do século XX, Bertrand Russel — se tornaram agnósticos diante da contemplação da miséria, da dor e das atrocidades humanas, supostamente provocadas ou permitidas por Deus na Segunda Guerra Mundial. Russel, porém, era matemático, conhecia física e sabia de processos físicos subatômicos de natureza aparentemente probabilística.

A RAZÃO DE DEUS

Achava, porém, que a teoria quântica maiores consequências filosóficas. Poderia ter inferido que a miséria do mundo se insere como excentricidade numa curva de frequência estatística que descreve probabilidades existenciais. A excentricidade é a exceção, não a regra. Deve-se a um desvio da norma geral aplicada ao conjunto da espécie, que se comporta majoritariamente de acordo com a média. Isso foi intuído claramente pelo mais místico dos filósofos gregos, criador da matemática, Pitágoras.

Há quem retire do sofrimento individual conclusões religiosas opostas. Em *Deus na filosofia do século XX*, organizado por Giorgio Penzo e Rosino Gibellini,[1] narra-se o testemunho de E. Wiesel sobre o enforcamento de um menino no campo de Auschwitz: "Diante daquele corpo pendente ainda não completamente exangue, surgiu entre os presentes uma pergunta: 'Onde está Deus?' E eu sentia dentro de mim uma voz que lhes respondia: 'Onde está? Ei-lo: está ali, pendurado àquela forca.'" Claro, essa interpretação ultrapassa o campo racional e só pode ser justificada no plano da fé e da mística. Já no plano racional temos que apelar para as leis da probabilidade, ou, mais significativamente, para interações entre probabilidade e determinismo. É o acaso que explica, em termos de grandes números, a ocorrência de excentricidades. Diante dessas excentricidades, como o holocausto ou as bombas de Hiroshima e Nagasaki, temos que tentar verificar o que se deve a Deus e o que se deve ao homem. Que o homem é a fonte do mal não escandaliza. O que escandaliza é a omissão de Deus diante do mal produzido

---

[1]PENZO, Giorgio; GIBELLINI, Rosino (orgs.). *Deus na filosofia do século XX*, São Paulo: Ed. Loyola, 2002.

pelo homem. Entretanto, na medida em que conferiu livre arbítrio ao homem, Deus não pode intervir na condição na ordem humana sem contradizer seu próprio projeto criativo conforme se reconhece na própria mitologia grega.

Mas é insuportável para o homem supor a indiferença divina em todas as circunstâncias sociais e pessoais. E, de fato, não é necessário supô-la racionalmente. Deus interfere nos negócios humanos através do caos. Reconhecemos isso na história. Das situações caóticas, desesperadas, impossíveis de ser ordenadas de forma determinística, eventualmente surge uma ordem em nível superior. Os judeus errantes reencontraram uma pátria depois do holocausto; em algum momento, os palestinos reencontrarão a sua, na medida em que é eticamente intolerável a privação de suas terras seculares, como acontecia milenarmente com os judeus: desse caos social e político, em algum momento, surgirá a ordem conduzida por um Atrator Estranho. Se não fosse por Hiroshima e Nagasaki, dificilmente o Governo norte-americano teria resistido à tentação de usar bombas nucleares na guerra da Coreia, com consequências ainda mais devastadoras. Não se trata do otimismo ingênuo de Leibniz, mas da compreensão de processos que estão entre a física e a metafísica. Atrator Estranho é outro nome que se pode dar a Deus, quando se requer uma intervenção sobre fenômenos caóticos que podem resultar em graves perturbações da ordem espiritual coletiva ou mesmo individual. Dificilmente, porém, se encontrará um Atrator Estranho cuidando de destinos individuais de forma perturbadora das leis humanas, como o livre arbítrio, ou das leis cósmicas, como a trajetória dos cometas.

O sofrimento humano individual ou é subjetivo ou é inferido. Se for subjetivo, não podemos saber com certeza o que o provocou ou o que significa para aquele que sofre, pela impossibilidade de se estabelecer um padrão de referência comum. Se for objetivo, foi causado por alguma causa externa que resulta de forças naturais — um furacão, por exemplo — ou de ação humana, como a tortura. Só o sofrimento objetivo provindo de forças naturais poder-se-ia atribuir a Deus. Entretanto, os desastres naturais fazem parte da evolução da Terra e, se causam transtornos a pessoas individuais, concorrem para o equilíbrio global das condições de vida no planeta. A propósito, foi um desastre natural de proporções catastróficas, o choque de um meteorito com a Terra, há 60 milhões de anos, que provocou um inverno extremamente duradouro, eliminou os dinossauros e abriu caminho para a evolução humana no planeta!

A mais ingênua das objeções à moralidade de Deus é a que decorre do inconformismo com a desigualdade entre os homens. Se por igualdade se entende o conceito original da Revolução Francesa de igualdade de oportunidades, trata-se de um objetivo político que deve ser perseguido nessa esfera, independentemente de religião. É o papel milenar da política numa sociedade organizada. Mas caso se dê à igualdade um sentido metafísico de identidade de todos os homens, trata-se de uma inconsequência. O mundo seria intolerável se homens e mulheres fossem iguais, seja em termos físicos, seja em termos espirituais, em inteligência ou emoção. São as diferenças de raça, de talento, de humor, que fazem as pessoas interessantes e atrativas entre si. Mesmo as diferenças de riqueza, quando moderadas, desempenham um papel positivo no estímulo à criação e estão conforme um plano evolutivo baseado nesta última.

Para o filósofo alemão Friedrich Nietzsche, o bem é o que corresponde à vontade do super-homem e o mal é tudo que tenta enfraquecê-lo. Esse é um ponto de vista até certo ponto útil em termos de valorização da autoestima, mas é terrível do ponto de vista social. O ideal, na verdade, é o reconhecimento de um padrão de bem e mal que corresponda a um equilíbrio entre os dois instintos básicos do homem, o da preservação de si mesmo e o da preservação da espécie, com a plena aceitação de que sua realização só se efetiva numa relação de satisfação individual (a alimentação saudável) ou a dois (o sexo completo). Em termos sociais e políticos, trata-se, pois, de conciliar a realização individual e a realização social na história, construindo a civilização. É o campo específico da ética e a base fundamental do Estado.

8. O mal, a justiça divina e a política

Entretanto, situações extremas de desigualdade e pobreza, de doenças infantis ou de fome generalizada, entre outras, levam pessoas de índole generosa a se desiludirem com a sabedoria da natureza ou com os propósitos de Deus. Russel escreveu que era impossível acreditar num Deus justo depois de visitar um hospital infantil de câncer no qual crianças inocentes estavam condenadas a sofrimentos indescritíveis. Contudo, esta é a realidade que se espera de um mundo em evolução, onde os excêntricos de uma curva normal que se reproduz em escalas de grupos menores desviam-se da média em termos individuais, escapando da regularidade estatística. É doloroso para quem vê de fora, objetivando a vítima da miséria, mas impossível de ser avaliado no plano subjetivo.

Nada disso implica conformidade com situações excêntricas. Nem a ideia de que estamos no melhor dos mundos, inferida por Leibniz e ridicularizada por Voltaire. Da mesma forma que as sociedades mais avançadas culturalmente criaram situações compensatórias de conforto para aqueles portadores de necessidades especiais, a luta política pelo desenvolvimento de nações retardatárias no progresso material é um dever ético de todos. É preciso notar que, em grande medida, a miséria humana decorre de fatores humanos, seja de guerras, seja da exploração predatória da natureza, seja da invasão de costumes seculares em nome de uma civilização supostamente mais avançada, seja na relação entre exploradores e explorados. O que o homem fez o homem pode desfazer. Essa é a melhor forma de atacar o mal.

O caminho para superar o mal social é a política. Os filósofos gregos, assim como os modernos, colocaram a política como um objeto de valoração tão elevado quanto a ética. Podemos defini-la como uma forma de ética compulsória, enquanto imposta pelo dever de cidadania, ou como arte da organização da sociedade para a conciliação da satisfação individual com a promoção do bem comum. É claro que a política, em todas as regiões e em todas as épocas, está sujeita à deterioração de seus fins éticos, ou talvez nunca tenha tido realmente outra ética na política, conforme Bobbio, a não ser a busca do poder. Mas devemos nos alegrar pelo fato de que, depois da Segunda Guerra e em especial depois do fim da União Soviética, o espaço mundial para sistemas de representação e de participação democráticas está se ampliando, a ponto de abarcar o mundo quase todo — com exceção, como já observado, da China, cujas complexidades sociais, econômicas, políticas, militares e culturais certamente justificam uma aterrissagem suave na democracia, sem a brutalidade da que ocorreu na União Soviética.

O que dá à democracia um caráter de instabilidade é o fato de que interações políticas, que ordenam as demandas sociais, se dão num tempo quase instantâneo, num contexto de amplo acesso a informações em tempo real. Em contrapartida, a resposta às demandas depende de processos geralmente lentos, sobretudo quando se trata de processos produtivos na economia que não podem ser compensados pelo comércio exterior. Um desequilíbrio entre demandas instantâneas e respostas inevitavelmente lentas pode derrubar governos, notadamente quando explorado por um hábil demagogo. Esse é o principal risco das democracias. Contra ele não há outro remédio senão a educação política do eleitorado, através de um aprendizado que se estenda por tantos experimentos de tentativa e erro quantos necessários.

Contudo, a democracia também corre o risco do absenteísmo incitado por uma sucessão de maus governos. O povo descrê de seus líderes e se abstém de participar do processo político. Esse é o grande momento dos oportunistas e dos charlatães. Também aqui não há outro remédio senão preservar o sistema e usar os instrumentos que ele oferece, em especial a participação mediante grandes mobilizações sociais que atraiam a mídia, para recolocar em posição prevalecente o interesse público. Mais do que isso, é preciso implementar, para além da democracia representativa, meios de democracia direta como plebiscitos, referendos e projetos de lei de iniciativa popular.

Foi pela mobilização social ampla que, nos Estados Unidos, se reconheceram os direitos civis dos negros nos anos 1960 do século passado. Ainda mais surpreendente, foi dessa forma que um candidato negro progressista, mais importante por ser progressista do que por ser negro, chegou à Casa Branca em 2008 — como um dos sinais mais evidentes, pelo que consigo apreender, de que estamos entrando numa nova era civilizatória, a Idade da Cooperação, que ele tentou encarnar. A lição desses processos sociais e políticos é que, para combater o mal social, democracia não é só voto. É também voto, mas acima desse, participação. Por outro lado, a performance de curto prazo de Barack Obama, em muitos sentidos decepcionante, não pode ser usada como critério de avaliação da abertura de uma época: os processos sociais e políticos são inexoravelmente dialéticos, e nem sempre é possível ver o novo a partir de um único polo da relação política entre conservadores e progressistas.

Nas relações internacionais, não existe hoje nada mais importante do que a prevenção da guerra nuclear. Esse é outro ponto de mudança de paradigma na história humana, que impõe uma nova ética, uma vez que o paradigma anterior, sintetizado por Clausewitz, definia a guerra como a continuação da política por outros meios. Na realidade nuclear, a guerra entre potências nucleares põe em risco o fim da espécie. E assim como na economia e nas questões ambientais e genéticas se ergue de forma imperativa um novo paradigma, baseado na cooperação entre nações e entre pessoas, uma nova geopolítica reclama a cooperação como necessidade objetiva de segurança das nações, notadamente das próprias nações nuclearizadas. Nesse sentido, estamos saindo da Idade Moderna, ancorada no princípio da liberdade individual ilimitada, para a Idade da Cooperação, determinada pelo imperativo do equilíbrio entre a busca da felicidade individual e o interesse coletivo, identificado como o bem maior!

Contudo, é necessário distinguir claramente prevenção de guerra nuclear e prevenção da proliferação nuclear. Prevenção de guerra nuclear pressupõe um conjunto de atitudes políticas por parte de países nuclearizados no sentido de assegurar aos demais países nuclearizados que não usarão bombas nucleares num eventual conflito entre eles, ou, mesmo, que evitarão eventuais conflitos entre eles para que não se tornem nucleares. Isso corresponde a um compromisso dentro de um clube. O compromisso não se estende a países não nuclearizados, e nem implica qualquer intenção de se livrar de arsenais nucleares.

Nesse contexto, a política de não proliferação não passa de um artifício para manter fechado o clube nuclear, potencializando, fora dele, a possibilidade de conflitos com armas ditas convencionais (na realidade, arsenais químicos, biológicos e eletrônicos com potencial igualmente devastador, porém menos conhecido). De uma forma ainda mais paradoxal, a insistência do discurso geopolítico de não proliferação, com a promessa vaga de desnuclearização, leva à conclusão óbvia de que os donos dos arsenais nucleares, em posição de hegemonia militar convencional, podem até prometer se desfazer deles desde que o prêmio seja o de poder fazer a guerra convencional sem risco de retaliação catastrófica.

É diante desse pano de fundo que se deve analisar, de um ponto de vista político, mas também ético, a atitude do governo iraniano em face do problema nuclear, assim como a atitude norte-americana e israelense frente ao Irã. De

A RAZÃO DE DEUS

forma recorrente, o governo iraniano sustenta que não tem intenção de construir a bomba, apoiando-se em preceitos do Alcorão, o fundamento mais profundo de sua moral política. Contudo, a espionagem ocidental supostamente constata o oposto. Duas questões se colocam imediatamente: Quais são as consequências objetivas da aquisição de bomba nuclear pelo Irã, preventivamente, já que seu inimigo Israel é uma potência nuclear? Segundo, o que podem os norte-americanos, em nome de um vago ocidente, fazer diante disso?

A resposta mais racional é: quanto ao primeiro ponto, o Irã se colocará numa posição de poder militar dissuasório, jogando-se para dentro do clube nuclear; quanto ao segundo, nada. Do contrário, para evitar a proliferação nuclear, terá de se praticar uma guerra inicialmente convencional que pode tornar-se nuclear. É um contrassenso. Sabe-se que as instalações nucleares iranianas, além de dispersas, estão a 10 a 12 metros de profundidade; são invulneráveis a ataques por armas convencionais. Será necessário um ataque nuclear real do ocidente para evitar uma ameaça nuclear iraniana que se encontra no terreno da suposição. Seria isto tolerado pelos homens, com sua ética do século XXI, antes que por Deus?

CAPÍTULO V A criação do Estado

1. O Estado enquanto centro da ordem social

O processo civilizatório começa com a instituição do Estado como árbitro das relações humanas na vida em sociedade. A reunião de grupos sociais dispersos numa entidade representativa do todo social, a qual supostamente promove o interesse coletivo ou simplesmente faz do interesse coletivo um mascaramento dos interesses de grupos dominantes, se efetivou ao longo dos séculos a partir provavelmente de laços familiares e de afinidades culturais e linguísticas em clãs ou tribos. Dentre esses, alguns, pelo uso da força ou por outros expedientes, inclusive religiosos, se tornaram hegemônicos politicamente. Os primeiros grandes Estados, como os da Mesopotâmia, do Egito, da Pérsia, da China, do Japão e da Índia, tomaram a forma imperial: uma entidade supranacional que impõe tributos e promove uma ordem coletiva pela via do uso da força e do poderio militar.

É na Grécia clássica que se revela um fascinante laboratório de experiência estatal que vincula originalmente um ente político dominante a uma nação específica: de um lado o modelo político democrático (embora restrito) de Atenas, de outro o complexo sistema monárquico e militarista de Esparta, sem mencionar formas intermediárias, como a da tirania — um termo que não tinha a conotação pejorativa de hoje, mas que se aplicava a qualquer governante que chegasse ao poder por via não dinástica nem democrática, como também acontecia na ditadura romana. O modelo grego inspirou a democracia moderna. Na maioria dos casos, porém, essa transcende uma nação específica e apoia sua unidade e legitimidade num mandato explícito ou virtual do "povo", entendido esse como grupos sociais vinculados entre si por laços históricos, assim como por afinidades tipicamente nacionais de sangue e de idioma.

A via democrática parecia cheia de riscos aos filósofos políticos de Atenas, sobretudo a Platão. Poderia levar à anarquia ou à manipulação do poder por um demagogo. A via monárquica, por sua vez, era igualmente repelida, porque o governo de um homem só poderia descambar para o despotismo. Essa questão, colocada com grande clareza desde a Antiguidade, jamais foi resolvida no nível teórico e mesmo em termos práticos: a tentativa platônica de promover um rei-filósofo em Siracusa, a pedido do governante local, resultou em fracasso e o próprio Platão se viu obrigado a fugir de lá para escapar da ira do tirano Dionísio I, que se havia cansado de seus conselhos. Na vida concreta dos Estados, ela se manifesta sob a forma de uma permanente oscilação entre a defesa do interesse público e a promoção do interesse pessoal ou de grupos, ambas se materializando na prática do mandatário individual. A estabilidade política, quando não imposta pelo poder militar ou policial, deriva do equilíbrio entre esses dois polos.

A RAZÃO DE DEUS

O mundo evoluiu para formas de governo cada vez mais controladas pela democracia de cidadania ampliada, mas isso não é garantia de que não haverá retrocessos ou que o próprio sistema democrático não degenere em termos de defesa do bem público. Pelo que se tem visto na história, mesmo as culturas políticas mais avançadas estão sujeitas a processos imprevisíveis de degradação: basta lembrar que o nazismo e o fascismo foram fenômenos políticos aberrantes em nações europeias que se encontravam na fronteira do desenvolvimento cultural e na própria vanguarda da civilização, há não mais do que setenta anos, uma fração insignificante de tempo histórico.

O Estado se organiza através de um exército, uma burocracia pública, um sistema de tributação e um conjunto de instituições que, pelo seu caráter mais ou menos representativo, vão caracterizá-lo, politicamente, como monarquia, república democrática ou ditadura. O papel do exército foi crucial historicamente, tendo hoje principalmente função dissuasória. É que foi através dele que o Estado se singularizou perante os outros congêneres e afirmou sua autonomia. De fato, foi pelo confronto de exércitos, exauridos por sucessivas guerras, que o sistema internacional de Estados adquiriu sua conformação atual através dos tratados de paz de Vestfália, em meados do século XVII, quando foram reconhecidos universalmente os princípios de soberania e Estado-nação. Mas foram necessárias ainda outras grandes guerras, e não menos do que duas guerras mundiais quentes e uma fria, para que o sistema internacional de Estados tomasse a forma de uma comunidade de entes políticos que se reconhecem como soberanos, independentemente de força militar relativa.

2. Vínculos entre religião e Estado

Desde os primórdios da civilização, a religião tem sido uma âncora para a organização interna dos Estados e, eventualmente, para sua projeção externa. Entre hindus, babilônios, egípcios e mesmo os gregos, são deuses e deusas, não homens, os condutores dos exércitos nas grandes batalhas. Os próprios relatos bíblicos referem-se ao resultado de batalhas como derrotas dos deuses pagãos ou vitórias de Javé. É claro que a manipulação da crença num deus nacional servia aos propósitos de estabilidade social do país e de reforço da coesão social em momentos de crise, no sentido de assegurar um mandato divino para o exercício do poder temporal e para legitimação da ordem social e da iniciativa pública.

É somente na Idade Moderna que, a partir do Ocidente, o Estado se libera parcialmente da religião e se afirma como poder temporal ancorado em princípios exclusivamente republicanos, inspirados na república romana. Isso não tornou o Estado nem melhor nem pior: todas as instituições temporais do Estado têm-se revelado às vezes virtuosas, às vezes corruptas; às vezes a favor do interesse coletivo, às vezes pervertidas pelo interesse individual. Na verdade, a força da democracia contemporânea é justamente ter em si mesma o contrapeso de excessos: um presidente da República corrupto é uma tragédia, mas sua deposição por meio de um processo regular de *impeachment* é a prova cabal de que uma democracia de massas está funcionando.

A monarquia hereditária configurou, por séculos, a legitimidade do poder na maioria das nações, provavelmente por sua vinculação com o poder religioso. Um rei ungido era um fator de estabilidade. Deixou de sê-lo a partir do momento em que questões sucessórias e guerras dinásticas, conduzidas por aristocracias corrompidas ou cegadas pela busca de honra, passaram a representar uma carga de sofrimento excessivamente grande para o povo. Aos monarcas absolutos, no início da Idade Moderna, iria se suceder, na Europa Ocidental, o período das revoluções políticas, sendo que a instituição da república seria resgatada da Grécia e de Roma através das cidades livres italianas e alemãs.

A república democrática é, até o momento, a invenção do gênio político humano que melhor responde aos desafios contemporâneos. O poder político supremo, recorrente a Montesquieu, é dividido entre Legislativo e Executivo, sujeito a alternância pelo voto da maioria da população, ficando o Judiciário como um corpo profissional à parte, escolhido pelo mérito, encarregado da defesa e aplicação das leis. A estabilidade política depende do equilíbrio entre esses três poderes, que servem de contrapesos entre si. Não é um sistema perfeito, porém. A alternância do poder político por períodos curtos, em tempos de instabilidade social, pode acirrar os ânimos e colocar a máquina do Estado nas mãos de irresponsáveis ou demagogos, como aconteceu nas repúblicas italiana e alemã sob o fascismo e o nazismo.

Caso se trate de uma situação que pode ser revertida numa eleição seguinte, a própria cidadania cuidará de remover o mandato do mau governante. Contudo, já no primeiro mandato o chefe de Estado eleito pode tomar decisões irreversíveis em áreas extremamente sensíveis. Por exemplo, no campo da guerra e da paz; da política ambiental; e da política científica com efeito militar, em especial na genética. Nesses campos, e também em algumas questões fundamentais de economia política, um governante demagogo ou corrupto pode usar o poder do voto para minar a estabilidade social e política da nação, de uma forma e numa extensão para as quais a democracia não tem defesa em tempo hábil.

Note-se que estou me referindo a decisões políticas sobre situações concretas de caráter reconhecidamente irreversível. Isso significa que o sistema democrático tal como o conhecemos pode funcionar melhor se essas questões forem desvinculadas das flutuações eleitorais conjunturais de curto prazo e vinculadas a formas de tomada de decisão menos sujeitas à demagogia e às emoções políticas imediatas. O povo é sábio no longo prazo; no curto, pode produzir aberrações tão grandes quanto um Hitler. Se fosse possível, em pleno século XXI, tomar de empréstimo a Platão seu método idealista, concluiríamos que o que mais atenderia aos interesses políticos e humanitários contemporâneos seria conciliar democracia de cidadania ampliada, através de um Executivo e Legislativo eleitos que se responsabilizassem pelas questões de governo conjunturais, com um sistema de poder mais estável, presidencial ou monárquico, que cuidasse exclusivamente de questões estruturais como guerra e paz, meio ambiente, pleno emprego, desenvolvimento científico na área da genética e defesa dos fundamentos democráticos do Estado.

Esse poder mais permanente poderia ser uma presidência não partidária, eleita em caráter vitalício por sufrágio universal; uma presidência não partidária, com mandato de longo prazo; ou um monarca hereditário, com poderes efetivos sobre áreas sensíveis. Em qualquer caso, os mandatários teriam poderes específicos fixados na Constituição: o governo democrático não interferiria no exercício de suas prerrogativas, assim como eles não interfeririam em ações típicas de

A RAZÃO DE DEUS

governo. Na prática, teríamos um formato de governo não muito diferente das democracias parlamentares da Europa Ocidental atual, exceto pelo fato de que, naquelas onde há monarcas ou presidentes protocolares, seriam devolvidos a eles algumas de suas prerrogativas de poder, porém exclusivamente nos campos mencionados anteriormente.

Das antigas monarquias, os aspectos tradicionalmente mais odiados pelo povo poderiam ser facilmente depurados à luz da civilização contemporânea: é o caso da beligerância, hoje neutralizada pela realidade nuclear; do nepotismo, que pode ser minimizado por regras constitucionais; da ociosidade aristocrática, na medida em que só se toleraria uma aristocracia reconhecida pelo valor no serviço público. De outra parte, poder-se-ia resgatar da monarquia hereditária a pedagogia e especialização do herdeiro nos temas de interesse público afetos à coroa. Apenas para citar um exemplo concreto, mesmo sem poder o príncipe Charles, da Inglaterra, tem prestado um grande serviço à causa ambiental em todo o mundo, e os reis da Suécia, da Dinamarca, da Bélgica e da Espanha dão enorme contribuição a causas de interesse público.

3. Braços semiautônomos do Estado

Das instituições do Estado, o exército é o que implica maior ambiguidade. A sociedade confere a uma parte de si mesma o monopólio do uso da força para que seja exercido em seu nome e sob o seu controle. Contudo, a experiência de vários países da América Latina, da Ásia e da África testemunhou o levantamento de exércitos contra os seus próprios cidadãos, muitas vezes lhes impondo ditaduras sanguinárias. Na realidade, esse foi, no pós-guerra, o maior reflexo nos países em desenvolvimento da Guerra Fria, que fez deles joguetes das duas grandes potências. O fim da Guerra Fria foi a pá de cal na maioria das ditaduras militares no mundo.

No novo contexto mundial, o papel das Forças Armadas nos países subdesenvolvidos deve ser revisto à luz dos desafios internos, e menos em relação a ameaças externas, que estão sendo minimizadas pela dissuasão nuclear e pela difusão mundial da democracia de cidadania ampliada. A ideia de que o exército é um custo dispensável para os países pobres corresponde a uma visão míope da questão. O exército é um braço de organização do Estado, fundamental para a estabilidade social. Se alguém tinha dúvida sobre isso, certamente ela terá desaparecido perante a tragédia que ocorreu no Haiti, em janeiro de 2010. Sem exército, o Estado teve imensas dificuldades de articular um sistema de socorro às vítimas do terremoto. Nenhum país, em tempos de mudanças climáticas, está livre de desastres naturais de grandes proporções: manter as Forças Armadas, inclusive para situações de emergência nacional, corresponde a um dever civilizatório do Estado.

É a ideologia do Estado mínimo que, aplicada a nações médias e pequenas, tenta justificar o processo de enfraquecimento das Forças Armadas e do Estado. A ideia de que o mercado, deixado a si mesmo, leva a uma situação de estabilidade e equilíbrio geral na economia, não obstante fantasiosa, penetrou fundo em muitas consciências individuais e, em particular, nas agências multilaterais, como Fundo Monetário Internacional, Banco Mundial, Banco Interamericano de Desenvolvimento, Organização para Cooperação e Desenvolvimento Econômico. Uma expressão destacada dessa ideologia é o status de independência conferido em muitos países ao banco central. Esse passa a ser

A RAZÃO DE DEUS

um poder paralelo ao Estado, politicamente irresponsável, usurpando-lhe a prerrogativa secular de emitir moeda, exercendo controle direto sobre uma área vital da economia, a política monetária, e indireto sobre outra área igualmente vital, a política fiscal (quando se manipula a taxa básica de juros de forma independente do Tesouro nacional).

Nesse contexto ideológico, que se tornou hegemônico antes da crise financeira de 2008, o mercado legitima a pobreza e a miséria social como um produto da ineficiência econômica das instituições e do próprio Estado, assim como legitima brutais diferenças de renda como um prêmio por uma suposta maior eficiência dos ricos. Em consequência, o Estado tornou-se sinônimo de ineficiência e baixa produtividade. É o mal absoluto. Enquanto o mercado é o bem absoluto, o *deus ex machina* que vai resolver todas as mazelas das sociedades contemporâneas e futuras.

A liquidação progressiva do Estado-nação entrou na pauta política mundial através de uma conspiração ideológica do grande capital financeiro, com o suporte de acadêmicos do primeiro mundo e dos profissionais moralmente assépticos das agências multilaterais de crédito. Sua síntese, no primeiro mundo, foi uma tentativa feroz de desarticular o Estado de bem-estar social em nome da competitividade das economias; nos países subdesenvolvidos, foi o chamado Consenso de Washington, ainda antes da extinção da União Soviética. E foi justamente a destruição da União Soviética o ponto máximo dessa conspiração, na qual, como resultado do ato político internacional mais irresponsável jamais presenciado pela história, uma superpotência nuclear foi quase despojada de seu Estado central num surto de anarquia. Só por um sofrido caminho de regeneração a Federação Russa está tentando reerguer-se, num processo que ainda se arrasta e não inteiramente sem risco para o mundo, na medida em que a Rússia continua sendo uma potência nuclear de primeira linha.

Nos países em desenvolvimento a pauta neoliberal de Estado mínimo tomou o rumo de privatizações predatórias e irresponsáveis, das políticas fiscais e monetárias restritivas, da liberação dos mercados cambiais especulativos. Em muitos casos, os Estados se viram privados de empresas estratégicas que tinham sido estruturantes do desenvolvimento de importantes setores no país, como aconteceu, no Brasil, com a Companhia Vale do Rio Doce (uma das três maiores mineradoras do mundo) e a Telebrás (uma das mais importantes empresas de telecomunicações de países emergentes, retalhada em favor de empresas europeias com capacidade tecnológica inferior).

Embora, em muitos casos, a privatização se justificasse, a forma como em geral foi feita no Terceiro Mundo representou, como na Rússia, uma oportunidade ímpar de predação de recursos públicos por oligarcas. A União Europeia, porém, deu um passo avante: sacralizou os cânones neoliberais em seu projeto de Constituição comum. No texto constitucional que foi rejeitado pela França e Holanda, o princípio da liberdade dos mercados foi posto em pé de igualdade com o da defesa dos direitos humanos. Foi um espetacular retrocesso civilizatório que não pode ser entendido apenas como ideológico, pois pretende enquadrar a legislação social nos conceitos de eficiência econômica que levam diretamente ao *dumping* social e fiscal. Atualmente, sob o peso esmagador da crise econômica, a União Europeia está condenada a escolher entre a estagnação permanente e a regeneração do Estado, agora sob os auspícios do Tratado de Lisboa, que

A RAZÃO DE DEUS

foi uma espécie de emenda substitutiva tecnocrática ao texto constitucional rejeitado por atos democráticos.

4. A caminho de uma nova síntese

Diante da crise mundial não se há de pensar que voltaremos ao Estado intervencionista dos momentos áureos do desenvolvimentismo na Europa e nos países em desenvolvimento. Esse tempo passou. Caminhamos para uma nova síntese que será construída sobre os escombros do Estado mínimo e do Estado intervencionista. O Estado que deu cobertura institucional ao liberalismo e ao neoliberalismo colapsou na medida em que o próprio sistema neoliberal colapsou. Foi o Estado intervencionista, injetando trilhões de dólares nas instituições financeiras das economias dos países industrializados avançados, que impediu a derrocada total da economia mundial e da própria civilização. O custo dessa operação gigantesca de resgate não pode ser socializado impunemente. A consequência que se antevê é a mudança cabal do papel do Estado no mundo.

No alvorecer da Idade Moderna, o Estado republicano laico foi o instrumento de garantia das liberdades individuais contra o absolutismo monárquico anterior e contra o obscurantismo religioso. Sob sua sombra, ao longo dos séculos, cresceu a democracia de cidadania ampliada e a economia de mercado. Em algum momento, em função, sobretudo da Guerra Fria, democracia e capitalismo chegaram a ser confundidos dentro de um mesmo conceito numa ordem estatal. Os blocos rivais criaram, cada um, seus subimpérios, o que desfigurou a liberdade dos Estados individuais no sistema mundial. Com o fim da União Soviética e da Guerra Fria, os

Estados-nação voltaram a emergir como agentes relativamente autônomos no cenário internacional, depois de um curto período de tempo em que se pensou que os Estados Unidos seriam os condutores de uma nova hegemonia absoluta, de caráter imperial.

A crise financeira mundial, contudo, redefiniu de forma dramática o papel da superpotência e das demais potências mundiais. Está fora do alcance dos Estados Unidos impor uma nova ordem financeira no mundo, em proveito próprio ou em proveito da humanidade. É impossível a superação da crise mediante atos unilaterais. Os Estados Unidos podem exercer, e certamente exercerão, um papel positivo de hegemonia consentida, já que são, de longe, a maior potência militar e econômica do planeta. Mas não podem impor sua vontade aos outros Estados sem desarticular a própria ordem internacional que, em última instância, lhes favorece, no sentido de que é uma garantidora de relativa estabilidade para as suas empresas transnacionais presentes em todo o mundo, e predominantemente na China.

Foi em função disso que nas primeiras reuniões do G-20 ocorridas depois da eclosão da crise em 2008 os comunicados finais ressaltaram várias vezes o termo "cooperação" como ordenador das iniciativas necessárias para a retomada da economia mundial. Certamente tem havido poucos avanços práticos nessa direção, e houve mesmo uma recidiva neoliberal na Europa a partir da reunião de Toronto, no primeiro trimestre de 2010, mas isso deve ser entendido como da natureza do próprio processo decisório internacional. Os presidentes e primeiros-ministros não têm autonomia decisória e os parlamentos muitas vezes se engalfinham em querelas políticas paroquiais que põem obstáculos a grandes decisões.

A RAZÃO DE DEUS

Contudo, a marcha da história é inexorável e cedo ou tarde seremos empurrados para o que ainda talvez venhamos a chamar de Idade da Cooperação.

Isso, seguramente, terá reflexos inexoráveis também em política interna. O Estado de representação de uma classe hegemônica está com seus dias contados. No século XIX, enquanto escrevia seu *Das Kapital*, Marx tinha diante de si um panorama político desolador para as classes inferiores. Foi esmagado o movimento cartista dos trabalhadores ingleses, que reivindicava pacificamente representação própria no Parlamento; na França, o movimento operário se viu igualmente esmagado na Comuna de Paris; e, na Alemanha, o Partido Socialista Operário foi colocado na ilegalidade até o fim do século. Diante disso, mesmo reconhecendo os grandes avanços materiais assegurados pelo capitalismo, Marx denunciou a ordem burguesa como iníqua e colocou na agenda política a luta por sua destruição e a criação de uma sociedade sem classes, sob hegemonia proletária.

A história tomou um rumo próprio, imprevisível para Marx. Contudo, jamais como hoje estamos mais próximos de um ideal socialista pacífico. Da mesma forma que, na ordem internacional, é impossível avançar na superação da crise sem efetiva cooperação entre os países, internamente nos países é impossível um reordenamento da atividade econômica sem cooperação efetiva entre as classes. De fato, como há interesses em conflito dentro da própria classe burguesa, os quais se agudizam nas crises, correntes empresariais antagônicas se veem obrigadas a acatar e incorporar em seu espaço de demanda as demandas sociais de baixo, de forma a garantir uma solução política democrática a seu favor. Isso, no contexto norte-americano, aparece sobretudo como conflito entre Wall Street, os interesses financeiros, e Main Street, os interesses produtivos. Quem tiver o apoio dos segmentos médios e baixos curva a seu favor o processo político, já que, na democracia, quem tem maioria decide.

É fato que os processos democráticos estão sujeitos à manipulação. O poder econômico e o próprio poder político tradicional podem distorcer a manifestação da vontade popular, seja no momento do voto, seja em momentos posteriores nos quais a participação do povo em movimentos de massa é essencial. Isso é menos preocupante quando visto no longo prazo do que no curto. O Brasil elegeu seu primeiro presidente civil, depois de vinte anos de regime militar, numa eleição disputadíssima. Com o fracasso do governo no plano econômico e suspeitas de generalizada corrupção na administração pública, em pouco mais de dois anos esse presidente foi deposto a partir de um inelutável movimento de massas, que pressionou o Congresso a uma tomada de decisão que levasse em conta o sentimento público.

O processo político numa democracia de cidadania ampliada exige equilíbrio entre o Estado, enquanto representante do interesse geral, e o cidadão livre, com suas prerrogativas e deveres. Na Idade Moderna, os filósofos se dividiram entre os que propunham um Estado forte, em nome do interesse geral, e os que favoreciam a liberdade do cidadão frente ao Estado. O socialismo real na União Soviética refletiu a primeira corrente, enquanto o liberalismo anglo-saxônico, a segunda. Uma terceira via real se afirmou após a Segunda Guerra, a da social-democracia europeia. Talvez seja ela a inspiração do Estado do futuro. De qualquer forma, isso implicará algumas restrições à liberdade individual em nome do interesse comum.

5. Os limites da liberdade individual

É que o tempo da liberdade individual incondicionada está chegando ao ocaso na civilização ocidental. Na oriental, é provável que nunca tenha existido. Foi o produto da combinação de várias revoluções no início da Idade Moderna, desde a revolução científica a partir de Galileo Galilei até a revolução política na fundação dos Estados Unidos e da República francesa — ao mesmo tempo em que, na esfera econômica, se afirmava o primado do capital no curso da revolução burguesa. Um longo intervalo de tempo transcorreu entre os momentos iniciais desses impulsos libertários até sua fixação enquanto paradigmas da ordem civilizatória no Ocidente. E é justamente no momento em que esses paradigmas parecem cristalizados como um padrão universal que entram em colapso, a partir da economia, no alvorecer da nova Idade.

A influência nas últimas três décadas do neoliberalismo, expressão mais acabada da liberdade incondicional do capital, não se limitou à economia. Assim como aconteceu nos dois séculos anteriores com o velho liberalismo, até a Grande Depressão, sua influência pervasiva penetrou fundo na política, na geopolítica e na moral, abarcando as estruturas centrais da civilização. Na medida em que entra em colapso, é toda a antiga estrutura civilizatória que desaba. No cerne desse processo está o princípio da liberdade individual ilimitada, cuja projeção mais perversa, na ordem econômica e política, é a liberdade econômica irrestrita de degradar o meio ambiente e de provocar a instabilidade financeira global com seus movimentos especulativos, assim como a liberdade ilimitada dos Estados de fazer a guerra.

Entre as duas fases do liberalismo econômico irrestrito prevaleceu o capitalismo regulado, como reação ao desastre liberal da Grande Depressão e da Segunda Guerra. Daí resultou a consolidação, na Europa Ocidental e, parcialmente, nos Estados Unidos, do Estado de bem-estar social. Esse período ficou conhecido como a Era de Ouro do capitalismo, combinando liberdade individual (e empresarial) regulada e um progresso social que elevou os países industrializados, e alguns em desenvolvimento, ao estágio mais elevado da civilização — em parte transbordando também para o bloco socialista. A recidiva liberal, na forma de neoliberalismo, foi o resultado de um contexto político, geopolítico e moral que, tendo em parte sido um produto da economia liberal, sobreviveu à sua primeira derrocada.

A derrocada atual do neoliberalismo, porém, parece definitiva, não enquanto ideologia, que tende a resistir por décadas e séculos na história humana, mas enquanto proposta de ordenamento futuro da economia e das sociedades. Toda a ordem moral e política do neoliberalismo colapsou em face da necessidade de um Estado intervencionista e atuante na frente econômica, cuja ausência, sobretudo na Europa Ocidental, tem sido o principal responsável pelo retardamento da recuperação da crise. Além disso, desapareceu a principal razão geopolítica pela qual o neoliberalismo foi manipulado ideologicamente como instrumento de rendição da antiga União Soviética na Guerra Fria. O conteúdo semântico em inglês do termo *liberal*, que tem um sentido político democrático nos Estados Unidos e de liberdade de mercado na Europa, passou a ter menos espaço para mascarar, de forma ambígua, programas políticos essencialmente conservadores em matéria de ordem econômica, como o da frustrada Constituição europeia.

A RAZÃO DE DEUS

É que a ambiguidade do conceito de liberal, ora significando democracia, ora mercado, possibilitou à ideologia imperial norte-americana desafiar ao mesmo tempo os soviéticos e o Estado de bem-estar social europeu. Sua vitória foi inconteste. A União Soviética acabou e a Europa tentou construir um projeto de união ancorado firmemente nos valores do mercado livre e da autorregulação, envergonhada de seu Estado de bem-estar social. O ponto máximo foi a instituição de um banco central independente da política fiscal, pelo qual se criou a primeira moeda sem Estado em toda a história moderna. A marcha do mercado sobre a democracia não pararia aí. Mas quando se tentou cristalizá-la numa Constituição, França e Holanda, como já mencionado, recuaram em nome de longínquos valores socialistas. A situação jurídica da Europa ficou indefinida, até ser remendada pelo mencionado Tratado de Lisboa.

Visitemos a história — segundo Cícero, a mãe de todas as ciências. A liberdade individual, embora limitada, era um privilégio das elites dominantes gregas e romanas. Na Grécia, mãe da política como a conhecemos, escravos, metecos e estrangeiros estavam privados da liberdade política. Quanto aos cidadãos, sua liberdade estava condicionada apenas à obrigação do serviço à cidade, nas guerras, e ao culto aos deuses. Assim mesmo, tratava-se de uma restrição à liberdade incondicionada. Também em Roma a liberdade política era um privilégio de cidadãos, ou patrícios, sujeitos igualmente ao código moral de culto aos deuses e defesa da cidade e mais tarde do Império. Portanto, mesmo para as classes dominantes dessas grandes civilizações ocidentais, não havia o conceito da liberdade individual irrestrita.

Os escravos e os socialmente excluídos rendiam sua liberdade aos cidadãos e patrícios; cidadãos e patrícios, à assem-

151

bleia da cidade, aos deuses e à superstição. Na Idade Média ocidental, depois do decreto de Diocleciano, no século III, os camponeses ficaram subordinados aos senhores feudais como servos e os profissionais às corporações de ofício como artesãos subordinados ao mestre. Com isso, ampliou-se a escala dos privados de liberdade, na medida em que os feudos se expandiram e absorveram terras comunais. Já os senhores feudais se legitimavam mediante fingida e frequentemente conflitiva submissão à Igreja de Roma.

O Papa, em tese, era o único homem livre, nas duas Idades Médias: subordinado apenas a Deus, era quem lhe interpretava a vontade, tendo-se atribuído infalibilidade em questões de fé. Os próprios reis eram legitimados pela autoridade papal, embora, na prática, tenha havido papas rivais e até prisioneiros de reis. De qualquer forma, toda a ordem política, social, religiosa e moral era imposta de cima para baixo como efetiva restrição de liberdade não só dos cidadãos comuns, mas também de nobres. A religião era invasiva, o mais poderoso instrumento de coação social a serviço dos reis "legítimos" e dos senhores feudais. Nesse sentido, desde a Antiguidade até a Baixa Idade Média, a civilização ocidental se caracteriza como um tempo de estrangulamento da liberdade individual.

6. A explosão da liberdade individual

Esse quadro virtualmente congelado durante séculos começou a ser subvertido por Galileo Galilei no século XVII e foi finalmente explodido pela Revolução Francesa no século XVIII. Galileo deu início à retirada de Deus dos processos físicos. A Revolução Francesa tirou Deus, e seus reis ungidos pela Igreja, dos processos políticos. Mas não foi *uma única* revolução libertária na França. Foram várias, simultaneamente, lembra Bertrand de Jouvenel: foi a revolução dos servos contra a nobreza, a da nobreza contra o rei, a dos trabalhadores urbanos contra a burguesia, a da burguesia contra o feudalismo e a de todos contra o rei e a Igreja. E foi, sobretudo, a revolução dos intelectuais contra a ordem política, moral e clerical autoritária.

A secularização da ciência esteve na gênese dos processos libertários. Se a ordem autoritária provinha da revelação e dos desígnios de um deus providencial, só matando esse Deus, como reivindicaria Nietzsche mais tarde, tornar-se-ia possível alcançar a liberdade nos aspectos essenciais da existência humana. Seria, porém, uma morte lenta, atenuada por compromissos. Os grandes físicos que iniciaram a revolução da astronomia, Copérnico, Galileo, Kepler e finalmente Newton, não renegaram Deus. Mudaram, porém, sua natureza. Tornou-se um deus que agia por meio de leis físicas — criador dessas leis permanentes, sim, mas que deixava espaço para alguma iniciativa humana na organização da vida secular mediante o livre arbítrio.

A primeira grande contribuição da astronomia à libertação da razão humana foi a revolução copernicana, ao deslocar a Terra de sua posição no centro do universo e colocá-la no lugar próprio, a órbita do sol. Mas foi a reforma de Lutero e de Calvino que criou espaço para um compromisso entre a visão científica e a visão religiosa no campo político, não obstante o caráter sectário que o protestantismo manteria no campo religioso, por sua insistência, até hoje, na interpretação literal da Bíblia. Ao contestar, porém, a hierarquia católica e sua exegese bíblica no início da Idade Moderna, os protestantes (hoje, evangélicos) fizeram da interpretação pessoal da Bíblia a pedra angular de sua fé. Isso tinha um sentido libertário na dimensão individual e política, forjando, na época, as bases para um impulso poderoso ao capitalismo nascente, que estabeleceu sua própria ética de valorização do trabalho e da recompensa na terra pelo empreendedorismo.

A reforma não seria o único exemplo dos complexos mecanismos de ação e reação — tese, antítese e síntese — que, conforme Hegel e Marx, constituem o motor da marcha civilizatória. Mas é ilustrativa das consequências na história que um movimento numa determinada direção acaba tendo sobre outras direções insuspeitas. Se levarmos em conta o que pensava Max Weber, a "ética protestante" foi fundamental na arquitetura da democracia, do capitalismo liberal e do progresso material da América do Norte. Desempenhou, pois, um papel libertário. E isso não pode ser deduzido diretamente de uma Bíblia lida de forma literal, pois ali, dependendo da interpretação, se encontra um Deus legitimador das ordens autoritárias do passado. A democracia, nesse contexto, foi produto sobretudo da repulsa ao velho sistema feudal europeu e da busca da liberdade religiosa — não, certamente, da busca da liberdade científica ou de mudança nas instituições sociais e políticas.

Com o acúmulo de evidências em favor da física, a Igreja Católica acabou buscando um caminho de composição — diferentemente da maioria dos evangélicos, muitos dos quais acreditam ainda hoje que o mundo foi criado no ano 4004 a.C., por dedução regressiva de eventos bíblicos. Mas não foi um caminho linear. Com Darwin, a biologia daria um salto tão alto quanto o da física de Galileo e de Newton. Agora já não era a Terra que não estava no centro do sistema solar, mas o homem que perdia sua dignidade metafísica de

A RAZÃO DE DEUS

centro da criação e do universo. Era nada mais nada menos do que um elo no ciclo evolutivo que o situa como primo dos macacos contemporâneos e descendente de um ancestral comum primevo.

A política, por sua própria natureza de instrumento de organização do poder nas sociedades, passou por um processo mais turbulento do que o das ciências, desde a cidadania limitada emergente das revoluções americana e francesa até os dias de cidadania ampliada da segunda metade do século XX. Os grandes filósofos do Iluminismo, como Rousseau e Locke, assim como Thomas Mores, no plano literário, imaginaram sociedades em que o princípio da liberdade individual se conciliava estreitamente com o respeito ao outro e a construção do interesse coletivo. Esse idealismo foi confrontado, em sua própria época, principalmente por Hobbes, para quem, se deixado livre, o homem tende a tornar-se o lobo do homem: por isso, a ordem social deve ser garantida por um Estado (monarca) com poder absoluto. É entre essas duas posições antagônicas que vai desenvolver-se a luta política nos séculos seguintes: a opressão da liberdade individual já não é mais oriunda de um rei com poder divino, mas de um Estado laico dominado por classes e estamentos sociais.

Contudo, a chama libertária das revoluções americana e francesa não se apagou. Na Europa, tomaria a forma ao longo do século XIX, chamado a Era das Revoluções pelo historiador Eric Hobsbawn, de múltiplos movimentos socialistas e anarquistas, tendo por base os ideais da Revolução Francesa, em si mesmos contraditórios quando se coloca de um lado a liberdade (irrestrita) e, de outro, igualdade e fraternidade. Foi na convergência dos impulsos libertários com os avanços na área do conhecimento que Marx pretendeu estabelecer o socialismo científico, um futuro comandado pela razão sobre as bases do empirismo e do determinismo claramente vitoriosos na ciência. Eram, segundo ele, as forças reais dos interesses de classe e o conflito inexorável entre elas que levariam a uma forma superior de sociedade, na qual o individualismo exacerbado sucumbiria a uma forma finalmente justa de organização social e política, o comunismo.

Na história real, o socialismo que deveria levar ao comunismo liquidou com as liberdades individuais e políticas, acabando por reconhecer, no confronto da Guerra Fria, seu próprio fracasso em termos de evolução tecnológica e de bem-estar dos povos aos quais foi imposto, assim como liquidou o próprio princípio de liberdade individual. O colapso melancólico da União Soviética marca o fim de uma ordem autoritária supostamente estabelecida pela razão política em nome de uma solidariedade forçada e a reafirmação a partir dos Estados Unidos, que logo se veria efêmera, da ordem liberal centrada no individualismo ilimitado.

7. O alvorecer da Idade da Cooperação

Entretanto, se a razão política autoritária não conduziu o mundo para o socialismo ou outras formas solidárias de convivência social — estimulando seu oposto, na forma de individualismo exacerbado como ideologia transitoriamente hegemônica no mundo, o neoliberalismo —, as forças reais que movem a história estão conduzindo o mundo numa outra direção da razão política num nível superior. É nesse sentido que a liberdade ilimitada, sob a forma de individualismo irrestrito, pedra angular da Idade Moderna desde seu alvorecer, e com foco especial na economia política livre-cambista,

A RAZÃO DE DEUS

entrou em colapso junto com seu oposto, o totalitarismo político. Abre-se efetivamente um novo tempo, uma nova era, uma síntese, uma nova idade: a Idade da Cooperação.

A primeira característica dessa nova Idade, no campo geopolítico, é a ausência de uma hegemonia imperial governando o mundo. Trata-se de uma novidade em pelo menos quatro séculos. Isso não resulta de uma ação intencional de Barack Obama, presidente do único país que teria condições econômicas, militares e mesmo políticas de exercer esse papel. Seu mérito consiste, sobretudo, em reconhecer que, no mundo objetivamente globalizado, e na presença de um grupo de nações com poder nuclear, não há solução para conflitos radicalizados entre os países de real importância geopolítica sem risco de sobrevivência para toda a humanidade. Claro, continua havendo espaço para conflitos localizados e para a afirmação de áreas de interesse estratégico das potências centrais. Contudo, sem as tensões ideológicas que caracterizaram a Guerra Fria, tendem a ser resolvidos pela diplomacia.

Barack Obama não é o produtor da nova Idade. É seu arauto. Os genes da Idade da Cooperação podem ser reconhecidos em pelo menos quatro aspectos da civilização, além da geopolítica, conforme procurei mostrar no meu livro de 2008 *A crise da globalização*, antes mesmo da eleição de Obama. Estão presentes no imperativo de uma ação coordenada entre os países na questão geopolítica, ambiental, da pesquisa genética e da superação da crise econômica. Além disso, há interesse coletivo na erradicação das causas do terrorismo e na sustentação da democracia como instrumento político básico da organização política dos povos, a fim de se escapar dos riscos coletivos inerentes à ação de eventuais governos dirigidos por líderes totalitários, que não têm de prestar contas a ninguém de seus atos.

A liberdade irrestrita de fazer a guerra e de deixar desregulada a economia em face da especulação financeira desenfreada e da degradação ambiental era uma projeção, no Estado, da liberdade individual ilimitada, sem consideração do outro. Também o era a liberdade de conduzir as economias nacionais independentemente de suas interações globais. O reconhecimento da exaustão desses paradigmas exibe as características de uma dialética histórica inexorável, na medida em que foi a busca de realização de interesses individuais exacerbados que produziu a globalização objetiva, sendo justamente a globalização objetiva, ao estabelecer interconexões entre os países, que força a emergência de um paradigma de cooperação também como um imperativo de busca do bem-estar social e da própria sobrevivência da espécie.

A força dinâmica por trás desses processos é a democracia de cidadania ampliada, um produto contraditório do pós-guerra e da própria Guerra Fria, por oposição a uma democracia de cidadania limitada, ou democracia alguma, que prevaleceu no mundo até metade do século XX. A democracia, inicialmente restrita, evoluiu paralelamente aos processos de afirmação da liberdade individual condicionando-a pelo princípio das maiorias eleitorais. É a democracia de cidadania ampliada que faz da cooperação um instrumento objetivo de realização dos interesses concretos das massas e dá à cooperação um caráter objetivo, não idealista. No campo econômico, por exemplo, não se verão grandes mobilizações sociais propondo a cooperação, mas se verão movimentos de massa exigindo mudanças na condução da economia possíveis somente com a cooperação entre os

A RAZÃO DE DEUS

países e dentro dos países. No campo geopolítico, a guerra já não será uma decisão de elites dirigentes, justificada por expedientes de manipulação dos povos, mas terá de levar em conta os sentimentos destes, que empurrarão seus dirigentes para soluções negociadas, só realizáveis na prática mediante um processo de cooperação.

É, pois, o jogo dialético histórico, e não apenas apelos morais, que empurra os Estados rumo a um novo paradigma ancorado no princípio da cooperação. Se a liberdade individual irrestrita foi o paradigma basilar da Idade Moderna, e se a liquidação da liberdade em nome da busca da igualdade foi seu contraponto dialético ao longo do último século, o esgotamento desse paradigma, por razões concretas, e não morais ou idealistas, ocorre no justo momento em que se erige um novo. Marx observou que não existe mudança histórica se o que está velho não se encontra numa situação de cair sozinho e o novo não estiver maduro para substituí-lo. Temos, certamente, as duas condições preenchidas. A crise econômica mundial mostrou que o velho sistema ancorado no individualismo exacerbado caiu sozinho; e o novo tempo, o tempo ou a Idade da Cooperação, está quase apto a substituí-lo.

8. Uma nova dinâmica de transformações

Raras são as gerações que podem reconhecer um processo de transformação histórica fundamental enquanto ele ocorre. Em geral, os contemporâneos, prisioneiros dos preconceitos, dos paradigmas e das redes de relações do passado, tornam-se incapazes de ver o novo e se limitam a projetar tendências ultrapassadas, até que ficam de frente com uma realidade diferente. Entretanto, com o avanço dos meios de comunicação e a interconexão quase instantânea dos povos e de seus dirigentes, as ações e reações em todos os campos das relações humanas adquirem uma dinâmica nunca anteriormente vista, pelo que os processos de mudança ganham aceleração tão grande que é impossível ignorar o novo na medida em que ele se vai destacando claramente da velha ordem.

O liberalismo econômico, no seu rótulo antigo ou no seu rótulo neoliberal, não era apenas um princípio ordenador da esfera econômica. Era uma filosofia política que penetrou fundo na política e na moral, além da economia. Suas raízes mais profundas estão no darwinismo social do filósofo Herbert Spencer, justificador das desigualdades de renda e de riqueza entre os homens (recompensa do mais forte) e indiferente a qualquer princípio garantidor de igualdade de oportunidades na sociedade. É esse tipo de liberalismo (não a liberdade de iniciativa, ou a propriedade privada dos meios de produção, ou o próprio capitalismo) que colapsou. Dados os eventos recentes no mundo, já ninguém ousa falar seriamente em Estado mínimo, mercado autorregulado ou destruição do Estado de bem-estar social em nome da eficiência econômica — não obstante as tentativas de sua desmontagem na margem, na Europa, mediante os programas de ajuste do FMI do Banco Central Europeu e da Comissão Europeia. Fala-se, sim, em cooperação entre os países e em evitar os apelos protecionistas.

O colapso do neoliberalismo leva junto sua projeção política e moral. É toda uma ideologia que sucumbe. Décadas atrás, seria necessário muito tempo para que algo equivalente fosse percebido. Agora, entre a eclosão da crise global em setembro de 2008 e a reunião do G-20 no início de abril de

2009, em Londres, transcorreram apenas sete meses para que o premiê britânico George Brown declarasse que o Consenso de Washington, síntese dos enunciados neoliberais, estava morto. A declaração, em si, não é surpreendente, pois outros a estavam fazendo. Surpreendente é quem a fez. Brown, a chanceler Angela Merkel, da Alemanha, e o presidente Nicolas Sarcozy, da França, todos próceres do encontro de líderes, foram levados ao poder cavalgando inequívocas plataformas políticas neoliberais. Sua mudança de retórica é testemunho de que não são os líderes que estão mudando o mundo, mas as forças impessoais da história que estão mudando os líderes. É justamente isso que tenho chamado de imperativo de uma nova era, a Idade da Cooperação.

É fato que, já na reunião do G-20 no Canadá, meses depois, conforme mencionei anteriormente, quando já parecia transposta a pior parte da crise financeira, aqueles mesmos líderes europeus acabaram recuando sobre a trilha de sua retórica inicial e capitulando mais uma vez ao receituário neoliberal para o tratamento da crise fiscal no sul da Europa. Sob o comando alemão, e em confronto com a posição norte-americana favorável à manutenção de estímulos fiscais enquanto durasse a estagnação e a crise de desemprego, se comprometeram com políticas de retirada dos estímulos, pondo em risco a frágil recuperação de suas economias. No entanto, essas vacilações são inerentes ao processo dialético: talvez uma reversão completa em relação ao neoliberalismo no mundo demande a força de convencimento de um repique profundo da crise, algo que não está fora de propósito.

Isso leva imediatamente ao cerne da livre especulação filosófica sobre os novos tempos: como será o Estado do futuro, num mundo governado pelo princípio da cooperação? A reunião do G-20, em Londres, abriu algumas frestas importantes em plena crise planetária para iluminar os novos tempos na esfera econômica. Será o mundo do capitalismo regulado, prevalecendo sobre a fracassada autorregulação dos mercados; será o mundo do controle dos paraísos fiscais e dos movimentos livres de capitais especulativos; será o mundo do disciplinamento comum dos sistemas financeiros nacionais para evitar a repetição das crises sistêmicas; será o mundo de apoio e sustentação do desenvolvimento dos países mais pobres do planeta; será o mundo da busca da energia limpa e será o mundo em que o Estado, acrescente-se, garantirá direitos sociais básicos da cidadania.

Os céticos dirão que isso são apenas palavras, escritas no comunicado final do encontro, mas o fato é que não se podem esperar mais do que palavras em reuniões de cúpula desse tipo. A tradução de palavras em compromissos, e de compromissos em ações concretas, pode não ser imediata, mas sua inevitabilidade não provém de vontades individuais, mas de um imperativo histórico. É que o capitalismo vive sua maior crise histórica e já não existe um país hegemônico que, por ato imperial, possa ordenar a recuperação do mundo econômico. Os três grandes blocos, Estados Unidos, União Europeia e Ásia, além dos emergentes, dependem uns dos outros e nenhum deles pode confiar num desenvolvimento estável próprio sem um estatuto de cooperação recíproca no campo financeiro, comercial e tecnológico.

Na esfera geopolítica, a eleição de Obama e seus gestos de abertura para os árabes sinalizam o reinício de um processo de paz no Oriente Médio que isole radicais de ambos os lados no sentido da solução dos dois Estados para dois povos. Isso terá efeito nas relações entre Estados Unidos e Irã, mediante gestões diplomáticas que provavelmente envolverão a Rússia e a China, já precedidas da desistência norte-americana de construir na Polônia e na República Checa o escudo de radares que tanto preocupava os russos. O Iraque deixou de ser uma nação ocupada. O Afeganistão não tardará a também ser desocupado. Tudo isso acontece sem uso adicional de força e sem sua ameaça. Resta, sim, o problema do terrorismo.

Esse é o ponto em que a geopolítica norte-americana encontra-se numa encruzilhada. Num pronunciamento significativo, a secretária de Estado, Hillary Clinton, começou seu mandato afirmando que a melhor forma de combater o terrorismo era erradicar as suas causas, a pobreza e a falta de oportunidades de desenvolvimento humano. Se isso é a sinalização de um novo paradigma, tal qual temos antevisto, resta o fato de que o terrorismo já constituído existe, é uma ameaça objetiva e ganhou dimensões independentes de suas causas. Diante disso, só uma ação diplomática coordenada no plano internacional seria capaz de distinguir onde continua necessária uma ação punitiva por meio de força de uma ação preventiva por meio da promoção do desenvolvimento econômico e social.

Na esfera ambiental, por força, sobretudo, da crise econô-mica, os avanços na busca de compromissos internacionais efetivos para a redução da emissão de CO_2 têm sido extremamente modestos. Contudo, nos Estados Unidos, o país que, na era George Bush, efetivamente bloqueou qualquer avanço mundial significativo no combate às causas das mudanças climáticas por ação humana, a EPA, agência de controle ambiental, anunciou em 2011 mudança em seus critérios para controle e redução de CO_2. É possível que, num eventual segundo mandato, o presidente Obama possa cumprir compromissos que o jogo político interno e, em especial, a resistência republicana no Congresso não lhe permitiram cumprir no primeiro. Isso provavelmente levaria China e Índia, também grandes poluidores, a uma posição mais flexível em termos de controle das fontes poluentes. Em qualquer hipótese, e a despeito de retardamento de ações concretas, a questão ambiental está colocada na agenda não apenas dos Estados, mas das próprias corporações internacionais. Trata-se de um tema que veio para ficar, e cujo próprio fundamento está ancorado na ideia de cooperação.

Na esfera científica, e em especial no campo das ciências da saúde e da biologia, torna-se cada vez mais evidente o imperativo da cooperação, desdobrado em dois aspectos distintos: o da economia e o da moral. O aspecto econômico diz respeito à investigação médica e ao patenteamento de descobertas científicas. O aspecto moral está relacionado com os limites a serem impostos à investigação da genética humana.

Num mundo de avanços científicos compartilhados, a exploração econômica ilimitada de patentes de remédios adquiridas num determinado estágio da investigação constitui uma retribuição econômica desproporcional ao esforço realizado. Na realidade, toda exploração econômica de descobertas médicas que represente retribuição além do esforço econômico feito na própria descoberta fere o sentido de ética que deve prevalecer nessa esfera. Por outro lado, como a investigação tem custo e deve ser estimulada, um nível justo de retribuição tem de ser encontrado.

A fórmula mais simples é a estatização total das pesquisas médicas e a liberação das patentes correspondentes às

A RAZÃO DE DEUS

descobertas feitas. Isso, contudo, afastaria o setor privado da investigação, o que poderia prejudicar a inovação. A alternativa seria manter o setor privado, indenizá-lo por preço justo das descobertas feitas e liberar as patentes. Atualmente, nos países industrializados, grande parte das pesquisas é feita diretamente ou financiada pelo setor público. Bastaria, pois, estender o sistema ao setor privado. Entretanto, os medicamentos com patentes livres produzidos pelos laboratórios privados teriam, como contrapartida, seu preço regulado.

A pesquisa genética humana levanta um problema moral: até onde e para quais propósitos se deve aceitar a manipulação de genes? O tema ganhou popularidade com a clonagem de animais e já está nos cinemas e na televisão, levado pela livre imaginação sobre clones humanos. Contudo, não é apenas isso que está em jogo. Embora muita especulação em curso não passe de fantasias tendo em vista o estágio atual da genética, numa perspectiva de dez, vinte e trinta anos ou mais a ciência terá condições de desenvolver experiências com genes humanos tanto no sentido da eugenia quanto das aberrações. Isso seria inevitável?

No início dos anos 1930, um jovem físico húngaro, Leo Szilard, fugitivo da ditadura em seu país, percebeu as implicações militares da fissão do átomo e, para evitar aplicações bélicas, tentou convencer seus pares europeus a fazerem uma moratória de informações sobre os avanços na área. Alguns anos depois, foi ele quem escreveu a carta, assinada por Einstein, que convenceu o presidente Franklin Roosevelt a autorizar o projeto da bomba atômica. Isso ilustra como é difícil parar o desenvolvimento científico; e como é fácil acelerá-lo em termos de livre competição por descobertas.

Uma eventual regulação internacional da pesquisa genética (o Tratado de Lisboa proíbe a clonagem humana) só seria possível com um alto grau de cooperação dos países e uma colaboração efetiva do corpo científico internacional. Sem isso, haveria vazamentos. A cooperação formal não só estabeleceria regras para as atividades dos laboratórios públicos e privados, sem prejudicar a investigação nos campos livres, como desestimularia os pesquisadores recalcitrantes, que não teriam onde publicar suas pesquisas. É um campo controverso. Mas certamente não é o único campo polêmico cuja regulação competirá à Idade da Cooperação.

9. O resgate do Estado-nação

O imperativo da cooperação impõe paralelamente o resgate do Estado-nação. De fato, o Estado-nação é o ator essencial num processo cooperativo: é ele que assina acordos, firma compromissos e fiscaliza sua aplicação interna nos países. A ideia insólita de um governo mundial, que em alguns campos chegou muito próxima de ser realizada, colocaria a humanidade como escrava de grandes tecnoestruturas que não responderiam politicamente a ninguém, já que não existe possibilidade concreta de fazer uma democracia funcionar em nível mundial. De fato, a experiência comunitária na Europa foi um grande sucesso até esbarrar na tentativa de união política, cuja característica mais marcante é afastar os governantes dos cidadãos europeus.

No campo monetário, a ação combinada do BIS (Banco de Compensações Internacionais) e do FMI (Fundo Monetário Internacional), com suporte de outras agências multilaterais de crédito e efetiva cooptação de tecnocratas dos diferentes

A RAZÃO DE DEUS

bancos centrais e das agências multilaterais, estabeleceu as fundações para um governo mundial das moedas, sem qualquer nível de responsabilidade política. O episódio mais notável desse drama, que teria sido uma comédia não estivessem nele envolvidos interesses de todo um povo, foi a rebelião do presidente demitido do Banco Central argentino contra seu próprio governo, apelando em favor do banco contra o governo pela posse judicial de reservas externas do país.

No âmbito da União Europeia, o Tratado de Maastricht estipulou a união monetária e, como condição dela, a convergência das políticas fiscais entre os países, efetivada pelo Pacto de Estabilidade e Crescimento que criou o euro. Como consequência, nenhum país-membro da União tem efetiva liberdade econômica para arquitetar uma saída nacional, de cunho anticíclico, para a crise, a qual, inicialmente financeira, se tornou de demanda. Além disso, dado o caráter conservador e ortodoxo do Banco Central Europeu, que inicialmente fechara de forma precipitada a janela de compra de títulos públicos dos países sob maior pressão fiscal, a saída da crise, para a União Europeia em seu conjunto, será um processo demorado e doloroso.

De forma semelhante ao terrorismo político, o mundo, começando pela Europa, se defronta com um tipo de terrorismo econômico que tem em si as sementes de uma crise social sem precedentes e de consequências incalculáveis: a manipulação pelos mercados privados das dívidas soberanas. Os governos gastaram trilhões de dólares para salvar os mercados financeiros dos efeitos da crise mundial; para fazer isso, tiveram de recorrer a um aumento sem precedentes, em larga escala, de déficit e dívida públicos. Como contrapartida, os mercados passaram a exigir dos governos mais endividados, sobretudo do sul da Europa, restrições draconianas de natureza fiscal, a pretexto de que seja garantida a solvência de suas dívidas.

Para o homem comum, encharcado de ideologia neoliberal pela mídia conservadora, isso parece ter uma certa lógica: quem gastou muito com seu sistema social e sua infraestrutura pública, como os gregos, deverá pagar a conta do alto endividamento daí derivado cortando salários e gastos públicos a fim de sobrar dinheiro para pagar os credores. E assim também com Portugal, Espanha, Irlanda e Itália, todos na zona do euro, todos altamente endividados e todos na mira do mercado especulativo. Programas de austeridade desse tipo, sob controle do FMI, foram aplicados em países endividados que perderam crédito e, embora sempre com altos custos sociais, acabaram funcionando em termos econômicos. Funcionarão nos países do sul da Europa, e também na Inglaterra, essa fora da zona do euro, mas igualmente com altos déficit e dívida pública?

Sem falar em custos sociais, pode-se afirmar que o receituário do FMI, usado pela Comissão Europeia e pelo Banco Central Europeu inicialmente na Grécia, não tem como funcionar na atual Europa. Nem na Europa nem em país algum que dependa fundamentalmente de exportações. O receituário do Fundo aplica-se a um país em dificuldades no meio de um mundo em prosperidade ou pelo menos sem crise. Assim, um conjunto de medidas econômicas que resulta, em última instância, na redução dos salários, das pensões e do consumo interno pode efetivamente gerar excedentes exportáveis a fim de que se possa pagar os credores. A situação atual do mundo é totalmente diversa. Há uma convergência de estagnação nos países industrializados avançados, que se reflete no comércio mundial. Em 2009, a queda do co-

A RAZÃO DE DEUS

mércio global foi de 12,2% em volume e 25% em valor. A recuperação está sendo lentíssima, estimada em 9,5% em 2011, em grande parte puxada pelo mercado de *commodities* importadas pela China e outros países asiáticos.

Não adianta aos gregos e a outros sul-europeus reduzirem o consumo interno porque não há mercado externo para seus excedentes manufaturados exportáveis. O máximo que conseguirão é reduzir ainda mais seu mercado interno e seus investimentos privados. Note-se que não se trata apenas de armadilha da moeda única, o euro, que não permite aos gregos e aos demais sul-europeus desvalorizar sua moeda. Desvaloriza-se a moeda, junto com outras medidas de restrição fiscal, justamente para criar excedentes exportáveis, como fez a Inglaterra sem qualquer sucesso. É que não há a quem vender esses excedentes se o mundo inteiro quer exportar, e não importar!

Se o programa econômico do Fundo não funciona, é claro que uma grande parte da Europa vai pagar um custo social altíssimo por ele e finalmente inútil. O pior é que se entra numa espiral econômica descendente: haverá provavelmente uma deflação na Grécia e nos demais países que estão sendo empurrados para o mesmo regime, em razão da brutal queda do consumo interno imposta pelo receituário ortodoxo. Em consequência, o PIB cairá mais ainda, a relação dívida/PIB aumentará em lugar de baixar e a receita fiscal desabará, exigindo mais austeridade, mais corte de salários e pensões, mais desemprego, mais restrição de consumo para o enquadramento no programa do Fundo. Na Grécia, a retração em 2011 era estimada em 7%. Em algum momento, no futuro, talvez sob o estresse de uma convulsão social, os países do sul da Europa buscarão o único caminho razoável: a moratória e a reestruturação unilateral da dívida pública, como fez há algum tempo a Argentina — claro, sob protesto dos especuladores.

Da Inglaterra pode-se dizer o que Marx, num outro contexto, disse do destino de países coloniais em relação a suas metrópoles: *de te fabula narratur*. O fato de ter uma moeda e de poder desvalorizá-la não vai criar mercado para os produtos ingleses no exterior, mesmo que mais baratos. O problema na atual crise não é tanto de preço, mas de demanda. E todo o sacrifício que está sendo imposto às nações endividadas a pretexto de atender às diretivas do mercado parte de um equívoco fundamental, partilhado por praticamente todas as instituições multilaterais, e não só o FMI: consiste em achar que o mundo corre um grande risco econômico por causa de uma crise fiscal generalizada, quando o risco real imediato é o de falta de demanda. Com adequada articulação entre tesouros e bancos centrais, dívida pública se rola a custo baixo, se amplia e se paga, sobretudo, com crescimento econômico; demanda, em tempos de crise de desemprego, se cria com ampliação do déficit e da dívida pública, mediante políticas coordenadas e cooperativas entre os países. Isso, contudo, fere os mais arraigados preconceitos ortodoxos e conservadores.

É claro que não se trata de um erro. É o efeito de um jogo de interesses. Para garantir a especulação financeira exacerbada sob domínio de decisões subjetivas foi necessário criar uma moldura institucional na qual as operações especulativas se objetivam. Os instrumentos para isso têm sido, no terreno fiscal, as políticas restritivas de demanda; no terreno cambial, a flexibilização do câmbio; e no terreno monetário, a independência dos bancos centrais e o infame modelo de metas de inflação. A lógica dessa arquitetura institucional possibilita que um ganho extraordinário de bolsa ou de aplicação financeira não seja diluído por uma expansão fiscal e monetária anticíclica. O inverso, porém, não é verdadeiro: na crise, como disse Galbraith, por causa do alegado "risco sistêmico", mandam-se às favas os princípios ortodoxos e as prescrições de Estado mínimo, pelo que os governos fazem gigantescos déficits fiscais para salvar justamente os lucros dos especuladores que em última instância a provocaram. É uma armadilha, sim, porque riscos sistêmicos existem efetivamente, devido às complexas relações nacionais e internacionais dos grandes bancos; e se os governos não intervierem para conter o "contágio", todo o sistema, incluindo os bancos "bons", pode explodir. Com isso, os especuladores ganham na alta e se defendem na baixa, no melhor dos mundos, se aproveitando do chamado risco moral. E as sociedades pagam a conta, em razão das políticas de "austeridade" impostas para reequilibrar o sistema, mediante rebaixamento de salários e pensões, alto desemprego e queda do gasto público social. (É para sair dessa armadilha que Paul Volcker, ex-presidente do Fed e então assessor de Obama, tentou acabar, sem sucesso, com os "bancos grandes demais para quebrar".)

10. A privatização das políticas públicas

O FMI foi o xerife dessas relações durante grande parte do tempo, no pós-guerra, no qual as crises de dívida eram características sobretudo dos países em desenvolvimento. A novidade nos últimos anos, a esse respeito, é que boa parte desses países e a totalidade dos chamados emergentes pagaram suas dívidas externas e se tornaram credores ou pelo menos equilibrados nas relações internacionais. Diante disso, o FMI perdeu poder sobre eles. Na prática, esse poder se transferiu às agências privadas de *rating* (avaliação de risco de títulos emitidos por empresas e por países), com suporte dos governos dos próprios países industrializados, notadamente dos Estados Unidos. Essas agências, não obstante sua grande desmoralização, porque não perceberam a tempo o risco das instituições que provocaram a crise mundial, têm o poder efetivo, se quiserem, de quebrar empresas e países, assim como de mudar políticas econômicas. Quando desqualificam um país devedor, os bancos e fundos dos países credores são obrigados a se livrar dos títulos por ele emitidos, desencadeando uma corrida especulativa que leva automaticamente a um aumento da taxa de juros embutida nesses títulos. O país tem cada vez maior dificuldade de refinanciar sua dívida, até a capitulação pública na forma de medidas de "austeridade" fiscal.

Tudo isso significa que quem governa as políticas econômicas de grande parte do mundo, atualmente, não são os Estados, mas o mercado privado, através das agências de *rating*. Autonomia mesmo só têm os países credores, mas assim mesmo limitada: um país que tenha necessidade de responsavelmente aumentar sua dívida pública pode acabar desclassificado por uma agência, tendo de enfrentar dificuldades nos mercados financeiros que se estendem a suas empresas privadas. Mas o tema tem seu lado irônico: diante de um boato de que uma ou mais agências dos Estados Unidos desclassificariam a imensa dívida pública norte-americana, por causa do enorme déficit, uma alta autoridade do país se apressou a desmentir, com uma velada mensagem de forte retaliação! Por outro lado, os chineses, indignados com a postura das agências norte-americanas de desqualificar seus bancos, simplesmente criaram uma agência de *rating* própria, a Dagong, cujo primeiro relatório tratou de reduzir a classificação norte-americana (em relação à das outras agências) e aumentar a da China, levando junto, nesse último movimento de alta, a classificação brasileira.

Entretanto, assim como no caso dos bancos que não emprestam não porque não querem, mas porque pela lógica bancária não podem emprestar a prazo, as agências, exceto em casos de corrupção (o que afinal não é infrequente), fazem o que os governos neoliberais lhes prescreveram. No caso europeu, elas simplesmente seguem as regras do Tratado de Maastricht e do Pacto de Crescimento e Estabilidade, que criou o euro. Uma provisão inacreditável desses tratados estabeleceu limites quantitativos arbitrários para déficit (3% do PIB) e dívida pública (60%), do lado fiscal, independentemente da situação do ciclo econômico e do desemprego; adicionalmente, descolou-se a política fiscal da monetária, essa a cargo de um banco central independente (BCE). Isso, em termos bem simples, significa que o BCE não poderia ajudar os tesouros nacionais a gerenciar sua dívida pública, ficando os países inteiramente nas mãos dos mercados privados. Esses mercados ganham muito dinheiro na medida em que as agências de risco usam o inacreditável poder que lhes foi dado para fazer terrorismo econômico contra as nações mais endividadas. Só muito recentemente, em pleno recrudescimento da crise europeia, o BCE quebrou suas regras ortodoxas e passou a comprar títulos soberanos desclassificados pelas agências de risco, o que deu algum fôlego aos países emissores!

A pergunta que fica, diante da tragédia grega e sul-europeia que se desenrola diante de nossos olhos, é esta: teria esse tipo de terrorismo contra o Estado e as sociedades — fruto da ganância individual de conquista a qualquer custo do valor objetivado e capaz de gerar, em última instância, no plano social, grandes convulsões políticas com imensos sacrifícios para pessoas e famílias inocentes — consequências menores do que as do próprio terrorismo político? Ou a Europa, fiel a suas raízes históricas de berço da cultura ocidental, se curvará sobre si mesma na busca da recuperação de valores subjetivos que, desde a explosão filosófica na Grécia clássica, ela ensinou o mundo a também perseguir? Neste momento é impossível responder a tais perguntas. O mais provável é que, seguindo as leis dialéticas, a ortodoxia econômica individualista terá de ser esgotada antes que uma nova ordem baseada na cooperação entre classes e países se imponha na fronteira de equilíbrio entre valor objetivo e valor subjetivo.

O ajuste europeu está sendo patrocinado sobretudo pela Alemanha, que se beneficia de um vigoroso aumento de exportações para a Ásia e os Estados Unidos, ao mesmo tempo em que mantém políticas fiscal-monetárias ortodoxas e conservadoras internamente. Isso pode reverter como um bumerangue sobre sua própria economia. A Alemanha exporta normalmente 40% de sua produção. Logo depois da crise, ela adotou fortes programas financeiros para salvar sua banca, porém programas modestos de estímulo fiscal na área do emprego e da expansão da venda de automóveis. Ao todo, 12 bilhões de euros. Mesmo que, nesse último caso, a medida adotada tenha sido aproveitada por exportadores externos de carros pequenos, em geral a contribuição alemã para o aumento da demanda interna e externa foi insignificante. Em contrapartida, foi diretamente beneficiária dos programas de estímulo norte-americano (US$ 787 bilhões) e chinês (US$ 540 bilhões), além da retomada de importações da Rússia e de outros países asiáticos.

É o resto da Europa que se revela como calcanhar de Aquiles da Alemanha. A Europa do euro absorvia cerca de 40% de suas exportações. Os países mais fragilizados pela crise fiscal — Grécia, Espanha, Portugal, Irlanda, Itália — cerca de 12%. Na medida em que se configure um colapso de demanda doméstica na região, não compensada por aumento de exportações, a Alemanha terá de redirecionar suas vendas externas europeias para outros mercados mundiais já saturados ou amargar uma queda de suas vendas externas e de seu PIB. Nessa hipótese, ela sofrerá todo o impacto de uma segunda depressão, depois dos 5% de retração em 2009, e não obstante o aumento de 3% em 2011.

A história tem ensinado que crises internas agudas na Alemanha costumam ser um risco para o resto da Europa e para o mundo. Mesmo sem crise aguda na Alemanha, a crise social que se anuncia para o resto do sul da Europa é suficiente para criar instabilidade planetária. Contra esse tipo de terrorismo econômico só existe uma receita: a recuperação da soberania econômica dos Estados para que, de forma cooperativa, estabeleçam uma agenda comum de superação da crise de demanda baseada em políticas de bem-estar social, e não no infame ajuste fiscal do receituário do FMI absorvido pela Comissão Europeia, aplicado na Grécia, na Irlanda e em Portugal, recusado sabiamente na Hungria e autoimposto em vários dos demais países da Europa, inclusive Itália e França.

CAPÍTULO VI A criação da filosofia

1. O berço do pensamento filosófico

A filosofia é a busca do conhecimento sobre a natureza e a vida pela especulação racional livre, na fronteira entre a teologia e a ciência. Em sua origem, entre os hindus, ela se mistura com teologia e envereda pelo caminho subjetivo da metafísica. Na forma ocidental, que se manifesta originalmente na Grécia Antiga, ela tenta se liberar da teologia oficial e dos cultos populares e cria a ponte para o método científico pelo uso da razão, e não do dogma, o que só vai se desenvolver plenamente a partir do século XVI. Em ambos os casos, consiste na aplicação da razão na interpretação dos fenômenos sentidos (subjetividade) ou observados (objetividade).

É possível que o ponto de conexão entre a filosofia hindu e a grega tenha sido a Trácia, de onde se supõe tenham se originado os cultos a Pã, o deus-pastor que cuida da natureza, conforme já discutido; Pã teria evoluído para Baco, também chamado de Dionísio, deus da cerveja e do vinho,

177

o qual possibilita a embriaguez mística; e finalmente para Orfeu, que teria sido um reformador dos custos panteístas e dionisíacos que o precederam. Os cultos órficos tinham elementos orientais, em especial a busca individual da comunhão extática com a natureza, a divindade e as outras pessoas, porém mediante treinamento da mente e do corpo, e não pelo *entusiasmo* (posse do corpo por um deus) induzido pela embriaguez, como era o caso das *Bacantes* de Eurípides.

A filosofia grega nasce em Mileto, na Ásia Menor, no século VI a.C., num desses fenômenos históricos peculiares nos quais uma mesma e diminuta área geográfica revela gênios sucessivos e complementares. O primeiro filósofo de Mileto foi Tales. Sustentava que todas as coisas se originavam da água, uma hipótese razoável para a época. Pode ter afirmado também que todas as coisas estavam cheias de deuses, mas há controvérsias em torno disso. Contudo, é possível que nesse ponto controverso se encontre a conexão filosófica entre seu pensamento e o pensamento hindu: uma interpretação dos Vedas assume que Deus está em todas as coisas.

Anaximandro, o segundo filósofo da Escola de Mileto, interpreta o mundo como um processo evolucionário no qual os três elementos fundamentais, água, fogo e ar, encontram-se em luta permanente entre si. O equilíbrio é sempre restaurado por meio de um princípio de justiça cósmica que não permite que nenhum elemento prevaleça sobre os demais. Num rasgo de intuição que só seria justificado séculos mais tarde por Darwin, sustentou que todos os animais, inclusive o homem, surgiram da água por um processo de evolução natural. Por seu intermédio, a razão grega se distancia mais do subjetivismo religioso e dá um salto importante para a ciência.

O terceiro filósofo da Escola de Mileto foi Anaxímenes. Afirmava que o elemento primordial era o ar, do qual derivavam todos os outros. Como os anteriores, tinha uma postura essencialmente racionalista, evitando apelar para os deuses em suas interpretações da natureza. Já os filósofos posteriores não seguiram integralmente essa linha racionalista, mas alguns sofreram sua influência. Procura-se justificar a escola racionalista de Mileto por ter tido menos contato com os órficos do que com o Egito e a Mesopotâmia, num ambiente de prosperidade material que induzia a objetividade e descartava a superstição. Dessa, porém, a filosofia não se libertaria facilmente.

Em poucos filósofos se encontram tão bem entrelaçados filosofia, religião e ciência como em Pitágoras de Samos. Era a um tempo um místico e um racionalista, nesse caso como fundador da matemática. Como místico, ou se inspirou no hinduísmo védico, ou numa fonte comum (órficos), ou chegou às mesmas conclusões por inspiração mística. Acreditava, segundo Bertrand Russel, que a alma "é imortal e que se transforma em outras espécies de coisas viventes; ademais, que tudo o que nasce volta a nascer em revoluções de um determinado ciclo, pois nada é absolutamente novo; e que tudo o que nasce com vida deve ser tratado como coisa afim". Isso é uma forma de crença virtualmente idêntica ao que ensinam alguns textos védicos.

Em matemática, leva ao extremo o método racionalista e estabelece bases para a ciência experimental através também da geometria, que é a matemática suscetível de ser comprovada por medição. Não obstante, foi também um mago supersticioso que fundou uma seita na qual era proibido comer feijão e olhar no espelho com o rosto ao lado de uma lâmpada. Na sociedade que fundou, homens e mulheres eram admitidos sem discriminação, a propriedade era comum e até os descobrimentos científicos, basicamente de matemática, eram considerados como obra coletiva. Enfim, juntou misticismo e cientificismo e estabeleceu a ponte entre eles através da matemática. Sua influência, principalmente através de Platão, se estendeu por outros filósofos gregos e ganhou mundo, em sua dupla dimensão subjetiva e objetiva. A filosofia ganhou e perdeu com ele. Ganhou pela racionalidade, perdeu pelo misticismo. Mas até nisso foi inovador: conforme Russel, a matemática é a fonte principal da fé numa verdade exata e num mundo suprassensível e inteligível.

2. A ideia da impermanência

No campo inteiramente oposto ao de Pitágoras, Heráclito, também da Jônia mas inaugurando outra tradição filosófica, se apresenta como um racionalista quase puro. Para ele existe um deus, mas seu conceito de deus não é diferente do conceito de justiça cósmica presente em Anaximandro. O fogo é origem de tudo e tudo está sujeito a um processo permanente de transformação pelo fogo. Nada é estável. A própria alma, concebida como dualidade (fogo e água), está num processo de permanente tensão. Princípios opostos estão presentes em toda a natureza e em toda ação humana, sendo que da luta entre eles resulta um equilíbrio precário, logo perturbado e novamente restaurado. Não admira que tenha considerado a guerra como "o pai de tudo e o rei de todas as coisas". Em relação ao desejo, tem uma visão que deve ser comparada à de Buda: não é bom para o homem alcançar tudo o que deseja e deve se afastar das paixões que o distraem de suas ambições centrais.

Heráclito manifesta em relação aos ritos órficos o mesmo grau de desprezo de um racionalista contemporâneo para com cultos afros, embora por motivos diferentes. Situado no limiar do conhecimento científico, deduz de fatos da natureza e de relações humanas objetivas sua teoria de luta permanente dos contrários, certamente mais interessante e fecunda do que a teoria da impermanência, em especial se considerarmos que, no longo prazo, foi a primeira que teve evidente influência sobre o pensamento do filósofo Hegel e, através desse, de Karl Marx, o inspirador do socialismo real com as consequências históricas conhecidas.

O grande pensador que se seguiu foi Parmênides, de Eleia, que, ao contrário de Heráclito, sofreu influência de Pitágoras. Como o próprio Pitágoras sofreu influência dos órficos, e esses eventualmente dos hindus, através da Mesopotâmia e do Egito, não é surpresa que pela teoria de Parmênides todos os sentidos são enganadores e, portanto, os perceptos sensoriais são mera ilusão. Na linguagem védica, é o véu de maya. O único ser verdadeiro é o Um, infinito e indivisível, uma noção que traduz a unidade e o entrelaçamento de tudo o que existe na natureza. Em síntese, Brahman.

Através de uma sofisticada dialética Parmênides contraria frontalmente a afirmação de Heráclito de que tudo está em movimento. Seu argumento central é que tudo, passado e futuro, se manifesta no presente, seja isso pela memória, ou seja, pela previsão, portanto só o presente existe. Também usa, para justificar sua posição, um argumento similar ao que adotei no preâmbulo sobre a existência de Deus: tudo o que se pensa é pensado sobre alguma coisa; portanto, não se pode pensar em nada que não seja real. Em consequência, não pode existir mudança, pois toda mudança implica que venha à existência algo que não existia antes no mundo real ou no pensamento.

A filosofia moderna esclareceu esse paradoxo de linguagem (veja-se Bertrand Russel) por intermédio de um intrincado raciocínio analítico sobre a memória: quando falamos de um evento do passado não nos referimos ao evento real em sua origem, mas de impressões progressivas na memória que resultaram de mudanças subjetivas relacionadas com mudanças no próprio evento original. Isso de uma certa forma concilia memória sobre eventos reais e evolução. Entretanto, o interesse aqui não consiste em criticar o pensamento dos filósofos. Trata-se apenas de expô-lo brevemente. Outro conceito fundamental em Parmênides, que deriva diretamente da ideia de permanência, é o de substância, algo que está presente em todas as coisas e que se apresenta com vários atributos secundários objetivos, mas que tem uma essência primária subjetiva imutável. Esse conceito influiria em filósofos posteriores e penetrou na própria ciência moderna, pelo menos até a teoria quântica, em cujos níveis mais profundos energia e matéria se confundem.

Contemporâneo de Parmênides, nascido na colônia grega de Acragas, no sul da Sicília, Empédocles seguiu um caminho diferente e, ainda segundo Russel, reuniu em si as qualidades do místico, do charlatão, do racionalista e do experimentalista. Teria sido o primeiro a demonstrar empiricamente que o ar é uma substância, enfiando na água um pote vazio com um furo no fundo: na medida em que o furo fosse mantido fechado, não entrava água no pote; aberto o furo, a água entrava, expulsando o ar como substância à parte. De forma similar a Anaximandro, propôs, numa concepção ainda mais audaciosa, a evolução das espécies pela sobrevivência do mais capaz.

Teve intuições contraditórias em astronomia, pois, ao mesmo tempo em que cria que a lua brilha por luz reflexa, acreditava que assim também era com o sol. Concebeu a ideia dos quatro elementos como origem de tudo, a saber, terra, ar, água e fogo: seria a diferente proporção desses elementos, combinados pelo amor e pela luta, que determinava as características específicas das coisas. E fundou a escola italiana de medicina, que teve influência nas concepções médicas de Platão e Aristóteles. Também ensinou que a terra era uma esfera. E teria sido o filósofo que mais influiu em todas as tendências do pensamento filosófico e científico posterior.

3. As forças do acaso e da necessidade

É um naturalista radical: as mudanças aparentes no mundo não são regidas por uma finalidade, ou por um deus, mas pelo acaso e pela necessidade, determinados pela interação entre as duas substâncias eternas, acima mencionadas, o amor e a luta, ora prevalecendo uma, ora outra. Nisso remonta à filosofia ancestral hindu, já referida como o Sistema Sanquia, que explica o mundo manifestado como interação de dois princípios, *purusa* e *prakrti*, que seriam realidades eternas sem a interferência de um deus. As interações de prevalência entre amor e luta estão na base dos ciclos cósmicos, esses também eternos, igualmente similares aos ciclos cósmicos védicos. Fora essas especulações subjetivas, admite-se que Empédocles foi o grande precursor da ciência moderna, certamente, nesse ponto, acima de Aristóteles. Em termos de teologia, porém, suas ideias eram essencialmente pitagóricas e órficas.

A corrente do pensamento protofilosófico grego ganhou seu curso através de Anaxágoras de Clazómenas, na Jônia, um protegido de Péricles que viu Atenas em seus dias de maior esplendor. Sua cosmogonia tem muito a ver com a tradição védica. Acredita que em todos os seres vivos habita um espírito infinito, regido por si mesmo, que tem controle sobre eles. O espírito é uniforme e vale tanto nos homens quanto nos animais. A superioridade aparente do homem é porque tem mãos: algo que corresponde às descobertas da antropologia segundo as quais o *homo habilis* adquiriu específicas vantagens evolutivas por ter liberado as mãos quando desceu das árvores para o chão das savanas africanas.

Não obstante, Anaxágoras manteve o espírito racionalista dos jônicos e propôs concepções mais tarde absorvidas pela ciência. Foi o primeiro que explicou que a lua brilha por luz reflexa (Parmênides apenas o sugeriu), que expôs a teoria correta dos eclipses e que ensinou que o sol e as estrelas são rochas incandescentes, cujo calor extremo não chega até nós por causa da distância. Também acreditou que a matéria poderia ser dividida infinitamente, mantendo suas qualidades, o que, pelo menos em parte, não contraria um químico moderno. Como nos demais filósofos da Jônia, fez da especulação livre um instrumento de conhecimento, mas não abandonou por completo as influências do conhecimento subjetivo que, por algum caminho, teria vindo da distante Índia, através dos órficos.

Um elemento perturbador na tradição filosófica até aqui apresentada é a figura do sofista. O sofista é uma espécie de crítico literário demolidor que está disposto a desafiar todo o conhecimento estabelecido, em especial no campo da ética e da política, quase que exclusivamente pela arte da retórica. O primeiro e maior deles foi Protágoras de Abdera. Sua importância histórica para o desenvolvimento da filosofia não é tanto por qualquer contribuição original, mas pelo fato de que obrigou Platão a gastar páginas de seus diálogos socráticos para refutá-lo, a ele e a seus seguidores.

Protágoras, como todo sofista, nega a existência de uma verdade objetiva. Cada um deve acreditar no que lhe convier. Contudo, para que haja uma convivência social ordenada, devem-se seguir as convenções, a regra moral e a lei. O filósofo sofista tem como primeiro objetivo ensinar as pessoas a se defenderem nos tribunais. Não é uma questão relativa à verdade, impossível de determinar, mas à conveniência para o sucesso da causa. Um advogado contemporâneo não arguiria melhor. O que ensinavam não tinha nada a ver com religião ou com virtude. Eram utilitaristas. Para Gorgias, outro sofista, nada existia; e se existisse, era incognoscível. Daí resultava a impossibilidade de um padrão objetivo para o conhecimento da verdade ou da virtude.

Duas correntes filosóficas derivaram, ainda na Antiguidade, dos sofistas: a dos estoicos e a dos cínicos. Os estoicos eram introspectivos e procuravam a virtude em si mesmos, provavelmente sob forte influência órfica, similar ao que faz um monge zen budista contemporâneo. Teriam grande influência no desenvolvimento do cristianismo, através de Platão. Os cínicos são hoje malvistos por causa da conotação linguística que essa palavra adquiriu: no entanto, pregaram menos pelas palavras e pelos escritos do que pela ação; e sua ação, enquanto denúncia pessoal da frivolidade do mundo, significava viver tão despojadamente como um cão — sendo cão, pela etimologia, o substantivo do qual se originou o adjetivo cínico.

4. Os gênios filosóficos de Atenas

Todos os filósofos mencionados anteriormente, de alguma maneira, contribuíram com sua vigorosa especulação para o amadurecimento da filosofia na Grécia, cuja fundação definitiva seria estabelecida pelos dois gigantes de Atenas, Platão e Aristóteles. Como precursor de ambos, Sócrates foi sobretudo um formulador da ética, com elementos metafísicos relativos à definição de virtude e do bem e do mal. Seriam, porém, como raízes diferenciadas de duas árvores: em Platão predomina o caminho subjetivo e em Aristóteles, o objetivo. Um conformou a filosofia; outro abriu o caminho da ciência — mesmo que, paradoxalmente, tenha dado origem a dogmatismos e preconceitos que mais tarde iriam embaraçar o desenvolvimento dessa.

O Platão ético e político está sumariamente apresentado em outra parte deste livro. Interessa aqui, inicialmente, o filósofo do conhecimento. Nessa condição, trata-se de um órfico, trazendo para a atmosfera da Grécia elementos do hinduísmo. A parábola mais conhecida de Platão, o mito da caverna, no qual o homem toma como verdadeiro o que não passa de sombra, é perfeitamente identificada com o conceito hindu de maya. Maya é o véu que cobre a realidade, a qual só subsiste efetivamente por baixo dele. No mito da caverna, a realidade são as ideias perfeitas que estão na mente de Deus; o mundo sensorial é uma imagem imperfeita dela. Se substituirmos ideias por Brahman, estamos em plena atmosfera dos Vedas sagrados.

Elementos órficos em Platão encontram-se também nas suas tendências religiosas e na crença na imortalidade da alma e no outro mundo. Certamente por influência de Pitágoras, mistura conhecimento intelectual e misticismo através de expedientes matemáticos. Herdou de Parmênides a crença de que a realidade é eterna e intemporal e, por consequência, toda mudança tem de ser ilusória.

O ideal platônico, porém, é a busca de uma perfeição impossível. Na sua República, esse esforço foi de tal ordem que destruiu a individualidade. O que deveria ser um caminho introspectivo para realizar a virtude tornou-se seu oposto, o caminho de uma virtude imposta ditatorialmente em nome do interesse social. Não obstante, através de Plotino, a Igreja apropriou-se das ideias de Platão, que reinaram absolutas junto com a teologia cristã até o século XIII. Não era algo paradoxal, na medida em que a ideia absoluta era assimilada a Deus, sempre havendo a esperança de que as monarquias de então, orientadas pela Igreja, acabassem por promover o bem público.

Isso seria relativamente benigno enquanto as ideias platônicas fossem fonte de inspiração também de filósofos e pensadores modernos idealistas, como Rousseau, Descartes, Thomas Morus, Hobbes, Hegel e Leibniz. As coisas mudaram de figura quando o idealismo ingênuo e inofensivo de Platão tomou as formas do igualitarismo revolucionário, do anarquismo e do comunismo, desembocando finalmente no Terceiro Reich e no totalitarismo soviético. De fato, em nenhum outro momento da história a civilização chegou mais próxima do mito da República de Platão do que na Alemanha nazista e na União Soviética de Stalin, com seus ditadores assimilados a reis-filósofos, e seus agentes da Gestapo e da KGB assimilados a guardiães da ordem.

Aristóteles, de Estagira, o maior de todos os filósofos gregos, insuperável até a Idade Moderna, estabeleceu definitivamente as bases de um conhecimento metafísico e filosófico independente, sem referência a uma religião específica. Segundo Russel, ele teria acreditado num deus impessoal, eterno, como pensamento puro, sem fins não realizados. Já o mundo sensível é imperfeito, porém tem vida, desejos, pensamentos de uma classe imperfeita e aspiração. Todas as coisas viventes participam em maior ou menor grau de Deus e são movidas para a ação por amor e admiração a Deus. A mudança consiste em dar forma à matéria, mas onde se trata de coisas sensíveis permanece sempre um substrato de matéria. Somente Deus consta de forma sem matéria. O mundo está evoluindo continuamente até um grau superior de forma e assim se assemelha cada vez mais a Deus. Mas o processo não pode ser levado a um fim, porque a matéria não pode ser eliminada totalmente. (Um químico do século XIX acrescentaria, ecoando o cientista Lavoisier: nada se cria, tudo se transforma!)

É intrigante como também aqui se percebem ecos da doutrina védica. Contudo, a contribuição essencial de Aristóteles para a filosofia e a ciência reside sobretudo na exploração até o limite do que era possível contemporaneamente em matéria de conhecimento racional. Todos os campos que investigou, além da metafísica, passam pelo crivo da racionalidade lógica sem qualquer tipo de preconceito. Reconhece um deus, mas este não é mais do que um ou muitos motores imóveis eternos que movem todas as coisas num processo impessoal e natural. A alma e o espírito são diferentes entre si, porém apresentados como entes naturais e reconhecidos pelos seus atributos, não por um princípio externo.

Durante dezoito séculos a filosofia aristotélica dominou o mundo ocidental. Ele não era referido como um filósofo, mas O Filósofo. Através de Tomás de Aquino, sua obra, que se havia tornado conhecida no Ocidente pelas mãos dos árabes, ganhou mosteiros e universidades. Mediante a interpretação habilidosa de Aquino, Aristóteles desbancou Platão como principal inspirador dos conhecimentos canônicos da Igreja, influindo não só na filosofia e metafísica medievais como na ética, na política e na ciência nascente. O primeiro pensador que se atreveu a confrontá-lo, já no século XVII, foi Galileo Galilei, com sua descrição do movimento dos astros e, sobretudo, das leis do movimento na terra, desbancando radicalmente Aristóteles.

Os árabes não deram grande contribuição à filosofia, exceto por trazer ao Ocidente os textos originais gregos. Os dois grandes realizadores dessa tarefa foram Avicena e Averroes. Contudo, deram especial contribuição à química através do caminho surpreendente e inteiramente casual da alquimia: a busca da pedra filosofal e do elixir da vida e a tentativa de transmutar em ouro metais menos nobres. As contribuições filosóficas orientais serão mais bem examinadas em capítulo posterior, já que estão intimamente relacionadas com a metafísica da Criação. Buda, Lao Tsé e Confúcio não eram propriamente filósofos do conhecimento, mas proponentes de uma ética, como também se analisa em capítulo próprio.

Na imaginação popular é Platão, não Aristóteles, que figura como o grande pensador da Antiguidade. Isso provavelmente é resquício da influência que a Igreja Católica lhe emprestou durante mais de um milênio. Platonismo, junto com idealismo, tornou-se um adjetivo para qualificar falta de objetividade, sendo que a expressão "amor platônico" identifica o amor irrealizável na prática. Em filosofia não se trata exatamente disso. A julgar por sua tentativa (fracassada) de estabelecer uma república ideal em Siracusa, Platão não era muito platônico: acreditava que sua ética e sua política representavam o bem e deviam ser praticadas.

Em filosofia, o idealismo quase se confunde com subjetividade. É nesse sentido que pensadores como Descartes, Leibniz, Kant e Espinosa podem ser qualificados como platônicos. Por motivos óbvios, é no campo da matemática, construída a partir do raciocínio lógico subjetivo e apenas legitimado pela experimentação (geometria), que a mente racional humana mais se aplica sobre si mesma. Como em toda manifestação polar da realidade, nem todos os grandes matemáticos são platônicos, mas o exercício mesmo da descoberta matemática os obriga ao subjetivismo, às vezes extremamente difícil de se comunicar a outros. Foi pela combinação de matemática e misticismo, herdada provavelmente de Pitágoras através de Sócrates, que Platão influiu de forma decisiva no pensamento moderno, sobretudo com Descartes. Por outro lado, inspirou Euclides, fundador da geometria, certamente o mais influente matemático da Antiguidade: seus *Elementos* foram, durante séculos, o livro mais editado no mundo depois da Bíblia!

O período que vai do Renascimento ao início da Idade Moderna na Europa é um exemplo único na civilização em termos de explosão de criatividade em diferentes campos da atividade humana. As artes alcançaram um esplendor superior ao do tempo de Péricles na Grécia, a ciência experimental foi efetivamente inventada, as sementes da democracia foram lançadas na política e a filosofia, nas vertentes objetiva e subjetiva, foi praticamente reinventada. Nesse caso, estabelece-se uma separação radical entre filosofia e teologia, que passa a ser tratada como conhecimento especializado, do qual se encarregam teólogos profissionais da Igreja, ou é simplesmente relegada à parte.

Aristóteles era um observador rigoroso da natureza, não um experimentador. A ciência que nasce no século XVII, embora inspirada na racionalidade platônica e aristotélica, parte do experimento: a verdade não é mais o que é racional, como pretendia a filosofia clássica, mas o que pode ser medido e provado por experimentos controlados e repetidos. Foi uma virada extraordinária do pensamento humano. Sob influência do maior físico até Einstein, Isaac Newton, pensadores como Bacon, Hume, Locke e Berkeley estabeleceram as fundações do empirismo, usando o método científico experimental como instrumento para despojar a ciência de toda a subjetividade. No limite, seus seguidores mais radicais chegaram ao behaviorismo, seja na versão que nega a possibilidade de se conhecerem as motivações subjetivas do comportamento humano (Watson), seja na versão que nega a possibilidade mesma de motivações subjetivas (Skinner). Nesse conceito, homem e mulher seriam robôs determinados pelo ambiente objetivo em todas as suas ações e também no próprio pensamento.

O resgate do subjetivo, por Freud, não constitui uma ruptura completa com a objetividade: as categorias freudianas de id, ego e superego não são nem substância material, nem mente pura, mas estruturas do pensamento. Curiosamente, isso não é incompatível com o behaviorismo radical: Skinner, embora se considerando monista, estabeleceu três níveis de comportamento reativo humano, o filogênico (biológico), o ontogenético (dependente da história da vida) e o cultural (aspectos culturais que influem na conduta humana). Associe-se o filogênico com o id (impulsos primitivos), o ontogênico com o ego (a *persona* que se revela ao outro na história individual) e o cultural ao superego e teremos uma aproximação conceitual que, a rigor, faz a ponte entre o objetivo e o subjetivo da teoria de Freud. Mais uma aproximação, como tentarei mostrar adiante, e sairemos de Freud para a metafísica e a psicoterapia hindu do equilíbrio entre vida interior e exterior, espírito e matéria, masculino e feminino. O conhecimento obtido pela experiência, associada à observação rigorosa, levou à descoberta de inúmeras propriedades da matéria e da energia que se revelaram úteis ao bem-estar humano por meio do desenvolvimento tecnológico. E o sucesso da ciência foi tão grande em termos de promoção do progresso material do Ocidente que a tendência posterior, por mais de três séculos, foi a de desprezar como inútil qualquer tipo de conhecimento subjetivo ou qualquer experiência subjetiva que não tem como ser comunicada objetivamente ao outro. O reflexo correspondente na filosofia foi o pragmatismo americano (William James, John Dewey), que associa a verdade ao que é útil e o que é útil ao que satisfaz necessidades humanas inatas ou criadas.

5. O reencontro do Ocidente e do Oriente

O reencontro do Ocidente objetivo com o Oriente subjetivo, numa espécie de volta aos órficos, se deu, como não deve surpreender ninguém, pela investigação direta do subjetivo por Freud e Jung, a partir de patologias psíquicas. Freud começou a desvendar o mundo interior de mulheres e homens. Jung foi mais longe, intuindo uma realidade ainda mais profunda do que a tríade de Freud: id (instintos básicos, principalmente sexuais), ego (a pessoa que se apresenta para si e para o outro) e superego (o ambiente cultural familiar ou social). Chamou essas reminiscências coletivas mais profundas de arquétipos, a memória comum ancestral da humanidade, estruturada em mitos primordiais. Freud desvendou o caráter sexual da maioria das neuroses, enquanto Jung revelou a força do sobrenatural e do sublime em cada um de nós. O fato de Freud ter sido agnóstico e Jung místico, não altera a conclusão de que ambos chegaram à fronteira do sagrado, intuída milenarmente pelos sacerdotes védicos.

Por certo que, entre acadêmicos e eruditos do Ocidente, a filosofia hindu tem sido conhecida há muito tempo. Trata-se, em geral, de conhecimento intelectual, sem vivência subjetiva. A experiência direta com o zen-budismo e outras práticas iogues no Ocidente surgiu na forma de uma explosão surpreendente contra o materialismo da civilização contemporânea e contra a guerra, no movimento hippie dos anos 1960. Por não terem a disciplina dos verdadeiros praticantes iogues, os hippies tentaram induzir êxtases místicos através de drogas e imitaram o Tantra Yoga mediante liberação sexual indiscriminada. De qualquer modo, essa foi uma conexão com o Oriente que marcou um ponto de partida. O Ocidente se deu conta de que outro mundo existe, o mundo da vida interior em equilíbrio com a natureza, com o outro e com Deus.

Posteriormente a esse movimento inicial tumultuado, uma aproximação mais saudável e inspiradora com o Oriente acontece por dois caminhos. A "feliz" expulsão do Dalai Lama do Tibete colocou na estrada do mundo um peregrino cativante da doutrina budista. Conversando com sábios e homens comuns, os ensinamentos do Dalai Lama são sempre inspiradores, todos no sentido do que os budistas chamam de "compaixão", um profundo sentido de respeito e de solidariedade de uns com outros. O caminho inverso tem sido trilhado por um grupo seleto de psicoterapeutas e estudiosos ocidentais, sobretudo americanos, que buscam nos mosteiros da Índia uma experiência direta com o transcendental. Na volta, ajudam milhares de pessoas a se descobrirem numa realidade interior mais rica e de maior equilíbrio psíquico.

No campo estritamente intelectual, físicos contemporâneos que se defrontaram com os paradoxos da Teoria Quântica começaram a se questionar sobre a realidade do mundo descrita pela ciência ortodoxa. No universo de ondas que são simultaneamente partículas, de partículas elementares que parecem desafiar a velocidade da luz, de quarks que se diferenciam pela qualidade, e não pela quantidade, esse universo dúbio e inapreensível pelo determinismo se torna cada vez mais como aparência, e não como realidade. Está recoberto pelo véu de maya, que em essência é o determinismo filosófico. Um dos pensadores que melhor intuíram isso foi Fritjof Capra, que inaugurou, com O Tao da física, toda uma linha de excelentes especulações sobre o reencontro do Ocidente materialista com o Oriente espiritualista. É possível que estejamos muito próximos de uma síntese iluminadora. A filosofia ocidental recente está permeada de especulações metafísicas, embora pouco tenha acrescentado à filosofia clássica em termos de conhecimento objetivo sobre a existência de Deus. No excelente "Deus na filosofia do século XX", os organizadores Giorgio Penzo e Rosino Gibellini oferecem um compêndio completo, a partir de ensaios de especialistas, da visão deísta por parte dos grandes filósofos do século. Talvez a grande síntese esteja no pensamento de Hernann Cohen, segundo o qual Deus esconde a sua essência, e só se dá a conhecer pelos seus efeitos.

Max Scheler, mediante uma visão hinduísta que será melhor desenvolvida à frente, faz do espírito humano "uma parte, um raio, uma função do espírito divino". Averroes, Espinosa, Fichte, Hegel, Hartman, por diferentes linhas de pensamento, estão de acordo quanto a isso. Entretanto, tratar-se-ia de uma contradição pois ao fazerem o homem uma parte de Deus não deixam margem para a culpa e para o pecado no homem. A filosofia védica atenua essa contradição pelo recurso ao véu de maya que esconde, junto com toda a realidade, o próprio Atman divino presente em cada ser humano.

A filosofia da vida interior não tem outro caminho senão o do conhecimento, que é ministrado por um iniciado ou por experiência própria do êxtase místico. Não creio que muita gente criada na civilização ocidental esteja disposta a trilhar esse segundo caminho ou tenha suficiente despojamento material para fazê-lo. Contudo, alguns o têm, a exemplo de místicos como São Francisco e soror Juana Inês de la Cruz. Já o caminho do conhecimento transmitido está aberto a todos e é perfeitamente possível integrá-lo no modo de vida ocidental, como fez o próprio Jung. Ainda assim, não será por muito tempo um caminho para todos, desde que a própria filosofia não o é. A filosofia é filha, em parte, do ócio, pois só pessoas que estão libertas da obrigação do trabalho diário, ou que ganham sua sobrevivência ensinando filosofia, podem se dedicar a pensar como atividade permanente e exclusiva. Uma prática desse tipo, em outro tempo, justificou a escravidão em nome do valor superior da filosofia; também poderia justificar, em tempos contemporâneos, a exploração do homem pelo homem, denunciada por Marx. Acontece que agora existe um fator inibidor da opressão que é a democracia de cidadania ampliada, que dificilmente justificaria a exploração de muitos em nome do aperfeiçoamento filosófico de uns poucos, a não ser que esses poucos sejam profissionais da própria filosofia.

Felizmente, nada indica que a filosofia seja um requisito para se viver bem e ser feliz. A felicidade é indefinível. Situa-se em algum ponto entre o desejo subjetivo (princípio transformador, Shiva, na cosmogonia hindu) e a aceitação objetiva da transformação (princípio mantenedor, Vishnu), levando a uma interação que, no amor sexual, se realiza de forma cíclica e sempre incompleta como busca de equilíbrio entre a satisfação do desejo e a sensação de vazio e perda que se segue à sua realização. O conhecimento filosófico certamente ajuda homens e mulheres a desvendarem os mistérios do amor e a disciplinarem suas paixões, mas isso está ao alcance também do homem comum movido pela prudência e pelo autocontrole.

A busca da felicidade é um recorrente esforço para se encontrar e manter o equilíbrio entre a satisfação individual e o interesse comum. Na relação a dois, enquanto realidade subjetiva e objetiva, consiste em perseguir continuamente o ponto de equilíbrio entre a comunhão total com o outro ou a outra e a separação inevitável que logo sobrevém. Ninguém precisa de estudar para saber isso ou para encontrar o caminho de equilíbrio que leva a momentos de felicidade que devem ser continuamente recuperados, mas que nunca serão eternos. Basta saber amar, conciliando desejo subjetivo de escolher o outro com a liberdade objetiva do outro de se deixar escolher. Ou, lembrando o inesquecível poeta brasileiro Vinicius de Moraes, numa ode ao amor: "Que não seja imortal, posto que é chama, mas que seja infinito enquanto dure"!

CAPÍTULO VII A criação da ética

1. O equilíbrio entre o individual e o coletivo

Homens e mulheres em sociedade confrontam-se com a necessidade de conciliar satisfação individual com interesse comum. É da essência da vida em sociedade. O fundamento que os orienta a esse respeito é a ética. Na prática, isso tem sido realizado na história através de alguma forma de coerção, principalmente política, mas também religiosa. A coerção implica o estabelecimento de algum limite ou prescrição para a liberdade individual, o que coloca o problema da legitimidade do coator enquanto agente social. A questão foi resolvida, nos primórdios da civilização, seja por um soberano que impõe leis e também se impõe pela força, seja por um rei que se acredita ungido por Deus, seja pela religião que se acredita revelada por Ele.

É claro que Deus — um deus pessoal, bondoso, misericordioso, eterno, único — não pode ser fonte da ética. Se o fosse, haveria uma única ética em todas as sociedades, em todas as nações, em todas as tribos, inclusive as primitivas — ao contrário da diversidade ética que se observa entre contemporâneos, em todas as fases da civilização, e dos contemporâneos em relação a fases anteriores e posteriores. A ética é relativista. Os sofistas gregos acreditavam assim, ao observar a sociedade grega de sua época, que apontavam como decadente. Paradoxalmente, a ética, enquanto campo do conhecimento racional, surge justamente da crítica aos sofistas por Sócrates, Platão e Aristóteles.

A democracia grega era limitada, discriminatória e escravocrata. Contudo, por muito tempo, no auge de sua civilização política, os gregos acreditavam que essa era a melhor forma de governo do mundo conhecido. As leis eram ditadas pelos próprios cidadãos livres e, portanto, a coerção que implicavam era produto da vontade coletiva, e não de um monarca absoluto ou da imposição dos deuses. Com isso, estava automaticamente suprimida a possibilidade de discrepância entre satisfação individual e interesse coletivo. A política realizava a conciliação mediante uma autocoerção. Nesse contexto, servir à polis e servir a si mesmo se confundiam. Antes de Sócrates, nos fragmentos que se conhecem de filosofia, sequer se falava em ética.

A construção da ética por Sócrates deriva da própria decadência da sociedade grega após os anos dourados de Péricles. Os sofistas, como se observou no capítulo anterior, viam na bondade e na justiça reflexos hipócritas de uma convenção social que, em regra, escondia as manifestações mais abjetas do uso do poder pelo forte para subjugar os fracos. Sócrates contrapôs a esses argumentos (em grande medida, irrefutáveis ainda hoje) a afirmação de que o homem sempre fará o bem, desde que tenha conhecimento dele. Platão não acredita muito nisso: para que o homem faça sempre o bem e sempre pratique a justiça, são necessárias instituições socialmente perfeitas — tão perfeitas, na verdade, que tornariam intolerável a vida para qualquer indivíduo em busca de satisfação pessoal.

Aristóteles segue o caminho inverso. Parte da sociedade real e dos homens de carne e osso, com suas imperfeições e paixões, sugerindo instituições legais que promovam o bem e reprimam o mal. Contudo, ele justifica a sociedade estratificada (inclusive a escravatura) numa base supostamente racional: os gregos são racionalmente mais avançados e, portanto, têm o direito de escravizar bárbaros, algo que os europeus mais tarde incorporaram em seus próprios conceitos de civilização. Num nível metafísico, ele sustenta que todos os seres foram criados com uma finalidade (enteléquia), refletida numa ordem natural na qual se encaixava o escravo. Apenas num ponto, a meu ver, Aristóteles continua útil: a finalidade da ética não é a busca do bem por si mesmo, mas o bem como meio de atingir a felicidade, entendida essa como um estado de harmonia interior em conformidade com o interesse comum.

A noção de enteléquia é um eco distante de Hesíodo. Para esse, por sucessivas intervenções de Zeus, a raça dos seres criados decaiu de um estado de perfeição na idade do ouro para uma idade de sofrimento e miséria enquanto raça de ferro (a raça de seus contemporâneos), sendo que o caminho para a recuperação do estado anterior se daria sobretudo pelo esforço do trabalho. Isso subentende uma finalidade última da existência, num nível superior, a ser conquistado pelo esforço humano. Dessa forma sugere uma ética naturalista, que, antes dos destacados filósofos de Atenas, teve grande influência sobre todos os gregos e que pode ser interpretada como inspiração distante para a ética protestante séculos mais tarde.

Os fundadores gregos da ética não tentam associá-la a Deus. Quem faz isso, no mais alto nível da filosofia medieval, é Tomás de Aquino. Tendo recebido Aristóteles através de mediadores árabes, esse extraordinário pensador cristão, morto ainda jovem (49 anos) depois de escrever uma obra monumental de filosofia e teologia, absorveu a enteléquia aristotélica no conceito de Deus. Fez isso com tal competência que, depois dele, a ética, até nossos dias, tem enorme dificuldade de se dissociar da religião. Na verdade, em grande medida, a ética ocidental, hoje quase universalizada, está ancorada essencialmente em valores escolásticos.

Se fosse resumida a uma única passagem do Evangelho — "ama a teu próximo como a ti mesmo" — a ética cristã dispensaria qualquer outra. Acontece que os relatos evangélicos nem sempre são coerentes entre si quando submetidos a uma análise mais acurada, o que dá margem a interpretações divergentes. Um homem ou mulher contemporâneos dificilmente aceitariam ter feito algo errado "no pensamento". Pois o evangelista põe na boca de Cristo uma condenação fulminante daquele que só por ter olhado para uma mulher com desejo já teria cometido adultério, merecendo punição como se o tivesse cometido de fato.

Trata-se de uma ética invasiva e o pior, como se vê, é que não se trataria de uma perversão de doutrina no curso da história. Já estaria lá, na origem do cristianismo, por conceitos atribuídos ao próprio Jesus — embora jamais saberemos exatamente em qual contexto foram proferidas aquelas palavras e com qual significado, considerando que não sabemos nada de sua inflexão de voz. O que aconteceu

A RAZÃO DE DEUS

depois foi muito pior, seja no tempo das Cruzadas, seja na Inquisição. Nesse caso, as pessoas, para se salvar na vida eterna, tinham de se inculpar por atos que nunca tinham praticado na terra; salvariam suas almas em troca da vida; e para se livrar do fogo do Inferno para sempre, eram torradas no fogo físico contemporâneo.

Entretanto, por todo o contexto dos ensinamentos de Jesus, e por pouco que saibamos da situação histórica da Palestina da época — e, em especial, de sua vida privada —, é perfeitamente possível entender esse tipo de exortação, aparentemente invasiva, como uma atitude de condenação da hipocrisia social reinante, de forma similar ao que aconteceu com os sofistas gregos. O pecado não estaria efetivamente em desejar a mulher no pensamento, algo intrinsecamente subjetivo, mas na hipocrisia de disfarçar o pensamento com atitudes de segundas intenções!

2. A ética como campo de ambiguidades

A Igreja Romana foi, durante séculos depois de Constantino, um centro estimulador de autêntica piedade e sabedoria eclesiástica — pelo testemunho de muitos santos, reverenciados no martirológio — e, ao mesmo tempo, o apanágio de imperadores, reis, príncipes, usurpadores e ditadores. Alguns bons, outros sanguinários. Não houve nisso uma ética, mas muitas éticas. Mais uma vez, não se pode dizer que emanaram todas de Deus, pois são contraditórias entre si. Nas raras ocasiões de conflito entre Igreja e Estado, as razões foram terrenas, essencialmente políticas, como no Grande Cisma. Num episódio pela altura da 8ª Cruzada, o Papa excomungou o imperador do Sacro Império, Frederico II.

Frederico era um experimentalista curioso e brutal, *avant la lettre*: para investigar a origem dos quatro principais idiomas (latim, grego, hebraico e árabe), ordenou que confinassem um grupo de bebês numa sala isolada a fim de estabelecer se, quando fossem crescendo, aprenderiam a falar sozinhos. As crianças morreram antes de falar. Noutro experimento, mandou que mergulhassem um homem até a morte num barril de vinho para inferir o peso da alma quando saísse do corpo. Contudo, não foi por conta dessa ética repugnante que o Papa o excomungou. Foi porque, num gesto de prudência, assinou um pacto com os turcos, com quem tivera no Egito dois embates militares de resultado indefinido, restituindo aos cristãos, sem mais luta, o reino de Jerusalém!

Só a partir do ressurgimento republicano no Ocidente, levando à separação de Igreja e Estado, é que surgem os germens de uma ética cristã humanista, em concorrência com o positivismo do filósofo Auguste Comte. Ainda assim, a Igreja oficial tolerou durante séculos a escravidão, manteve a mulher numa posição inferior e indigna na vida social e favoreceu doutrinas invasivas da liberdade individual, especialmente no que tange a sexo — não obstante tenha quase sempre também tolerado, internamente, correntes teológicas com pensamento independente. Uma doutrina social cristã oficial teria de esperar o fim do século XIX, quando Leão XIII lançou a *Rerum Novarum*. Não foi, contudo, uma iniciativa espontânea. Foi como reação a doutrinas socialistas e anarquistas que estavam conquistando corações e mentes em toda a Europa ocidental e mesmo nas Américas, sobretudo entre os mais pobres e oprimidos, a clientela tradicional da Igreja.

A ética católica contemporânea deriva de uma doutrina social que expandiu em muito os conceitos de Leão XIII e alcançou um nível raro de atualidade com o Concílio Vaticano II e a encíclica *Mater et Magistra*, de João XXIII. Na essência, pretende uma conciliação redutora do individualismo materialista do capitalismo com os propósitos de justiça social atenuados do socialismo, mediante a cooperação, e não a luta de classes. A própria epígrafe do texto assinala o plano essencial da obra, citando um enunciado do Deuteronômio: a paz é fruto da justiça e a tranquilidade se funda no direito. Não há uma definição filosófica de justiça, mas entende-se claramente que é a justiça social, compreendida como condição de igualdade de oportunidades para homens e mulheres.

No auge da Guerra Fria, isso não foi o bastante para alguns católicos progressistas. Na América Latina, através da Teologia da Libertação, bispos e padres da vanguarda social deram um ousado passo adiante, mediante a justificação ética e religiosa da luta revolucionária de povos oprimidos pelo capitalismo. Na fórmula que adotaram, a Igreja teria de cumprir o compromisso de uma opção preferencial pelos pobres. Os sucessores imediatos de João XXIII foram tolerantes com essa corrente política exaltada da Igreja, os quais só viriam a ser oficialmente calados pelo Papa João Paulo II, a partir de avaliação disciplinar do teólogo cardeal Joseph Ratzinger, que veio a ser seu sucessor como o Papa Bento XVI. Na medida em que podava os pontos mais extremos de seu lado esquerdo, João Paulo II contribuiu decisivamente para o sucesso das greves dos Estaleiros Gdansk, na Polônia, para a derrubada do Muro de Berlim e, finalmente, para a derrocada do socialismo real na União Soviética e seus satélites.

Essa extraordinária vitória política, em parte devida à Igreja Católica, colocou a própria Igreja Católica num dilema ético. Pois ao remover um dos polos da Guerra Fria, o polo que restou não foi exatamente aquele da social-democracia ou da democracia cristã, alternativa entre liberalismo econômico e capitalismo de Estado que os cristãos ajudaram a construir na Europa e em todo o mundo civilizado avançado no processo de construção da Comunidade Econômica Europeia. Foi, sim, o neoliberalismo, com sua ética puramente materialista, elaborada como um desvio a partir do grande moralista que foi também o fundador da teoria econômica moderna: Adam Smith.

O trecho de *A riqueza das nações*, de Smith, que os liberais mais citam é o que diz que a busca do interesse individual promove o bem-estar geral. Mas noutro trecho, nunca citado pelos liberais e neoliberais, Smith aponta na reunião de grandes homens de negócio a oportunidade para confabulações quase sempre em prejuízo do interesse público. Curiosamente, não lhe ocorreu que o interesse individual mais comum entre os homens de negócio, mesmo quando não reunidos, é justamente o de conquistar uma posição de monopólio, sendo o monopólio, por razões óbvias, frontalmente contrário ao interesse geral!

3. A liberdade irrestrita como valor supremo

Não há nada mais contraditório com os princípios cristãos genuínos do que a concepção neoliberal da liberdade irrestrita do capital e do Estado mínimo. Não é preciso ir muito longe para se constatar o prejuízo público provocado pela liberdade irrestrita do capital: basta ver as consequências nefastas da poluição industrial sobre o meio ambiente, assim como os "ajustes" dos ciclos econômicos recessivos pela via do desemprego generalizado. Só o Estado democrático, e por certo Estado forte, pode contrabalançar esses excessos ou coibi-los. Contudo, a moral neoliberal quer não só justificar o mal, valorizando a liberdade irrestrita de iniciativa como valor supremo, como impedir que a lei o reprima através de um Estado necessariamente intervencionista que tenha por objetivo promover o bem público.

A afirmação da liberdade individual ilimitada, que está na essência dos valores éticos basilares da Idade Moderna, foi contrabalançada pelos contemporâneos pelo humanismo laico — a noção de que todos os homens nascem iguais e merecem o mesmo respeito. É o princípio da isotimia grega, que, ao lado da isonomia (igualdade perante a lei) e isagoria (igualdade no direito à expressão livre), caracteriza os direitos básicos de cidadania na pólis. Isso está refletido no lema da Revolução Francesa, "liberdade, igualdade e fraternidade". No curso da história, viu-se que apenas a liberdade, na forma de liberdade de iniciativa nos negócios, se consolidaria como um traço fundamental da civilização. A igualdade, mesmo na forma de igualdade de oportunidades, tornou-se um sonho longínquo, só experimentada em nações de alto grau civilizatório como na Europa do Norte. A fraternidade entre sociedades ou Estados não tem passado de um conceito.

Nas doutrinas orientais a direção da ética vai do indivíduo para a sociedade, em contraste com a ocidental, que toma a direção oposta. O objetivo ético nas primeiras, sobretudo no hinduísmo e no budismo, é a realização do indivíduo até atingir o estágio da iluminação — o que seria uma concepção extremista, como se verá abaixo, por aparentemente desconsiderar o outro polo da ética representado pela busca do bem geral. Entretanto, no hinduísmo, como visto, há três caminhos para a iluminação individual: o conhecimento, a devoção e a ação. No Bhagavad Gita, Krishna estabelece uma hierarquia entre esses três caminhos. Para surpresa dos que veem as doutrinas orientais como excessivamente passivas e subjetivas, o melhor caminho, segundo ele, é o da ação. Entenda-se ação como relação consigo mesmo e com o outro. E o preceito explícito é o de que não se trata de fazer o bem, a si mesmo e aos outros, em busca de recompensa ou de prêmio, mas de fazer o bem por si mesmo.

No encontro cultural com as civilizações orientais os pensadores do Ocidente tomaram conhecimento dessa ética laica de elevado valor humanista, como é o caso de Lao Tsé e Confúcio, de Buda e do hinduísmo. Como observado, é uma ética de busca da realização individual em harmonia com os outros homens e com o ambiente. Contudo, a força avassaladora do capitalismo, em termos de ondas sucessivas de avanços tecnológicos e de criação de riqueza material, impôs sua própria marca também nessas civilizações. Sem necessidade de reconstituir a história, não é difícil reconhecer que a China e a Índia contemporâneas são movidas essencialmente pela ética capitalista, entendida como a busca do progresso para máxima satisfação material dos cidadãos — com a diferença de uma presença maior do Estado, em ambos os casos, como dirigente do processo através do planejamento e do crédito públicos que é o segredo de seu maior desenvolvimento economico relativo.

4. A democracia como condicionante da liberdade individual

Se a expansão da liberdade individual centrada no interesse econômico caracterizou o avanço da civilização nos últimos três séculos, pode-se considerar que o contrapeso principal,

A RAZÃO DE DEUS

surgido da mesma matriz, se deu no plano político, na medida em que a progressiva expansão da democracia passou a condicionar, através do Estado, a liberdade individual. É de certa forma uma volta à Atenas clássica, com a diferença de que temos hoje uma democracia de cidadania ampliada que alcança quase todos os quadrantes do globo, com a única exceção relevante da China. O processo é muito recente para se dizer que está definitivamente consolidado. Basta lembrar de novo que na primeira e maior democracia de massas do mundo, os Estados Unidos, negros e mulatos não tinham direitos civis ainda na década de 60 do século passado. Só o conquistaram depois de um amplo e histórico movimento social.

Contudo, o fato de esses direitos de minorias terem sido conseguidos significa que o processo democrático, como um todo, avança. Com ele, será inevitável o ressurgimento de movimentos sociais e políticos que coloquem a justiça social, um bem coletivo, como contrapeso necessário à liberdade individual. E como esses são movimentos de massa, cedo ou tarde, pela vontade das maiorias, o princípio do equilíbrio entre satisfação pessoal e interesse comum se restabeleceria pela força das leis. Em termos filosóficos, é no encontro da civilização oriental, focada na realização espiritual individual, com a ocidental, focada na realização material objetiva, que terá de ser buscado o equilíbrio ético indispensável entre a satisfação individual e o bem comum. Seria como a expressão fractal, no plano da humanidade como um todo, dos aspectos éticos polares desenvolvidos em cada indivíduo socializado.

Um regime democrático perfeito dispensaria a ética: a relação entre satisfação individual e interesse comum estaria perfeitamente regulada pelo Estado. Na prática, sabemos que a situação é bem mais complexa. Há muitas éticas grupais concorrentes numa democracia — religiosas, científicas, humanistas, de negócios etc. — de forma que esses diferentes grupos, atuando no campo político mediante *lobbies*, não raro querem impor ao conjunto dos cidadãos seus próprios conceitos éticos através de leis, independentemente do que os outros pensam ou do que sejam seus interesses. Isso é inevitável, porque assim funciona a democracia. A única defesa seria uma Constituição que fixasse firmemente os direitos das minorias e um processo legislativo que coibisse a tentativa dos grupos de pressão de impor interesses exclusivos como se fossem para o bem comum ou de bloquear leis de interesse comum pela manipulação do poder em defesa de seus interesses específicos.

5. A ética da sexualidade

O campo de maior controvérsia na definição contemporânea de uma ética individual, fora da política, é o da sexualidade. E um dos atores principais, fora do próprio Estado, são as religiões. Algumas delas têm, a respeito, uma doutrina elaborada, fundada na tradição dos textos históricos e permanentemente ajustada aos tempos atuais. Os pontos mais salientes da controvérsia se referem ao aborto, à inseminação artificial, à homossexualidade e ao uso de contraceptivos. Há certamente racionalidade na posição de algumas delas, por colocarem a vida como valor supremo e daí derivarem uma ética. Com isso, toleram inseminação mas condenam fortemente o aborto e os contraceptivos e consideram a homossexualidade uma opção doentia.

A RAZÃO DE DEUS

A rigor, homossexualidade e uso de contraceptivo não são uma questão ética, mas moral. Em nenhum desses casos a satisfação individual prejudica o bem comum. No caso da inseminação, ela favorece o bem comum, se considerarmos como bem a propagação da espécie. Porém, é justamente nesse ponto que recai a discussão, essa sim ética, do aborto. Pois o aborto elimina uma promessa de vida que, à primeira vista, é do interesse comum. O que se tem de discutir é se uma nova vida indesejada, supostamente do interesse comum de conservação da espécie, deve prevalecer sobre o direito individual da mulher de controlar o seu corpo, mesmo quando fecundado, em face de situações sociais que considera adversas a sua maternidade.

A grande maioria das mulheres que abortam encontra-se sob pressão de preconceitos sexuais familiares, de dificuldades econômicas, de desequilíbrios psicológicos. Para elas, ter uma criança significa perder o respeito da família ou cair numa situação de insegurança material insuportável. Se a sociedade considera intolerável o aborto, a moral social teria de tratar com mais dignidade a mãe solteira. Óbvio que há mulheres casadas, em uniões estáveis, que também abortam, mas esses são casos mais raros e de motivações materiais ou psicológicas mais íntimas, difíceis de serem avaliadas objetivamente.

O aborto introduz um elemento ético específico porque se trata de suprimir um ser em início de formação. Além disso, esse ser escapou das restrições da lei de probabilidades natural, o que parece lhe conferir um status superior de direito à sobrevivência, fora da interferência determinista de um médico. Contudo, a Criação apenas secundariamente está interessada em seres individuais: um quark individual

211

vale tanto quanto um átomo, um átomo quanto uma célula, uma célula quanto um homem. Para Deus, enquanto fora do tempo e do espaço, não pode haver relativização dos seres animados e inanimados. Todos são Um, conforme a doutrina clássica de Parmênides. Um ser que não se tornou plenamente humano não é diferente de qualquer outro órgão interno de uma mulher.

Cabe à mulher, por isso, e só a ela, eventualmente com assistência do companheiro e de um médico, decidir pelo aborto. A contribuição do homem nesse processo é eventual e aleatória. É na mulher que o corpo se deforma, se adapta, sofre transformações para assegurar a sobrevivência do bebê. E é ela, em geral solitariamente, que vai carregar as consequências sociais da maternidade, imediatas e a longo prazo. A decisão, em termos éticos, corresponde a buscar um equilíbrio entre a satisfação individual e o bem comum. Se o peso das restrições familiares e sociais for insuportável, não é possível satisfação individual na maternidade. Nesse caso, eticamente, o aborto se justifica: como em tudo na vida, não pode haver também para isso uma regra de valor absoluto!

Evidentemente, na medida do avanço da civilização, pode-se criar um ambiente cultural e institucional favorável a mães solteiras ou a mães casadas que, por razões econômicas ou de outra natureza, de outra forma quereriam abortar. O instinto de maternidade é muito forte e em geral mulheres que se submetem a aborto passam por graves crises psicológicas. A solução não é proibir o aborto, sequer impedir que o aborto, quando conscientemente desejado, seja praticado em hospitais públicos. A solução é deixar a mulher que vai se tornar mãe numa posição em que não incorra em discriminações sociais e riscos econômicos no curto prazo, nem psicológicos no longo, caso deixe a criança nascer.

A RAZÃO DE DEUS

6. Ética e democracia de cidadania ampliada

Um mundo sem necessidade de uma doutrina ética seria um mundo politicamente perfeito. Como é improvável que a civilização chegue algum dia a esse estágio, a luta pela ética razoável só pode dar-se no terreno político, através do aperfeiçoamento da democracia de cidadania ampliada. Já demos o primeiro passo, que foi justamente ampliar o escopo da cidadania para incluir progressivamente os pobres, as mulheres e os jovens. A questão que se coloca em termos contemporâneos é fazê-la funcionar realmente no interesse comum.

Como observado antes em relação à sexualidade, grupos de interesse se formam naturalmente nas sociedades democráticas para defender seus pontos de vista. É claro que esses pontos de vista podem representar demandas legítimas, mas também privilégios ou preconceitos. Se tiverem suficiente influência na mídia, influirão no Legislativo; e se influírem no Legislativo, podem conseguir leis gerais que encubram privilégios grupais inaceitáveis. Não há nenhuma fórmula política ou legal que, sem violar a própria democracia, possa impedir isso. O único antídoto é a formação de outros grupos de interesse que, influindo no Legislativo, bloqueiem os primeiros.

No polo oposto, pode haver minorias que, sem chance de chegar à mídia ou ao Legislativo, se sintam esmagadas pela maioria em seus interesses legítimos. Como já observado, elas só têm uma defesa: uma Constituição equilibrada, que defina muito claramente os direitos dos cidadãos, notadamente das minorias, que não podem ser violados em qualquer hipótese. As primeiras constituições modernas, do tempo de uma democracia de cidadania restrita, foram feitas pelos proprietários contra a tirania do rei ou do Estado, sendo o rei ou o Estado um representante abstrato do interesse geral que muito raramente cumpria esse mandato. A Constituição ideal contemporânea, fruto da democracia de cidadania ampliada, seria de certa forma feita também pelos pobres para, através do Estado, se defenderem dos proprietários e promoverem os interesses das maiorias, sem esmagar as minorias.

É possível que, melhor do que uma Constituição escrita, um monarca constitucional ou um presidente vitalício aclamado por cima das legendas partidárias, infensos a pressões de maiorias eventuais, encarnasse a defesa dos interesses das minorias, já que as constituições estão sujeitas a mudanças por decisão de maiorias conjunturais, nunca de minorias. Entretanto, vivemos num mundo de viés republicano e uma mudança política dessa envergadura somente ocorreria em circunstâncias de grave crise política ou social. Em termos normativos, o melhor a fazer é aperfeiçoar o sistema político de forma a dar o máximo de eficácia ao processo de representação do interesse comum, balanceado por frestas de democracia direta, que, por sua própria natureza, nem sempre atende ao interesse geral. Nesse contexto, a ética se despiria de todos os seus predicados morais e religiosos e seria integralmente absorvida pela política.

7. A ética como fonte de iluminação

No extremo oposto da ética materialista ocidental o budismo constitui um aspecto singular da evolução humana. No Ocidente, a busca de desenvolvimento ético está focada principalmente no polo do bem público, enquanto no Oriente a perfeição consiste essencialmente no desenvolvimento do polo espiritual individual. Uma interpretação literal do budismo nos levaria a concluir que a condenação radical do desejo, presente numa das verdades supremas de Buda, está no mesmo nível de distorção da ética individual, enquanto busca de satisfação legítima, do que a exploração do homem pelo homem está para a ética ocidental do bem comum.

Buda teria ensinado que a eliminação do desejo é a forma de evitar o sofrimento. Contudo, ele não falava para as massas, mas para um grupo restrito de discípulos que eram ou se tornariam monges. Como príncipe, casado e vivendo num palácio suntuoso, conheceu desejos e prazeres. Assim mesmo, estava num estado de "insatisfação permanente", conceito que alguns estudiosos usam em lugar do termo "sofrimento" da linguagem ocidental. Para superar esse estado, a fórmula que propôs foi a de evitar o desejo — palavra que estudiosos também preferem traduzir como "apego". Eliminar o "apego" para superar "a insatisfação permanente" faz algum sentido para um ocidental. Já eliminar o desejo é um absurdo e, no extremo, uma violação da organização social baseada nas relações entre homem e mulher.

Talvez monges ascetas consigam alcançar um estágio de êxtase divino permanente no qual não exista o desejo. Contudo, são perfeitamente inúteis para a vida social. Por serem relativamente poucos, também não prejudicam a evolução cósmica que exige a realização de desejos no ato sexual reprodutivo. Outros e outras, menos santos, o farão por eles. A não ser que se sofistique a doutrina no sentido de considerar a hipótese de reprodução sem sexo, descolorida, burocrática, num ambiente social em que as relações entre homens e mulheres não seriam muito diferentes das relações entre robôs. É um mundo possível, repleto de ascetas em comunhão com Deus, mas não creio que seja um mundo desejável, sequer por Deus!

O fato é que Buda não doutrinou para as massas. Experimentou em si mesmo a eliminação do desejo e pregou para os que queriam buscar a iluminação. É um esforço extremo, pelo qual o homem ou mulher num estado de meditação mergulha para dentro de si mesmo e ignora o mundo. Na terminologia hindu, trata-se da busca de uma comunicação direta e, por fim, de uma fusão do Atman individual com o Atman Supremo. Mas é, num certo sentido, uma violação do plano evolucionário divino e uma renúncia à vida em sua plenitude, porque o homem ou mulher que se satisfazem em si mesmos frustram o processo criativo que caracteriza o universo, os seres vivos e, em especial, a espécie humana. Em realidade, são uma excentricidade em relação ao que seria a curva normal dos homens e mulheres comuns.

Os exegetas do budismo tentam suavizar a regra da eliminação do desejo por meio de truques semânticos, de forma a torná-la palatável à mente ocidental. Assim como o que foi registrado como ensinamento de Jesus pode ser uma distorção tendo em vista nossa ignorância do contexto, Buda, como já observado, pode não ter dado a entender realmente a supressão do desejo, mas a supressão de algum atributo do desejo, o apego, que leva invariavelmente ao estado de "insatisfação permanente", ou "sofrimento". Acontece que, independentemente de palavras, o conceito em si conduz a um tipo de subjetivismo extremado, que anula a ética por um de seus polos, o social. De fato, não apenas o desejo, mas também a insatisfação associada à realização do desejo são fundamentais para a preservação da espécie em sua dimensão individual e coletiva.

A RAZÃO DE DEUS

A procriação requer atos sexuais repetidos, pois depende de probabilidades. Se o desejo se satisfizesse no primeiro ato sexual, seriam reduzidíssimas as probabilidades de fertilização da fêmea e as oportunidades de procriação seriam reduzidas devido à produção limitada de óvulos. Dessa forma, eliminar o desejo, e o próprio sentido de insatisfação e de vazio que se segue ao sexo, é um ato individual que compromete o bem comum, na medida em que se associe bem comum a tudo que concorre para a preservação da espécie num contexto de equilíbrio com o interesse individual. Assim, a regra budista de eliminação do desejo, quando tomada em sentido estrito, é uma violação dos fundamentos da ética, na medida em que anula um de seus polos, o lado social, em favor da satisfação máxima do polo individual — não importa o fato de que, objetivamente, essa forma de satisfação pelo êxtase místico não traga diretamente nenhum mal público.

No polo oposto, a coisificação do objeto de desejo pela concentração nele da atenção de todos os sentidos sujeita o indivíduo a um estado de ansiedade e de apego permanentes, podendo levar a graves distorções de personalidade e a frustrações. É, pois, entre o asceta e o obcecado pelo desejo que se tem de buscar o caminho do meio socrático na construção de uma ética equilibrada, com valor simultaneamente pessoal e social. Não duvido que os ascetas radicais mergulhem num estado de prazer infinito quando meditam. Apenas sugiro que isso não tem valor social. E a grande evidência histórica disso é que as sociedades que se inspiraram no caminho do ascetismo não conseguiram alcançar efetivo progresso material nem desenvolvimento tecnológico destacado, o que só conseguem agora em contato com a exposição ao polo social-materialista da civilização ocidental.

Contudo, esse extrato ínfimo e sumário que retiro da sabedoria oriental de mais de cinco mil anos não pode ser a base de compreensão de toda sua riqueza. O mito extraordinário de Shiva, o iogue perfeito, e Kama, o Deus do amor, cujo relato recolhi do psicoterapeuta norte-americano Mark Epstein (*Aberto ao desejo*), abre uma perspectiva completamente diferente para o entendimento da ética hindu. Shiva, perturbado em sua concentração extática por Kama, usou o poder superior acumulado na meditação para destruí-lo com um raio fulminante de seu terceiro olho. Porém, ao ser convencido pelos outros deuses de que o mundo não poderia sobreviver sem o amor, usou os mesmos poderes de êxtase místico para ressuscitar Kama. Em seguida, lançou-se aos braços de sua amante, Parvati, para um ato sexual que durou mil anos!

O mito não fala dos sentimentos da própria Parvati, mas não é necessário: Parvati é a consorte perfeita, receptiva, mantenedora dos atos criativos de seu amante. Assim, a individuação da iniciativa em Shiva é atenuada pelo reconhecimento da necessidade do amor, o qual, por definição, tem uma implicação social por ter de ser realizado a dois. De qualquer modo, existe aqui um resgate do sentimento de desejo, sendo que sua projeção num ato sexual de mil anos não passa de uma metáfora para neutralizar o sentimento de vazio que, de forma natural e necessária, o ato sexual costuma deixar após sua realização no mundo real. É justamente esse vazio, como mencionado acima, que assegura o processo criativo. Isso reforça as teses freudianas de que as neuroses estão fundamentalmente enraizadas em processos repressivos do sexo, levando ao desequilíbrio ético entre satisfação individual e sua negação devida a preconceitos familiares e sociais.

8. A iluminação pela via da sexualidade

Como é frequente na filosofia oriental, que reflete a própria dualidade básica do universo e da vida, uma corrente do budismo, o budismo tântrico ou do Tibete, evoluiu no sentido da busca de uma síntese extática que se realiza no ato sexual a dois. Os próprios monges tibetanos, inicialmente celibatários, são orientados a ter uma amante para experimentar no ato sexual, pela completa interação do masculino e do feminino, estágios superiores de consciência e meditação. A regra para atingir esse estágio de bem-aventurança, em comunhão com o outro e com o Atman, é o amor sem apego, respeitando as liberdades recíprocas. O apego pode ser aqui entendido como fixação de posse ou como ciúme.

O Tantra restabelece, assim, a posição ao mesmo tempo subjetiva e ativa da mulher na relação sexual. Ela deixa de ser simples objeto e realiza sua individualidade ao abrir-se literalmente para o outro, possibilitando a fusão com ele de suas energias, seus fluidos e sua intimidade, estimulando e sendo estimulada por um prazer inefável. Esse, quando orientado pelo treinamento da meditação, leva ao êxtase místico. É um prazer que só se realiza quando compartilhado a dois, já que é uma fusão. Assim mesmo, está num campo de intimidade que lhe tira um conteúdo social mais amplo, exceto pela procriação e pela contribuição que dá — e que, no Ocidente materialista, tem efetivamente dado — para o equilíbrio psicológico dos que procuram nos métodos de meditação oriental um caminho para a plena reconstrução de suas personalidades fragmentadas.

A interpretação vulgar do tantrismo como simples exacerbação da sexualidade ignora o fato de que seus objetivos fundamentais, nos dois ramos da doutrina conhecidos como "mão esquerda" e "mão direita", são, no primeiro caso, a extroversão de energias psíquicas sob forma de capacidades supranormais e, no segundo caso, a canalização da energia sexual para a elevação espiritual. A prática do Tantra visa ao despertar da kundalini, a "serpente" de energia sexual que se acredita situada na base da espinha e que ascende através dos chacras até figurar como união de Shiva e sua esposa Parvati (também conhecida como Shakti), manifestações de Brahman num ato sexual que representa a liberação máxima de energia. A doutrina foi vista com suspeita na Índia medieval, sendo que, na medida de sua aceitação por uma corrente do budismo, recomendava-se que sua prática fosse supervisionada por um mestre orientador.

CAPÍTULO VIII A criação da ciência

1. Uma inspiração que veio do alto

A ciência moderna nasceu nos séculos XVI e XVII do estudo
do cosmos por Copérnico, Kepler e Galileu e logo se distin-
guiu da filosofia em seu movimento de buscar a explicação
da natureza não pelo propósito limitado de descrevê-la como
real, mas, sim, de dominá-la e transformá-la com finalidades
práticas. Os alquimistas há muito tempo vinham tentando
isso, buscando transformar em ouro metais comuns. Não
conseguiram fazer ciência por lhes faltar um elemento básico
essencial: o método científico. Os modernos construíram
não um, mas dois: um, subjetivo, o de dedução lógica com
Descartes; outro, objetivo, o de indução experimental, com
Bacon. Apoiada nessas duas âncoras, a ciência explodiu no
início da Idade Moderna.

O método dedutivo, descendente da matemática pitagórica
através de Platão, consiste em estabelecer conexões lógicas
entre os elementos de uma proposição até chegar a um resultado racionalmente seguro. É platônico em sua essência, pois

221

não parte de uma observação empírica, mas da especulação mental. Serviu aos filósofos que estavam mais interessados em especular livremente sobre o espírito e os atributos humanos imateriais, como ética, política e metafísica, do que sobre a realidade física do mundo. Esta, sobretudo em Platão, era dada como eterna, se não se movia; ou, se se movia aparentemente por si mesma, como os astros, era dada como sendo movida por um deus.

O método indutivo é exatamente o oposto. Segue do particular para o geral. Apenas no estabelecimento de hipóteses iniciais se confunde com o dedutivo, sendo esse, porém, um importante ponto de conexão entre ambos. A indução exige o experimento controlado para isolar e medir os resultados. É desses resultados que sai o veredicto científico: se positivos, estamos diante de uma verdade, necessariamente parcial, já que não há como experimentar tudo em laboratório; se negativos, abandonamos a hipótese como não verdadeira. Em qualquer situação, não estamos diante de uma conclusão moral: o resultado vale por si.

Não foi fácil para a civilização dar esse salto. No caminho do progresso científico havia uma muralha quase inexpugnável: a escolástica manobrada por São Tomás de Aquino conciliando com a teologia cristã o pensamento de Aristóteles. Há os que pensam que Aristóteles, levado à Europa Ocidental pelos árabes, contribuiu muito para o nascimento da ciência no início da Idade Moderna. Não é verdade. Para argumentar que a Terra gira em torno do Sol Copérnico, Kepler e Galileo tiveram de remover Aristóteles do caminho, com todos os seus astros empurrados por deuses, os quais São Tomás substituiu pela mão do Deus único católico. Platão, também resgatado, porém em oposição a

Aristóteles, terá contribuído mais para a ciência pelo caminho da subjetividade e do idealismo.

Mas Aristóteles atrapalhava ainda mais o avanço científico quando reforçava sua metafísica com o senso comum. Ao contrário do que Galileo veio a provar, Aristóteles achava que todas as coisas ou eram movidas por causas externas ou por deuses. O lugar próprio de uma pedra, nessa concepção, é ficar parada, até que alguma força externa a mova. Essa percepção do senso comum certamente adquire força considerável quando legitimada por um filósofo da estatura de Aristóteles. Foi também essa muralha que Galileo teve de derrubar quando propôs a solução correta, isto é, que todo corpo segue eternamente em movimento retilíneo se nenhuma força atuar sobre ele em outro sentido.

Entretanto, os movimentos astronômicos descritos por Galileo só foram plenamente entendidos com Newton, o maior dos grandes físicos até Einstein. Newton deduziu a força gravitacional que mantém os planetas em torno do Sol e todo o cosmos em equilíbrio relativo e lhe deu clara formulação matemática, incontestável até que, no século XX, Einstein propôs sua própria Teoria Geral da Relatividade. As descobertas de Newton em mecânica, propriedades da luz e matemática conformaram a ciência determinística. Em matemática, descobriu (paralelamente ao filósofo Leibniz) o cálculo diferencial, instrumento que veio a tornar-se fundamental no desenvolvimento de praticamente todas as ciências posteriores, exatas ou humanas.

Por mais que o progresso científico dependa de experimentação, o caráter subjetivo que lhe estava presente desde a origem acaba se manifestando, mesmo que na margem. Nenhum experimento pode prescindir de uma hipótese, pois a hipótese é a colocação de algo a ser verificado e isso, de alguma forma, está na mente do experimentador. Nessa condição, ele é um idealista, um subjetivista. A indução surge na interpretação do resultado. Aqui, desaparece todo resquício de idealismo, pois o resultado, se o experimento está bem controlado, é o árbitro supremo. Claro que pode haver erros no experimento, mas, por isso mesmo, ele tem de ser manifestado objetivamente: o experimentador deve torná-lo público para verificação por outro.

Filósofos da ciência, como Karl Popper, descartam como não científica qualquer hipótese que não possa ser refutada. Note-se que esse é um enunciado sobre ciência, não sobre religião ou Deus. E ciência não trata do conhecimento em geral, mas de conhecimentos específicos limitados. Com esse critério, Deus jamais poderá ser apresentado como hipótese científica, pois ninguém pode afirmar experimentalmente a existência ou não de Deus, permitindo a refutação de qualquer uma das duas hipóteses. Para o próprio bem, e o bem da teologia, a ciência se reservou um campo modesto do conhecimento humano, fugindo dos cânones aristotélicos e platônicos que pretendem um entendimento compreensivo da natureza, do homem e do cosmos mediante a aplicação exclusiva da razão sem experimentação. Isso, contudo, não significa que provas parciais acumuladas ao longo dos séculos pela ciência não contribuam em favor ou contra um dos dois enunciados referidos.

O trabalho dos alquimistas na Idade Média consistia em experimentação sem uma hipótese prévia sobre interações materiais que pudessem levar ao resultado esperado de criar ouro. Estavam na linha intermediária entre Platão e Empédocles. Esse formulou uma hipótese e a comprovou experimentalmente, com o pote furado. Pode ser situado como um precursor legítimo dos empiristas da Idade Moderna. Contudo, experimentação aleatória também pode levar a resultados científicos, caso o experimentador seja atento e sem preconceitos. Bacon era rosa-cruz e alquimista e é provável que foi por tentar fazer coisas sem uma ideia clara dos processos envolvidos que acabou por encontrar um método mais eficaz de investigação.

2. O domínio do determinismo

O determinismo, originário da indução e sempre educado no método dedutivo refinado de Descartes, dominou soberanamente a ciência desde o início da Idade Moderna até as primeiras décadas do século XX. Transbordou das ciências exatas para as ciências humanas, e, no século XIX, invadiu com verdadeiro furor a economia política. Karl Marx é um determinista genial, temperado pela dialética platônica de Hegel. Introduz na sociologia o conceito de luta de classes, depura a Teoria do Valor de seus antecessores de incongruências lógicas, ilumina a dinâmica do capital e faz da história um movimento dialético entre classes dominantes e classes dominadas. A estrutura de classes determina a esfera cultural e ideológica, até o momento em que, sob alguma inspiração superior que deveria ser o próprio Marx, os dominados levantam-se contra os dominadores e instauram uma ordem social sem classes, platônica, o comunismo.

O determinismo será o inspirador também do behaviorismo, do empirismo e do pragmatismo, como já visto no capítulo sobre filosofia. Entretanto, foi na física de Newton que fincou suas bases mais sólidas. E nisso, mais uma vez, aparece a associação entre subjetivismo e objetivismo em ciência. O método da física é a matemática e a matemática constitui um conjunto de enunciados tautológicos. A matemática não pode errar. É da forma "o cavalo branco é branco" ou "dois mais dois é igual a quatro". Quatro já existe em dois mais dois, assim como o branco já existe no "cavalo branco". A noção de verdade da matemática torna a física imbatível como portadora de conhecimento, pois nenhuma outra ciência, que não a própria matemática, é mais matematizada.

A verdade implicada nas equações matemáticas da física só pode ser questionada se resulta de um erro de observação. Daí que a física, enquanto ciência experimental, é, sobretudo, uma ciência de observação e de mensuração. Na medida em que essa observação leva ao estabelecimento de conexões regulares entre fenômenos, o experimento que lhes deu origem ganha um formalismo matemático e é elevado à condição de prova ou sugestão de uma teoria. Pelo menos provisoriamente, se coloca como irrefutável. As conexões regulares, depuradas de outras causalidades por métodos rigorosos, tornam-se base da teoria que remete imediatamente a uma determinação causal natural.

É claro que um mundo governado por leis físicas deterministas perde alguma graça, sobretudo se isso se reflete no plano moral. O determinismo natural não se preocupa muito com o lado espiritual humano. Como a ciência não para de descobrir coisas e a tecnologia, sua filha, não para de produzir bens e serviços que aumentam o bem-estar material das sociedades nas quais se manifestam, qualquer especulação metafísica sobre a origem do homem, seu destino ou o destino de seus semelhantes passa a ser irrelevante. O mundo

A RAZÃO DE DEUS

determinista dos físicos passa a ser o mundo materialista dos cientistas sociais. Com isso, ao romantismo platônico sucede o realismo brutal dos escritores europeus do final do século XIX, o qual, parafraseando Oscar Wilde, é como "a raiva de Calibã ao ver seu próprio rosto no espelho".

3. As revoluções relativista e quântica

A verdade da ciência, contudo, é sempre provisória. O fantástico castelo do gênio humano construído em torno do pensamento indutivo-determinista, o qual permitia um sistema de previsão quase perfeito relativo aos fenômenos em grandes escalas do cosmos, acabou vindo abaixo nas primeiras décadas do século XX. Para Einstein, não havia mais o espaço e o tempo absolutos de Newton (uma condição para o determinismo), mas uma entidade híbrida chamada espaço-tempo. Para Planck, a luz movia-se em pacotes de energia. O próprio Einstein demonstrou que ela devia ter massa e se dobrar na presença de grandes campos gravitacionais. Born descobriu coisas estranhas no átomo: elétrons percorriam trilhas de energia bem marcadas em torno do núcleo e se moviam entre elas por saltos quânticos quando energizados. Aos poucos, esses e outros dados de observação iam-se amontoando como anomalias ao lado dos cânones da física clássica, o que forçou uma revisão completa dela e o nascimento de um novo campo das ciências físicas, a mecânica quântica, dedicada ao estudo dos fenômenos subatômicos, o microcosmos.

O fato mais extraordinário deduzido teoricamente das observações é que, nos níveis mais profundos da matéria, as partículas elementares comportam-se com certa regularidade enquanto bandos, mas sem qualquer regularidade enquanto partículas individuais. Não é uma questão de qualidade dos aparelhos de observação, como disse antes. É da natureza mesma dos fenômenos quânticos, na medida em que o aparato de observação desses fenômenos interfere no resultado observado. Isso se revelou uma sentença de morte para o determinismo: a natureza, em seus níveis mais profundos, não é determinista, mas, pelo menos para a corrente central dos físicos quânticos, probabilística. O instrumento matemático principal para seu estudo não é mais o cálculo diferencial de Newton, mas o cálculo de probabilidade.

A mecânica quântica é suficientemente complexa para que, décadas depois de descoberta, possa ter alguma popularidade entre pessoas do senso comum em termos teóricos. Contudo, tem enorme aplicação na eletrônica, na computação e na teoria da informação. Por sua complexidade, não suscitou grande interesse entre os filósofos. O próprio Russel, um dos maiores filósofos-matemáticos do século XX, tinha dúvidas se teria algum efeito na filosofia. Aos poucos, porém, físicos quânticos com capacidade de comunicação com os leigos, e leigos com capacidade de comunicação científica, fizeram um trabalho extremamente eficaz de divulgação popular desse ramo relativamente novo da ciência.

Contudo, notáveis matemáticos e físicos quânticos — a exemplo do prefaciador deste livro — me advertem para o caráter controverso que caracteriza atualmente muitas interpretações da mecânica quântica, na qual formalismos diferentes levam a conclusões específicas, sem muita esperança de que se chegue a uma visão única do todo. Um dado perturbador, por exemplo, é o deduzido das equações da Teoria Geral da Relatividade de Einstein: dependendo de modificações infinitesimais no tipo da matemática usada, surge como resultado uma infinidade de universos, todos perfeitamente ajustados ao formalismo e diferentes do nosso. Qual universo escolher?

Outro exemplo perturbador é o efeito Unruh, do nome do matemático alemão que o descobriu: até época ainda recente havia consenso entre os físicos de que dos chamados buracos negros nada escapava, sequer a luz. Essa, como toda matéria e energia próximas deles, seria engolida para seu interior em razão da curvatura extrema do espaço-tempo determinada por sua massa elevadíssima. Unruh demonstrou matematicamente, e isso teria sido comprovado experimentalmente, que o efeito só é verdade para um observador estacionário; se ele estiver num referencial que se move aceleradamente em relação ao buraco negro, esse passa a emitir energia.

Finalmente, os físicos estão às voltas com resultados registrados pela sonda americana Pioneer I, assinalando desvios que põem em xeque a própria Teoria Geral de Relatividade. Portanto, alguns fundamentos essenciais da física estão sendo abalados em sua estrutura mais profunda, pondo em risco a solenidade de toda a arquitetura superior. O resultado é o estado caótico das físicas contemporâneas, entre elas a mecânica quântica, infensas a uma interpretação uniforme e a uma síntese.

4. A ponte quântica com o subjetivismo

Da minha parte, considero a mecânica quântica, embora conheça dela apenas a interpretação das equações que se divulga para o grande público, um importante passo para a reconciliação entre a filosofia oriental e a ocidental, através do caminho insuspeito da ciência. Pois a mecânica quântica é, num certo sentido, subjetiva. A rigor, há mais de uma, a partir dos formalismos independentes de Heisenberg, Schroedinger e Dirac. As abordagens matemáticas são diversas, mas a previsão, no caso de pelo menos algumas delas, é probabilística. É como se as partículas elementares do Universo não fossem coisas independentes, mas sim que só ganham realidade quando vistas ou medidas por um observador. Nesse sentido, estão simultaneamente no aparato de medição e na mente do observador, numa extraordinária interação entre o objetivo e o subjetivo. Isso, rigorosamente falando, remete ao conceito hindu de Atman, a que me referirei adiante.

Se essa intuição faz sentido, o subjetivismo da metafísica, que, por algum caminho, veio da Índia e chegou aos ocidentais através dos gregos, na forma de filosofia e ciência, começou a fazer o caminho inverso para o Oriente através das descobertas quânticas. Agora, porém, na forma de uma ciência que combina, em si mesma, objetividade e subjetividade. O caminho hindu, exclusivamente subjetivo, jamais poderia respaldar suas conclusões numa teoria ou numa equação matemática. De certa forma os herdeiros védicos agora o têm, de uma maneira que pode ser comunicada socialmente sem a disciplina mística, apenas pela razão experimental associada a um esforço de compreensão subjetiva da realidade.

Um campo de conhecimento mais recente, a Teoria do Caos, reforça a percepção da teoria da probabilidade como um aspecto central da realidade natural. A Teoria do Caos foi desenvolvida a partir de estudos de meteorologia. Referem-se a interações de múltiplas variáveis independentes. Descobriu-se que a previsão exata do tempo, exceto para períodos imediatos, é praticamente impossível,

A RAZÃO DE DEUS

mesmo usando os mais poderosos computadores. É que as interações de variáveis independentes levam a configurações atmosféricas essencialmente caóticas, representadas por aquilo que os matemáticos chamam de equações não lineares. Ademais, pequenas variações nas condições iniciais de uma variável produzem grandes alterações ao longo do tempo, modificando os valores previstos das outras e toda a configuração final.

São essas dificuldades básicas de prever condições atmosféricas que tornam tão controversos os modelos de mudanças climáticas que vêm sendo usados, sob os auspícios da Organização das Nações Unidas, para orientar decisões políticas de controle dos gases estufa. Nenhum deles pode dar certeza absoluta do que vai ocorrer se as economias mantiverem os níveis atuais ou ampliarem o uso de combustíveis fósseis, embora o consenso que se vai formando é no sentido de que é melhor prevenir do que curar. Os ambientalistas podem estar certos e nesse caso é fundamental implementar os controles para prevenir catástrofes; se estiverem errados, e assim mesmo os controles forem implementados, o mundo será, de qualquer forma, um lugar mais bem habitável. Entretanto, sempre restará a questão sobre se o custo de reduzir o efeito estufa, por corte nas emissões de gás carbônico, não acabará se revelando maior para a humanidade do que o custo de mitigar os efeitos de mudanças climáticas, que serão, de todo modo, inevitáveis.

Naturalmente que a questão ambiental não se reduz a mudanças climáticas. O desenvolvimento científico e tecnológico desde o início da Idade Moderna resultou ser um instrumento da melhoria do bem-estar material de grande parte da humanidade, mas também sujo e depredador do meio ambiente. As grandes metrópoles estão se tornando inabitáveis em função de gigantescos congestionamentos, ar poluído, insegurança, má distribuição de renda e grandes manchas de miséria em favelas insalubres, com imensos problemas de destinação de lixo; rios e lagoas estão sendo degradados, colocando milhões de pessoas sob o risco de escassez permanente de água; florestas são dizimadas e áreas imensas se transformam em desertos. Enfim, mantido o ritmo da "civilização", as probabilidades de sobrevivência digna na Terra vão se reduzindo cada vez mais, sobretudo para os pobres, que não têm os meios para escapar para regiões seguras e confortáveis.

Quando há muitas variáveis independentes envolvidas, o método mais eficaz de tratar o fenômeno observado é a inferência estatística, através do cálculo de probabilidade. Não admira que, tratando de trilhões de partículas elementares, a mecânica quântica recorra a esse método. Contudo, ele se aplica também em escalas maiores, desde que sejam ainda grandes números. É o campo de outros fenômenos caóticos que se encontram na natureza e, dentre todos eles, o da vida. De fato, as interações germinais entre espermatozoide e ovócitos são caóticas, assim como totalmente imprevisíveis em sentido estrito. É que, aí, a probabilidade de nascer homem ou mulher é 50%. Onde nem a previsão probabilística nem a previsão determinista funcionam, é um campo externo à ciência só acessível aos metafísicos. Se forem razoáveis, dirão: ninguém sabe ao certo, e nem mesmo Deus quer saber!

5. O desafio da forma nos organismos vivos

A questão da forma na natureza, e em especial da forma dos entes vivos e de seus órgãos internos, revela-se ainda hoje intratável pela ciência. O cientista Ilya Prigogine tentou enfrentar o problema com a Teoria dos Fractais, aplicada inicialmente aos cristais. Inferiu que os cristais tomam a forma macroscópica dos modelos microscópicos que lhes dão origem. Todas as formas na natureza seguiriam essa regra, inclusive o contorno externo de uma praia que seguiria o mesmo contorno de reentrâncias interiores. Ao tentar aplicar a mesma regra aos órgãos internos do corpo humano, não produziu resultados muito convincentes.

Como o campo continua aberto à especulação, o que se pode dizer é que a forma do coração de um adulto está definida microscopicamente no embrião já no contato inicial do ovócito com o espermatozoide. Na verdade, há tantas bases de função desconhecida no DNA (o DNA dito lixo) que pode residir nele o segredo da forma. A dificuldade de reconhecer isso seria de método: estamos procurando uma função determinista, não uma probabilística. Há disfunções em órgãos internos dos nascidos que indicam erro de codificação genética. Entre milhões de eventos que teriam alta probabilidade de ocorrer, ocorreu uma excentricidade. Talvez a estrutura funcional interna do órgão siga regras principalmente deterministas e a forma externa, regras principalmente probabilísticas, nesse caso pela interação casual com o entorno das células genéticas, de acordo com o princípio da epigênese proposto já por Aristóteles e ressuscitado por alguns contemporâneos.

A física clássica criada pelos modernos afastou o homem da religião e da metafísica, enquanto a mecânica quântica o está reaproximando, se não da religião, pelo menos da metafísica. É o mais extraordinário encontro do Ocidente com o Oriente, não pela força da pregação jesuítica que fracassou na Índia, na China e no Japão na era posterior aos descobrimentos, mas pela força da evidência científica. Em termos materiais, a Ásia já se aproximou do Ocidente, adotando muito de sua cultura, ideologia e, em especial, economia e ciência e tecnologia. Dificilmente o Ocidente adotará a metafísica asiática, não por desídia na especulação, mas porque a metafísica asiática é unilateral em sua subjetividade. Entretanto, há uma convergência factual nesse ponto, pois a mecânica quântica faz, de um ponto de vista objetivo, a ponte para o subjetivo. Nesse sentido, Ocidente e Oriente estão descobrindo também aqui que são Um.

Mesmo a vida cotidiana, em si mesma, é movida por probabilidades. Quando atravessamos a rua com atenção determinista reduzimos a probabilidade de que um carro nos atropele. Contudo, não temos certeza de que poderemos escapar de um motorista embriagado que venha na contramão. Se déssemos a isso uma expressão matemática, a previsão de que seríamos atropelados ou não assumiria um número — por exemplo, 99% para não atropelamento. Assim mesmo, restaria o 1%. Como há muita gente que morre atropelada em nossas metrópoles, mesmo com atenção no trânsito, fica evidente que não podem determinar quanto tempo viverão, mesmo quando estão em plena forma de saúde.

A respeito da própria morte a ciência fez avanços em seu retardamento, mas não superou o determinismo fundamental de que não sobreviveremos eternamente e nem obteve indicações seguras de se há uma vida após a morte. Aí é

A RAZÃO DE DEUS

outro ponto de conexão com a metafísica, em especial a oriental, que tem uma visão tranquilizadora da morte como reabsorção no absoluto, conforme se verá adiante. A ciência, propriamente, para à beira do túmulo. É onde começa a parte mais tranquilizadora da metafísica. Todas as tentativas científicas de lidar com o sobrenatural falharam. Não sei se algum dia a mecânica quântica, atuando na fronteira entre o objetivo e o subjetivo, lançará alguma luz sobre esse tema. Contudo, no campo estritamente científico, é a única que o pode fazer por lidar com a dualidade básica da natureza, na fronteira entre matéria e energia. Mais provavelmente, porém, esse será um campo no qual as buscas científicas se revelarão sempre inúteis. É que, se há um criador inteligente, ele mantém e manterá fechadas as portas da morte para não se revelar àqueles que ele quer em dúvida como estímulo para criar, inclusive em física.

6. O enigma da diversidade das espécies

No capítulo relativo à criação do homem, levantei a hipótese de que um DNA original complexo, criado por Deus, conteve em si o potencial de toda a diversidade biológica que vem se realizando ao longo dos milênios. Os que se sentem ou se sentirão incomodados com essa hipótese devem ser confrontados com as alternativas oferecidas pela ciência, mas que obviamente só devem ser aceitas se se apresentarem como razoáveis. A explicação padrão é que a diversidade resultou de processos de adaptação e especialização biológica a partir da lei de seleção natural. Tentemos especular sobre como isso funcionaria.

O mundo dos seres vivos está dividido em reinos (animal, vegetal e fungos), esses reinos em filos, os filos em classes, as classes em ordens, as ordens em famílias, as famílias em gêneros e os gêneros em espécies. O filo a que nós, humanos, pertencemos é o dos "cordados" (*chordata*), caracterizados pela espinha dorsal oca percorrida por um cordão nervoso. Comparado com um "acoelomorpha", o filo dos seres que não têm canal digestivo (ausência de boca e de canal alimentar), somos realmente um grupo muito diferente. Contudo, o evolucionismo dogmático pretende ter sido graças a adaptações ao meio ambiente que de um mesmo ser supostamente mais simples, há milhões de anos, surgiram as linhagens que resultaram nos "cordados" e nos "acoelomorphas".

Especulemos um pouco mais. O número total de filos animais (grupos de seres com estruturas orgânicas e genéticas similares), com características extremamente diferentes umas das outras, como o que foi mencionado, é de 37, segundo as classificações mais aceitas. O de filos vegetais é de oito e o de fungos, seis. Além disso, há 10 grupos de seres vivos tradicionalmente considerados como *phyla*. Há milhares de espécies diferentes em cada um desses filos — só no caso dos "cordados" são mais de 63 mil espécies diferentes. Considerando apenas os 37 filos animais, entre eles se contam 2 milhões e 400 mil espécies atuais, sem considerar milhões de outras que desapareceram ao longo do tempo e das quais somente há registros fósseis.

Cada um desses 2 milhões e 400 mil espécies carrega uma história de bilhões de anos atrás de si, testemunhando na diversidade de sua morfologia atual mudanças radicais ao longo do tempo em seu material genético, que hipoteticamente, segundo a ciência convencional, evoluiu do simples para o complexo. O que teria provocado essas mudanças de espécie, e não simplesmente na espécie? Nesse último caso, como já observado, é natural aceitar a teoria da evolução por seleção natural. No caso da diversidade das espécies, é menos plausível. Alguns cientistas apelam para a ação de raios cósmicos sobre o material genético primitivo. Isso não é diferente de um deus!

CAPÍTULO IX   A criação do valor

1. Entre o valor objetivo e o valor subjetivo

O conceito de valor tem em si mesmo um conteúdo paradoxal, que o idioma inglês tenta resolver por um truque
semântico: *value*, de raiz latina, significa o valor enquanto
qualidade subjetiva de um objeto ou ser; *worth*, de raiz sa-
xônica, significa o valor objetivo das coisas, expresso, por
exemplo, no preço. Um é qualitativo, outro quantitativo. Na
linguagem comum essas diferenças sutis não são consideradas
ou percebidas, mas é claro que, para uma jovem católica
brasileira em busca de um noivo, Santo Antônio tem valor
superior ao de qualquer outro santo, sendo que isso não pode
ser traduzido em dinheiro!

O valor subjetivo é, como qualquer subjetividade, um
conteúdo da mente individual: o que tem valor para um não
tem necessariamente valor para o outro. É relativístico, no
sentido de que não podemos quantificá-lo, embora possamos
colocá-lo numa ordem de precedência. A moralidade, para
muitas pessoas, tem valor superior ao da vida: uma mulher

pode preferir ser morta a se entregar. Os combatentes em guerras de honra são conduzidos pelos mesmos impulsos: a busca da honra é um valor superior ao da preservação da vida. Isso também ocorre com os suicídios rituais por honra ou sob uma extrema pressão moral, como no Japão. Ou pela desesperança, em qualquer parte do mundo. O meio ambiente natural tem, para muitos, valor superior a tudo que se possa comprar.

É no campo da moral e da ética, eventualmente ordenado pela religião, que deve ser buscada a origem do valor subjetivo. Trata-se de um fenômeno relacional por excelência. Contudo, apropriar-se de um bem de valor, por mais abstrato que seja, tem evidente efeito psicológico na realização da satisfação individual. Sem um código de valores a ser perseguido e alcançado, a vida em sociedade seria extremamente monótona: homens e mulheres teriam desejos instintivos a serem satisfeitos e nada mais os impulsionaria no sentido da evolução criativa. Não haveria Dulcineias para estimular Don Quixotes a lutar contra moinhos de vento!

No curso da história, mesmo antes do capitalismo, o valor subjetivo tendeu a objetivar-se em coisas. Está nisso o reflexo do princípio histórico da propriedade privada e da criação da moeda, equivalente geral do valor objetivo, que teria sua expressão máxima na sociedade capitalista. Comunidades primitivas, assim como muitos clãs dos tempos contemporâneos, partilhavam ou partilham entre si os bens de uso: por isso não era ou não é necessário quantificar os valores nem recorrer a sua coirmã, a moeda, para trocá-los. É a propriedade privada que dá valor objetivo às coisas, passo fundamental na adolescência do processo civilizatório que iria culminar no sistema capitalista ocidental, hoje virtualmente mundial.

O surgimento do conceito de valor objetivo, porém, não eliminou o conteúdo relacional do valor subjetivo. Homens e mulheres conservam seus valores subjetivos em plena era materialista dominada pela busca de acumulação de valores objetivos na forma de bens e serviços adquiridos ou de dinheiro. Essa duplicidade, como tudo na criação, reflete a interação entre dois polos, o subjetivo e o objetivo. E como tudo na criação, uma pequena proporção de indivíduos se radicaliza numa ou noutra direção como as pontas excêntricas de uma curva normal — a curva estatística em forma de sino onde a maior frequência de um evento se concentra em sua parte central: numa ponta estão os ascetas, noutra, os avaros!

O usufruto individual de valores subjetivos não produz efeitos sociais. Talvez por isso, como já comentado, a civilização espiritualista oriental, concentrada na realização pessoal, não produziu desenvolvimento material objetivo. Foi a busca de valor objetivo, sobretudo na etapa do capitalismo, que desencadeou o processo de acumulação acelerada de riqueza, que levou a humanidade a um vertiginoso ciclo de progresso técnico, desde os teares mecânicos do século XIX à eletrônica de computadores no século atual. Em grande parte, esse progresso técnico atendeu ao objetivo de dominação pela acumulação de riqueza através também do poder militar. Já o Oriente, centrado em valores subjetivos, embora tenha acumulado riquezas pelo comércio, não desenvolveu, a não ser tardiamente, um processo de produção ampliada de riqueza e uma economia política que lhe estivesse correlacionada. Isso porque a economia política é filha do capital e o capital é a materialização mais acabada do valor objetivo.

2. O trabalho como fonte do valor

Os três principais autores clássicos da economia política, Adam Smith, David Ricardo e Karl Marx, ancoraram suas teorias no conceito de valor como algo objetivado pelo esforço do trabalho humano. São abordagens distintas, com diferentes níveis de refinamento, mas todas partem do princípio de que é o trabalho que cria valor de troca. Essa perspectiva se perdeu na transição da teoria clássica para a neoclássica. Nessa, o valor dos bens, inclusive o da força de trabalho, está no encontro entre duas subjetividades, representadas pelas curvas de oferta e de procura que determinam um preço. Nesse conceito, o produtor que oferta seu bem e o trabalhador que oferta seu trabalho gozam dos mesmos níveis de liberdade dos participantes de um leilão entre iguais, o que obviamente é uma violação da realidade objetiva.

O fato de que a representação neoclássica seja um desfiguramento do mundo real capitalista não invalida inteiramente o conceito de que, em determinado nível, o valor-trabalho quantitativo é alterado pela qualidade subjetiva do produtor. Isso é particularmente verdadeiro no mundo dos objetos de arte negociados no mercado, nos esportes ou no universo da criação científica e tecnológica. Marx, o clássico que mais avançou na exegese filosófica do valor objetivo, tentou resolver a ambiguidade atribuindo ao trabalho qualitativo (especializado) a propriedade de ser um múltiplo quantitativo, em relação ao valor criado, do trabalho quantitativo (não especializado).

É claro que isso já não satisfaz. Provavelmente satisfazia no alvorecer do capitalismo, quando a imensa maioria dos trabalhadores era não especializada. Hoje, estamos no mundo

A RAZÃO DE DEUS

da alta tecnologia de informação, do trabalho em rede, dos serviços especializados imbricados no processo produtivo, do *out sourcing*. É um contrassenso sustentar, nesse ambiente, que o valor da força de trabalho na base determina toda a cadeia de preços nas relações de mercado sem interferência de processos subjetivos, nos quais se incluem os efeitos da mídia, da propaganda, do desenho artístico, da invenção e do status. Em consequência, também fica prejudicado o conceito original de mais-valia, que seria o excedente de valor em relação ao valor da própria força de trabalho, medida essa pelo valor de sua reprodução.

As consequências da ambiguidade intrínseca do valor, oscilando entre valor objetivo e valor subjetivo, refletem-se nos inexoráveis ciclos capitalistas. A estabilidade capitalista corresponde ao desenvolvimento do processo produtivo numa forma essencialmente objetiva: empresários que buscam lucros investem em setores percebidos como capazes de gerá-los de maneira compensatória. Isso é inteiramente objetivo, a despeito de incertezas inerentes a qualquer previsão humana, que pode falhar na margem. Já a instabilidade capitalista provém de decisões puramente subjetivas, que resultam em bolhas nos mercados financeiros. É o que temos hoje, no horizonte de interação entre os dois aspectos do valor.

Os ciclos econômicos históricos conhecidos indicam que bolhas sempre estouram e, com maiores ou menores perdas, e mais ou menos tempo, acabam sendo reabsorvidas pelas economias que iniciam nova fase de um novo ciclo. A globalização financeira iniciada nos anos 1980 mudou a natureza desses ciclos. A interconexão de mercados comerciais e produtivos é algo conhecido desde tempos imemoriais, mas nada se iguala à interconexão financeira na era da

informática; e a incorporação dos países da antiga União
Soviética e da China aos mercados globais deu à economia
um caráter inelutavelmente planetário: o que acontece numa
ponta reflete imediatamente noutra, num processo similar
ao da circulação sanguínea no qual a moeda exerce o papel
do sangue e o sistema bancário, regulado ou não pelos governos, o do coração.

3. Uma crise financeira sem paralelo
na história do capitalismo

A globalização financeira dá à crise atual uma característica especial, similar, mas mais profunda do que a Grande
Depressão: por atingir o âmago do sistema bancário anglo-
saxônico, ela enfraquece os nervos das economias interconec-
tadas de todos os países industrializados avançados, Estados
Unidos, Europa Ocidental e Japão. Na Grande Depressão
dos anos 1930, nenhum grande banco e nenhuma grande
corporação norte-americanos quebraram. Agora, quebraram
ou virtualmente quebraram nos Estados Unidos quase todos
os grandes bancos de investimento, os 19 maiores bancos
comerciais (Citigroup e Bank of America à frente), a maior
seguradora (AIG), as duas maiores empresas de crédito
imobiliário (Freddie e Fannie), as duas maiores montadoras
de automóveis (GM e Chrysler). Grandes bancos também
quebraram ou foram socorridos pelos governos na Inglaterra
(Royal Scotland e Barclays), na Alemanha (Commerzbank)
e em outros países — alguns deles pequenas praças especulativas, a exemplo da Irlanda e da Islândia, vítima de um
terremoto que varreu do mapa seus três bancos "globais"!

Foi a intervenção pronta do Tesouro e do Banco Central
(Fed) que evitou que a economia americana inteira entrasse

em bancarrota. Não obstante a injeção de trilhões de dólares no sistema privado, passados mais de três anos da eclosão da crise ele ainda não reagiu plenamente. O sistema está emperrado, o que se constata pela contração do crédito, e o desemprego próximo dos 9%. Os conservadores se espantam com o custo fiscal de mais de 1 trilhão e 700 bilhões de dólares nessa operação de salvamento, elevando o déficit público, mas o que é realmente extraordinário é sua ineficácia: não havia realmente outra alternativa para os governos Bush e Obama, mas a única alternativa encontrada tem-se revelado claramente ineficaz para recolocar a economia numa trilha confiável de retomada.

Se quisermos encontrar uma explicação para essa crise e por que parece tão difícil superá-la em comparação com os ciclos anteriores, temos de buscá-la nos níveis mais profundos do funcionamento do capitalismo contemporâneo, dominado pela globalização financeira sob a lógica neoliberal. Essa reduziu todos os valores a sua expressão monetária, produzindo uma situação quase universal descrita pela autora francesa Viviane Forrester como "horror econômico". As duas ou três décadas anteriores apresentaram, de fato, surpreendente prosperidade em países do mundo desenvolvido e subdesenvolvido, alguns dessa última categoria tornando-se as chamadas economias emergentes, com notável expansão produtiva, refletida em algum progresso social. O que se esquece é que a contrapartida disso foi um processo de formidável concentração de renda, jamais observado em ciclos anteriores, e uma total alienação do homem e da mulher aos ditames da produtividade e da eficiência econômica.

Dinheiro demais ficou em poucas mãos privadas e a busca da maior satisfação individual, nesse como em outros casos, acabou por levar ao desastre coletivo. Da mesma fonte de valor objetivo de onde fluem investimentos produtivos reais dos fundos de hedge, dos fundos mútuos e dos fundos proprietários, fluem aplicações especulativas baseadas em expectativas subjetivas ou simples manipulações de mercado. Em ciclos passados, isso era até certo ponto irrelevante e não perturbava o sistema em seu conjunto. Agora, as quantias são astronômicas. Em meados de 2008, o valor nacional dos derivativos estimados pelo Banco de Compensações Internacionais (BIS) elevava-se a quase 700 trilhões de dólares, enquanto o valor dos ativos financeiros globais atingia a cifra efetiva ainda mais impressionante de 160 trilhões. Em comparação, todo o PIB norte-americano era de pouco menos de 14 trilhões.

O valor subjetivo, catapultado pela especulação desenfreada, se descolou do valor objetivo, representado pela economia real, o que se tornou a essência da atual crise. Em circunstâncias normais, no passado, a reconciliação entre os dois valores era realizada por uma queima de ativos financeiros e uma quebradeira generalizada no setor privado, atingindo principalmente pequenas e médias empresas. Como o grande capital, de alguma forma, se protegia, isso afetava milhões de pessoas levadas ao desemprego e à insolvência; contudo, era de alguma forma tolerado pela sociedade dominada pelo *lobby* dos grandes interesses. A novidade agora é que o núcleo do sistema foi atingido e teve de ser resgatado pelo Estado. E a novidade mais assustadora é que o sistema em crise não tem como voltar ao normal, porque o que era normal, na economia globalizada, não tem como voltar a existir. A situação é essencialmente caótica, por conta da liberalização financeira.

A RAZÃO DE DEUS

A falha não está nas normas de capitalização dos bancos ou em sua fiscalização: está na natureza em si da arquitetura financeira construída no rastro do processo de globalização, que viciou o sistema bancário comercial em operar apenas no curtíssimo prazo, tanto pelo lado do ativo quanto do passivo. Por isso, os esforços do governo Obama de regular o sistema financeiro sem mudar sua funcionalidade provavelmente não terão eficácia quanto a restaurar o crescimento econômico. Os bancos, enquanto perdurar essa arquitetura, não voltarão ao leito "normal" de financiamento do sistema produtivo, sobretudo para pequenas e médias empresas. E se os bancos não financiam o sistema produtivo, o sistema capitalista estagna.

4. A compulsão das operações bancárias no curto prazo

Não se trata de uma questão de mau comportamento dos banqueiros ou de ausência de responsabilidade social, embora isso também exista. O fato é que os grandes bancos norte-americanos vêm carregando, desde o início da crise, ativos tóxicos estimados em 3,5 trilhões de dólares, de grande parte dos quais terão de dar baixa ao ritmo do vencimento. Por isso, têm desesperadamente de realizar grandes lucros a curto prazo, a fim de escapar de uma intervenção do Fed ou do Tesouro por falta de recursos de capitalização, já que o mercado segue desconfiado das ações de bancos. Para fazer lucro a curto prazo, é muito mais conveniente para eles atuar no mercado de câmbio (4 trilhões de dólares ao dia, 955 trilhões em 2010), fazer arbitragem com títulos públicos e prestar serviços de intermediação na colocação de bônus e *commercial papers* para as grandes empresas, que assumem os respectivos riscos, do que fazerem empréstimos para pequenas e médias empresas, com todo o trabalho que dá e todo o risco que têm o levantamento de cadastros e a avaliação do negócio numa situação recessiva. O que é bom para os bancos, e até justificado do ponto de vista microeconômico, é um veneno do ponto de vista macroeconômico: pequenas e médias empresas são justamente o setor que mais gera emprego na economia (65%) e sem financiamento ele estagna. O crescimento aparentemente forte da economia dos Estados Unidos no último trimestre de 2009, logo arrefecido nos dois primeiros trimestres de 2010 e ao longo de 2011, foi puxado por grandes empresas envolvidas no mercado asiático, com as fontes de financiamento próprias acima mencionadas. Isso não gera crescimento sustentável em casa, como está ficando evidente.

Outra falha do sistema é a total liberdade no fluxo de capitais. O período mais esplendoroso do mundo industrializado, chamado a Era de Ouro do capitalismo no quarto de século posterior à Segunda Guerra, transcorreu sob o regime de Bretton Woods, que implicava controle de câmbio e de capitais. Esse período, ao contrário do último surto tão valorizado pelos (neo)liberais, caracterizou-se não apenas pelo crescimento econômico, mas por um extraordinário desenvolvimento social, sobretudo na Europa Ocidental, sob o conceito de social-democracia. É um tosco exercício de reducionismo compará-lo ao que aconteceu nas últimas décadas, nas quais a concentração de renda tornou-se, em todo o mundo, um estopim de crises sociais.

A crise atual é uma crise do neoliberalismo. Em termos sociopolíticos, trata-se de uma crise da liberação irrestrita dos movimentos de capitais e do princípio, a ela associado, do Estado mínimo. Como sempre acontece em processos naturais e humanos, a radicalização de um princípio leva a seu oposto. Os Estados norte-americano, europeu e japonês tiveram de tornar-se máximos, rompendo todos os preconceitos neoliberais relativos a déficit público, para salvar o sistema. Isso não significa que o Estado máximo seja a solução. Significa que a solução está num estágio intermediário. Esse estágio vem da China e da Índia, as únicas duas grandes economias que, no quadro geral de recessão, estão crescendo em ritmo elevado.

Num livro de 2008, *A crise da globalização*, me encorajei a prognosticar a derrota definitiva e cabal do pensamento neoliberal como princípio de ordenamento das economias e das sociedades e passei a esperar pela confirmação. Recentemente me caiu às mãos *O mundo é curvo*, do economista norte-americano de mercado David Smick. Logo nas primeiras páginas, entendi que era o que procurava: a interpretação da crise por alguém que está no olho do furacão, com uma tremenda bagagem de conhecimento prático do mundo dos negócios e das relações financeiras internacionais, no contexto daquilo que se convencionou chamar de globalização financeira, e totalmente encharcado de ideologia neoliberal.

Smick foi o primeiro pensador assumidamente liberal de que tenho notícia que mostrou a coragem de defender ardorosamente a globalização financeira e a liberação dos capitais em pleno fracasso do sistema. Seu argumento pode ser resumido nos seguintes enunciados: a globalização produziu um formidável surto de riqueza nas últimas três décadas, tirando as economias ocidentais da letargia dos anos 1970 e cerca de um bilhão de pessoas da pobreza absoluta; também produziu fantásticas distorções, mas essas se deveram principalmente à avareza e falta de transparência do sistema bancário e, mais ainda, aos erros grosseiros de política; no que teve êxito, isso se deveu à criação de um ambiente favorável ao empreendedorismo, que deve ser preservado a qualquer custo mediante a acentuação das características do mercado livre, com mínima interferência perturbadora dos políticos.

Paradoxalmente, pelo que se deduz do próprio título de seu livro, Smick reconhece o caráter instável da economia globalizada com a metáfora de que não se consegue ver além do horizonte. Estamos num mundo de incertezas e tudo o que os governos tentarem fazer contra isso, para acalmar os mercados, está condenado ao fracasso ou ao aprofundamento da instabilidade, a não ser se o fizer na direção daquilo que o próprio mercado quer. Seu cenário é a globalização, vista como conduzida originalmente pelos Estados Unidos, com a perspectiva de que, justamente por ter-se desenvolvido como economia global, nenhum governo, mesmo o dos Estados Unidos, pode ter controle sobre ela. Se o governo norte-americano não pode, conclui ele, nenhum governo pode. E para nesse ponto.

5. O imperativo da cooperação para a superação da crise

Foi desse ponto que parti, no livro supramencionado. Com as mesmas premissas, porém com outra conclusão: se o governo dos Estados Unidos não pode, se outros governos não podem isoladamente, a única saída possível é esperar que todos juntos possam. Chamei a isso de princípio de cooperação, num espaço de respeito mútuo de soberanias; e esse conceito esteve de alguma forma presente em todas as reuniões iniciais do G-20 após a crise até a de Pittsburg, em

A RAZÃO DE DEUS

fins de 2009. Entretanto, a cooperação é um método, um processo objetivo, não um fim em si. E esse método tem de ser aplicado sobre um conjunto de formulações concretas que visem a atacar a crise global em suas raízes, não apenas em seus sintomas. Nisso os líderes mundiais têm falhado. É que, na reunião do G-20 em Toronto, no Canadá, como anteriormente mencionado, os dirigentes de Alemanha, Grã-Bretanha e França racharam o consenso em torno da necessidade de estímulos fiscais às economias e propuseram o oposto, isto é, programas de violenta austeridade fiscal, afetando inicialmente os países em crise do sul da Europa e logo estendidos aos demais. Esse processo está em pleno curso e tende a resultar em mais estagnação, mais queda da receita fiscal, mais redução da demanda, mais desemprego e mais déficit fiscal, num autêntico tiro no pé.

Obviamente, como sempre ocorreu na história em momentos de mudança de paradigmas, existe um período intermediário entre aqueles que estão desaparecendo e os novos, que ainda não se instalaram plenamente; aí prevalece o caos. É nesse contexto que se enquadram as ameaças do Partido Republicano americano, e de alguns democratas no Congresso, de retaliações protecionistas contra uma suposta desvalorização da moeda chinesa. Um fechamento do mercado norte-americano ao comércio chinês desestabilizaria a China, que não teria como reverter para o mercado interno suas exportações perdidas; o desemprego se ampliaria, levando a uma redução ainda maior dos salários reais e do próprio consumo doméstico, neutralizando, a médio prazo, a revalorização da moeda, porém com enormes desequilíbrios mundiais no interregno.

Recorde-se que desvalorizar o dólar (o equivalente, nas atuais circunstâncias, a revalorizar o yuan) foi a primeira medida de Roosevelt, em 1933, desencadeando as guerras comerciais competitivas que convergiriam para uma guerra mundial real no fim dos anos 1930. O Japão, em crise desde os anos 1990, tendo perdido para a China a posição de segunda economia do mundo depois dos Estados Unidos, também decidiu desvalorizar o yen. Na realidade, a despeito dos compromissos contra o protecionismo assumidos pelos países do G-20 desde a eclosão da crise, os maiores atores do cenário global parecem caminhar na direção oposta. E o motivo disso não são apenas interesses reais explícitos; são também fatores ideológicos que recobrem interesses reais incrustados nas economias políticas conservadoras.

Possivelmente, a única forma de tirar o mundo industrializado avançado da atual crise, numa perspectiva sustentável, seria recorrer a uma política fiscal-monetária progressista, que atenda, pelo lado fiscal, aos interesses redistributivos da sociedade e, pelo lado monetário, aos requerimentos de liquidez para expansão sustentável da economia. É o que fizeram Estados Unidos e China desde fins de 2008, sendo que os Estados Unidos tiveram de recuar posteriormente por força da pressão do Partido Republicano. Acontece que a Europa, principalmente a Alemanha, passou a seguir um caminho diferente, apostando, conforme também mencionado, numa política fiscal restritiva, inclusive pela eliminação precoce de um conjunto modesto de estímulos fiscais concedidos no auge da crise, e impondo à Grécia e a outros países do sul do continente (Portugal, Espanha, Irlanda, Itália) programas de contração fiscal inspirados nos modelos do FMI. Em razão disso, o consumo europeu interno está restringido enquanto parte do estímulo americano vazou para a Alemanha e para a própria China, em prejuízo do consumo doméstico americano.

Diante disso a economia se desacelerou e o desemprego manteve-se em nível extremamente elevado (perto de 9%), o que conduz ao furor protecionista que se radicaliza, sobretudo na perspectiva das eleições de 2012. Se não for apenas retórica eleitoral — ou se, não sendo apenas retórica, a China não ceder a valorização do yuan —, Obama, ou qualquer presidente que venha a ser eleito, ao embarcar no protecionismo, porá o mundo num curso conflitivo de desvalorizações competitivas e de deflações similar ao que precedeu a Segunda Guerra. Por enquanto, impedido pelo Partido Republicano de fazer política fiscal expansiva, o presidente Obama só conta com a compensação da política expansiva do Fed pelo lado monetário. É uma política ineficaz e socialmente regressiva, internamente. E, pelo lado externo, é uma política de desvalorização competitiva de moeda com características de uma "guerra cambial".

6. A resistência à regulação financeira

A recomendação de Smick para não atirar fora o bebê com a água do banho — isto é, resistir a fazer uma regulamentação do sistema financeiro que não destrua os aspectos positivos da globalização, sobretudo o empreendedorismo — está ancorada numa visão apologética da globalização que não distingue sua complexidade. Estou disposto a considerar que houve e poderá continuar havendo grandes vantagens para o aumento da riqueza global e para a produtividade quando se trata de globalização produtiva e comercial, vista como um processo de criação de valor objetivo, mas resisto decididamente a ver qualquer vantagem relevante na globalização financeira. O exemplo mais notório disso são a

China e a Índia. São as duas únicas grandes economias que estão resistindo bravamente à crise, com taxas de crescimento espetaculares. O que têm em comum, diferente do Ocidente e do Japão? Controle de capitais, administração do câmbio, planejamento centralizado e sistema bancário controlado diretamente pelo Estado!

Não que inexistam vantagens da globalização financeira em termos absolutos. Apenas que as desvantagens, sobretudo aquelas associadas à volatilidade dos mercados, superam amplamente as vantagens. A aplicação de um fundo de pensão norte-americano em ações na bolsa brasileira, se for no mercado secundário, em nada contribui para a produção e a produtividade da empresa que as emitiram; apenas ajuda a sustentar ou elevar seus preços, nesse caso criando valor fictício, subjetivo. Se for para uma emissão primária de ações (IPO), contribui, sim, para o investimento produtivo, mas para isso há outros canais diretos alternativos, menos voláteis e com menos risco para o balanço de pagamentos do país em momentos de crise.

A aplicação em títulos de governo se justifica ainda menos. Um governo que vende títulos ao exterior está cometendo ou corrigindo um erro de política econômica. Só existem duas funções para esse crédito: financiar um desequilíbrio no balanço de pagamentos (aumentando as reservas internacionais), processo que implica a esterilização interna da moeda que entrou, ou financiar um déficit público. Nesse último caso, estamos diante de uma versão tosca, compartimentada, do *currency board* — um tipo de política monetária baseado em moeda-divisa no qual a expansão do crédito interno fica à mercê de disponibilidades de moeda internacional. Nenhuma dessas funções constitui um absurdo absoluto; são apenas

A RAZÃO DE DEUS

desnecessárias no contexto de uma política fiscal-monetária consistente e verdadeiramente responsável, como tentarei mostrar adiante.

A língua inglesa tem duas palavras para valor, mas apenas uma para poupança planejada e poupança realizada (*saving*). No entanto, estão correlacionadas. Vistas do lado da oferta de crédito, ambas são a mesma coisa; já do lado da demanda de crédito, poupança realizada (numa fábrica, por exemplo) se destina a criar valor objetivo, enquanto poupança planejada, de natureza essencialmente financeira (em bolsa ou em títulos públicos), em geral está em busca de valor subjetivo. No mercado financeiro como um todo, essas formas, na prática, são indistinguíveis, na medida em que se confundem na proliferação de títulos criados pela engenharia financeira contemporânea, em especial após a globalização.

A confusão não é apenas conceitual. O mercado é um só e internamente interconectado. Justamente por isso os apologistas da globalização sustentam que não há forma de separar na prática um tipo de inversão do outro. Esse mito foi derrubado pela recomendação francesa e alemã de introduzir uma taxa Tobin sobre aplicações financeiras especulativas, em especial no mercado de moedas. Contudo, os norte-americanos e os britânicos não seguiram a proposta em nome da manutenção dos privilégios de seus sistemas bancários. Além disso, os Estados Unidos, com seus grandes déficits orçamentários e comerciais, precisam de fluxos monetários de fora para se manter em equilíbrio. O Brasil, que sofre pressão cambial altista com os influxos de capitais especulativos, antecipou-se às negociações globais e impôs uma taxa, embora modesta, sobre eles (IOF — Imposto sobre Operações Financeiras).

O outro argumento é o de que qualquer tipo de taxação sobre fluxos financeiros comprometeria o dinamismo da economia mundial. Esse argumento tem um fundo de verdade, já que qualquer vaso muito cheio (e o vaso da economia global está superlotado de dinheiro) sempre pode transbordar, na margem, nesse caso para a economia real. Contudo, em termos conceituais, isso não é muito diferente do que justificar a imensa concentração de riqueza e de renda nas últimas décadas pelo fato de que possibilitou aos muito ricos aumentar seus aportes de caridade para os muito pobres. Em qualquer caso, é o balanço entre vantagens e desvantagens que importa.

Smick apresenta várias experiências de intervenção governamental no campo monetário e cambial que redundaram em fracasso nas últimas décadas, geralmente saindo como um tiro pela culatra. Contudo, foram no contexto de uma economia nacional financeiramente globalizada. O fracasso provavelmente não teria ocorrido num regime geral de controle de capitais e de administração cambial. Ele não menciona que onde não houve controles, sob os auspícios do Consenso de Washington, houve terror econômico quando a crise chegou: foi o que aconteceu no Haiti e na Islândia. No miserável Haiti, o neoliberalismo liquidou a cultura tradicional de arroz e fez extinguir-se o Exército; o terremoto generalizou a fome e explicitou a necessidade de um exército para organizar o atendimento às vítimas.

Na Islândia, a transformação de três bancos locais em base de operações bancárias mundiais, sem nenhum lastro, praticamente destruiu a economia do país logo no início da crise financeira, levando à patética decisão inglesa de proteger seus correntistas nos bancos islandeses recorrendo a uma lei antiterrorismo. Claro que governos erram, e podem errar a

A RAZÃO DE DEUS

mão também sob regime controlado. Contudo, seu espaço de manobra correta seria muito maior. O controle global dos fluxos financeiros não eliminaria os ciclos econômicos e as crises, apenas reduziria drasticamente a probabilidade de sua ocorrência em razão de uma prevalência de fatores determinísticos (a ação dos governos) sobre fatores aleatórios (a ação dos mercados).

Em tese, estabilidade e liberdade absoluta de fluxos de capital e do câmbio seriam possíveis no polo subjetivo do valor, desde que no polo objetivo complementar, todas as variáveis relevantes convergissem numa mesma direção. A uma brusca alteração do câmbio provocada por algum fator objetivo (produtividade, inflação) ou subjetivo (especulação), a política fiscal e a política monetária teriam de ajustar-se imediatamente, com consequências sociais e políticas perversas. É que políticas monetária e fiscal são instrumentos de política econômica que não podem ficar a serviço exclusivo do câmbio estável, pois isso violaria outros objetivos públicos, como a busca do crescimento e de mais justa distribuição de renda. O período da chamada Grande Moderação dos anos 2000 correspondeu justamente ao auge das políticas neoliberais, centradas, no Ocidente, em ajustes fiscais para os pobres e farta disponibilidade de dinheiro a baixo custo para os ricos. E se não fora a reação, principalmente asiática, de se precaver contra a instabilidade apoiando-se no neomercantilismo de câmbio administrado, as consequências mundiais da crise iniciada em 2007 seriam mais devastadoras, pois sem as compras da China o comércio mundial, sobretudo dos outros emergentes, teria tido um colapso ainda maior.

7. As lições das finanças funcionais

Uma concepção estritamente objetiva do processo econômico encontra-se em Abba Lerner, no sistema que chama de Finanças Funcionais. Nesse contexto, a partir de uma política fiscal agressiva que cria valor objetivo mediante mobilização dos recursos ociosos da economia, o câmbio se ajusta automaticamente na medida em que a política monetária se encarrega de manter a liquidez no nível compatível com a taxa de crescimento. Finanças Funcionais foram ignoradas ou ridicularizadas por economistas ortodoxos, sob o argumento de que a criação discricionária de moeda pelo setor público vazaria para o exterior numa economia aberta, em lugar de produzir crescimento interno. A objeção faz sentido. Mas só enquanto supomos que a globalização financeira é um fenômeno definitivo e irreversível. Não é. Para dar funcionalidade ao esquema de Lerner, basta instituir controle de capitais e de câmbio, ou coordenar em escala planetária uma política fiscal expansiva, mediante uma estratégia de cooperação global.

A liberdade absoluta dos capitais leva a um sistema que os matemáticos classificam de caótico. É a interação de múltiplas variáveis independentes no espaço econômico global. Em termos matemáticos, trata-se de uma equação não linear, insolúvel e intrinsecamente instável. Só a estupidez dos modelos de meta de inflação que não reconhece isso. Os meteorologistas têm modelos de previsão do tempo que simulam, em computador, as múltiplas variáveis envolvidas, mas mesmo o computador mais potente não consegue indicar uma previsão exata a médio prazo. Em tese, a previsão econômica seria mais simples, por ter menos variáveis de referência envolvidas. Contudo, cada investidor e cada consumidor é uma variável subjetiva que influi nos processos descritos

A RAZÃO DE DEUS

pelo modelo. São ainda mais instáveis do que o do tempo. A propósito, o físico-matemático Francisco Doria, meu parceiro em *O universo neoliberal em desencanto*,[1] apresenta o desenvolvimento de teoremas com uma demonstração matemática rigorosa de que eventuais pontos de equilíbrio de mercado não podem ser determinados — portanto, teorias, como a neoclássica, fundamento do neoliberalismo, que partem do pressuposto de que os mercados tendem ao equilíbrio não podem ter força normativa.

Uma simulação num computador gigantesco poderia fazer uma caricatura aproximada do desempenho da globalização financeira, mas uma pequena variação na milionésima variável poderia resultar, por processos sucessivos de interação, numa transformação catastrófica no conjunto. Mesmo que isso fosse possível sem muitos erros, o processo simulado no computador se efetiva num tempo artificial comprimido, diferente do tempo humano. Repetidas ao infinito, as interações podem produzir um sistema final estável. Entretanto, o tempo humano não é o tempo do computador. As interações reais que se repetem são alto ou baixo desemprego, inflação ou deflação, quebras de bancos e de empresas, déficits enormes ou equilíbrio orçamentário e assim por diante. Na vida real, processos caóticos globais podem ser bem mais assustadores do que as perturbações de ordem por um grupo de jovens no início da Primavera Árabe, embora também isso possa iniciar uma revolução.

A reversão da globalização financeira, preservando a globalização produtiva e comercial, é um ato político deter-

---

[1]DORIA, Francisco Antonio; ASSIS, José Carlos de. *Universo neoliberal em desencanto*. Rio de Janeiro: Civilização Brasileira, 2011.

minístico para estabelecer parâmetros ordenadores num ambiente econômico que tende ao estado caótico. A eliminação completa da indeterminação é impossível, pois a incerteza é intrínseca ao risco capitalista. Contudo, os empreendedores, tomadores de risco, são uma parcela relativamente pequena da sociedade: seus acertos influem, quando são efetivamente inovadores, mas seus prejuízos são absorvidos pelo conjunto da economia. Em alguns casos, mesmo os erros circunstanciais acabam sendo favoráveis ao bem geral, como aconteceu com muitas das empresas, ponto com que apostaram no negócio, criaram produtos de consumo baratos ou mesmo grátis para a sociedade e, por um cálculo errado no retorno compensador de publicidade, acabaram quebrando.

Às vezes o processo se inverte. Os criadores de motéis no início do século XX imaginavam estar vendendo um serviço útil para viajantes de longa distância, sem se dar conta de que, em plena época de liberação feminina, seriam usados sobretudo para encontros amorosos. Hoje, em cidades como o Rio de Janeiro, a maioria dos motéis jamais recebeu a visita de um motorista de caminhão. A busca da criação do valor objetivo é também, pois, um processo de interação caótica, mas ela é limitada por regras, costumes e atitudes estabilizadores. As leis de concorrência, as antimonopólio, as que regulam o comércio internacional, todas são mecanismos de controle que mantêm o conjunto do sistema, até certo ponto, em limites previsíveis.

Quando entra em jogo o capital financeiro livre, o quadro se altera. Não estamos mais falando de interações ao longo do tempo, que permitem intervenções reguladoras (algumas certas, algumas erradas), mas em interações instantâneas. Nesse caso, é impossível qualquer tentativa de interferência.

A RAZÃO DE DEUS

A única possível é evitar a própria interação. Não é propriamente uma questão econômica, mas ética: o exercício irrestrito da liberdade individual do capital, em sua dimensão de valor subjetivo, leva ao prejuízo do bem-estar coletivo, duplamente objetivo e subjetivo, na forma de um nível intolerável de instabilidade econômica que é potencialmente destrutivo também da estabilidade social e política.

A ambivalência do valor que se manifesta nos níveis mais profundos da economia se revela ao senso comum na questão do meio ambiente. A produção de valor objetivo no campo material supõe a transformação do ambiente natural pelo trabalho humano. Isso é da essência da civilização. No processo, há simultaneamente criação e destruição. Acontece que chegamos a um estágio de desenvolvimento industrial que parece indicar que a destruição recorrente de ecossistemas naturais, na busca de valor objetivo em favor de uns poucos, está comprometendo o usufruto de valores subjetivos — uma bela paisagem, por exemplo, um clima favorável ou a água limpa — pelo conjunto da humanidade.

Não me refiro somente ao tema das mudanças climáticas. Nesse caso há ainda controvérsias científicas sobre a contribuição humana para a acumulação na atmosfera de fatores de aquecimento, sobretudo o CO_2. Mesmo que os fatores humanos sejam determinantes, como a maioria dos cientistas reunidos no painel da ONU acredita, resta saber se o custo da redução das emissões para um valor aceitável é menor do que o custo de se lidar com as consequências sem a redução. Aqui se mesclam o conceito de valor objetivo e valor subjetivo: seria a violação sistemática das condições climáticas naturais mensurável em termos objetivos em comparação com o valor subjetivo de preservar o planeta em condições razoavelmente habitáveis? E em que medida a mitigação social de destruições provocadas por mudanças climáticas poderia contrabalançar a perda de vidas individuais ocorrida no processo?

Isso poderia ser resolvido com o recurso à ética, mas não é tão simples. A ética diria que a atividade individual (ou corporativa) deve ser conciliada com o interesse coletivo. Mas se sabemos bem, ou pensamos saber, o que é o interesse individual — a satisfação de um desejo, nesse caso a busca de lucro —, não é tão simples definir o interesse coletivo. Esse inclui o interesse dos chineses e indianos, que se acham no direito de continuar poluindo porque perseguem a mesma trilha de evolução que as economias avançadas percorreram para se tornar desenvolvidas. No entanto, se estamos diante de um problema objetivo, com ilhas submergindo e a calota polar derretendo, é fundamental que, para enfrentar essas situações caóticas, recorramos aos mesmos métodos de cooperação que terão de ser aplicados ao caos da economia.

8. O valor incomensurável da vida

Há, porém, um campo no qual não é o polo do valor objetivo, mas o do valor subjetivo, que contém em si mesmo elementos de profunda ambiguidade. É o campo da vida. Para a média dos mortais a vida é o valor subjetivo supremo. Houve suicídios em toda a história conhecida, o mais célebre deles de Sócrates (ele voluntariamente tomou cicuta, por recusar a oferta de fuga em respeito às leis da pólis), mas a maioria da humanidade que se encontra na zona central da curva estatística normal repele o suicídio por alguma razão subjetiva. Entretanto, desde o início dos anos 1980 sabemos que há

A RAZÃO DE DEUS

insurgentes suicidas. No 11 de Setembro de 2001 isso assumiu cores escatológicas, porque os ataques suicidas atingiram simbolicamente o coração financeiro e militar dos Estados Unidos, a maior potência econômica e militar do planeta.

Qual é o valor subjetivo para o suicida, superior ao da vida? Se nos restringirmos ao fundamentalismo religioso, nos arriscamos a uma simplificação circular. Afinal, o que leva ao fundamentalismo religioso? Responder a essas perguntas é relevante porque, com alguma probabilidade, enfrentaremos terroristas suicidas em várias novas oportunidades. Na situação atual, do ponto de vista policial eles podem ser restringidos em sua mobilidade, mas não extintos. Não há sanção contra eles: depois do crime, já estarão mortos. Castigar suas famílias seria uma atitude insana do próprio Estado. Agem mediante surpresa, em locais que escolhem, de tal forma que uma prevenção absoluta tornaria intolerável a vida das pessoas comuns, como parcialmente já o é nas fronteiras, nos aeroportos e portos de alguns países.

O valor maior para o suicida, superior ao da vida, é o da dignidade. O conceito de dignidade lhe é infundido num ambiente religioso fundamentalista, mas isso só pode funcionar, em mentes geralmente jovens, porque há uma promessa de vida eterna que, mesmo não experimentada, promete ser melhor do que a vida terrena. Como há muitos suicidas de classe média (numa recente tentativa terrorista em voo o agente era filho de um banqueiro), o problema não se reduz à infância num ambiente de miséria e sem alternativas. É algo mais complexo. O suicida quer se revelar ao mundo como campeão de uma causa de valor subjetivo, mas que quer se exteriorizar.

Talvez seja impossível eliminar o terror suicida no mundo. Se todas as populações são retratadas numa curva estatística normal, haverá sempre dois braços extremos para acolher os excêntricos. O que se pode fazer é reduzir o espaço do acaso, mediante ações determinísticas. Isso leva necessariamente, de novo, ao conceito de cooperação. É uma cooperação que envolve países, classes e tribos dentro dos países e religiões. A experiência norte-americana no Afeganistão ilustra como é difícil, e de resultado improvável, combater grupos radicais animados por princípios religiosos. A luta contra outro princípio de tipo religioso no Vietnã, o comunismo, já tinha redundado em fracasso. O valor objetivo pode ser destruído por uma crise no ciclo capitalista; o valor subjetivo transcende a morte e só pode ser trazido a uma relação de intersubjetividade, com valores partilhados, pela via da cooperação.

A diplomacia norte-americana sob Barack Obama e Hillary Clinton tem dado passos titubeantes rumo a uma política de cooperação para enfrentar a questão do terrorismo político suicida em suas raízes. Ambos sinalizaram a disposição dos Estados Unidos de romper com a tradição anterior de hegemonia imperial, que agora esbarra em dificuldades intransponíveis. A questão não é mais de mobilização militar para impor a vontade de um país, por mais poderoso que seja, aos demais, mas de exercer uma espécie de "hegemonia consentida", pela qual os interesses e a vontade dos outros países têm de ser levados em consideração num grande pacto cooperativo. Esse foi o sentido, por exemplo, da reunião de 47 países realizada em Washington em maio de 2009, a convite do governo norte-americano, para tratar da questão da proliferação nuclear e como preliminar de uma reunião maior na ONU.

Em contraste com essa iniciativa, a pressão exercida pelos falcões norte-americanos e israelenses para controlar exter-

A RAZÃO DE DEUS

namente o programa nuclear iraniano beira a insanidade. Dada a atual configuração geopolítica mundial, pode-se seduzir os iranianos para um acordo que eles próprios entendam como justo, mas dificilmente se pode extrair deles um acordo pela força. A iniciativa brasileira e turca, com o respaldo posteriormente renegado de Obama, para que parte do material físsil do Irã fosse enriquecida na Turquia, era certamente o caminho para uma solução justa. Sua rejeição e a posterior imposição pelo Conselho de Segurança da ONU de sanções econômicas generalizadas contra o Irã foram um contrassenso. Qual será o próximo passo caso as sanções não funcionem? Um bloqueio? Mas como se imporá um bloqueio contra o Irã com a provável oposição da China e da Rússia? Então seria uma guerra conduzida pelos Estados Unidos sob estímulo israelense? Entretanto, o Irã é muito menos vulnerável do que o Iraque e o Afeganistão e suas instalações nucleares estão enterradas a 10 ou 12 metros de profundidade. Como destruí-las, a não ser por um ataque nuclear? Acaso norte-americanos e israelenses se dispõem a fazê-lo?

9. O fim da hegemonia imperial americana

O fato é que em todas as áreas vitais da civilização chegou-se a um ponto em que nenhuma nação isoladamente tem condições de impor uma nova ordem mundial. Isso vale para a economia, o meio ambiente, a genética, para a própria geopolítica. Há ainda quem supõe que o poderio militar dos Estados Unidos, com seus milhares de bombas atômicas, o define como detentor de uma hegemonia imperial. É engano. Potências nucleares de menor porte têm igual poder dissuasório, pois arma nuclear é do tipo que não pode ser usado.

265

Em consequência, os Estados Unidos sozinhos não têm como definir a política de segurança do mundo. Têm de negociar, por certo na condição de poder destacado, porém não exclusivo. Nesse sentido, a cooperação é um instrumento objetivo de defesa de direitos humanos, entre os quais o direito à vida tornou-se um valor absoluto.

Essa nova realidade mundial não reflete uma atitude idealista ou platônica. É um imperativo material. Para usar a linguagem marxista, foi o desenvolvimento das forças produtivas no campo objetivo — militar, econômico e científico — que fez com que a civilização se aproximasse dos limites da autodestruição. Impedir, no campo subjetivo, que a destruição aconteça requer um tremendo esforço de cooperação entre pessoas e povos, já que é impossível estabelecer um sistema de segurança absoluto contra terroristas suicidas, por exemplo. Nem é possível garantir com certeza absoluta que nos próximos anos esses grupos não venham a ter armas de destruição em massa em seu poder. A única segurança é evitar as causas do terror, na fronteira da interação entre o objetivo e o subjetivo. A isso se chama cooperação interna e mundial.

Em face do contexto mundial, de todos os temas acima mencionados o da crise financeira é o que requer a intervenção mais urgente em termos de um esforço efetivo de cooperação entre os povos. Contudo, como já indicado, os líderes mundiais, e em especial os europeus, estão tomando um caminho destrutivo que põe em risco a própria sobrevivência da democracia na Europa, com reflexos em todo o planeta. As políticas de austeridade fiscal adotadas com o pretexto de restaurar a saúde econômica dos países estão destruindo as bases do estado de bem-estar social europeu. Em outros

A RAZÃO DE DEUS

termos, é a aniquilação do pacto social básico que conduziu a Europa, durante mais de três décadas no pós-guerra, ao mais elevado estágio de civilização do planeta.

Dificilmente os povos europeus aceitarão pacificamente a regressão social determinada pela intensificação das políticas neoliberais. Não passa de ilusão o recurso a governos tecnocráticos, que dispensariam a participação do povo nos processos decisórios, como ocorreu com a revogação do anunciado plebiscito grego e com a mudança do governo italiano. Além disso, a própria tecnocracia europeia atua contra a Europa: no plano estritamente financeiro, o BCE seria a única instituição capaz de salvar os governos da crise fiscal a que foram obrigados ao salvar seus bancos. Sob o comando virtual da Alemanha, o BCE resiste a desempenhar esse papel. E dizer que isso seria apenas o início de um processo de resgate dos países, já que, para a retomada do crescimento, é necessário mais do que simplesmente rolar as dívidas públicas passadas na Europa, e encontrar fontes de financiamento para investimentos novos do setor público. Em uma palavra, tudo isso envolve, mais uma vez, o apelo ao único conceito capaz de colocar a Europa e o mundo na trilha da recuperação econômica e da estabilidade social: cooperação interna entre os diferentes segmentos sociais e cooperação internacional entre as nações.

No plano metafísico, cooperação é um mecanismo de transformação de valores subjetivos (individuais) em valores objetivos (sociais). É a forma pela qual, no momento histórico presente, a interferência divina na ordem humana se manifesta como instrumento de redenção social em plena crise econômica, social e política. Nesse contexto, a economia é o espaço no qual, para assegurar-se uma ordem social ao mesmo tempo justa e progressista, terão que interagir cooperação e concorrência, uma colaborando com o aumento da produção de bens e serviços para eliminar a miséria e a pobreza extrema no mundo, outra com a inovação tecnológica favorecendo essa produção. A ordem que emergirá desse processo, se os líderes mundiais não nos levarem a um final escatológico da humanidade pelo recurso a métodos militares de destruição em massa, sinaliza um tempo de concórdia e de prosperidade, do tipo que prometeram todas as utopias de nossos filósofos do passado.

CAPÍTULO X A razão da Criação

1. A criação como prazer de Deus

O processo da Criação não pode ser entendido metafisicamente senão a partir da especulação sobre a vontade de Deus. Ele poderia ter criado o universo fora de si mesmo, com propriedades infinitas, mas não teria nisso outro prazer a não ser o de refletir-se a si mesmo numa coisa externa, na qual estivessem representados, num único instante, passado, presente e futuro. Essa, aliás, é a forma como o senso comum irrefletido imagina Deus: um ser pessoal sentado num alto trono dominando o universo em suas múltiplas propriedades, premiando os bons e punindo os maus.

Os crentes não devem escandalizar-se com o desejo humano de entender a vontade de Deus, ou entrar na "mente de Deus", como pretendeu o físico-matemático Stephen Hawking. A mente do homem, na metafísica naturalista aqui proposta, é uma extensão da mente de Deus. Mais especificamente, a mente é o espaço comum de comunicação entre o homem e o divino. Buscar entender a mente de Deus é como buscar entender a nossa própria mente. Em consequência, não precisamos ir muito longe para descobrir a motivação divina para criar o universo: basta que investiguemos nossas próprias motivações para fazê-lo, se realmente tivéssemos poder para isso.

Convenha-se que um deus que criasse um universo determinista, pronto e acabado seria um deus com muito poder e pouca imaginação. A criação de robôs certamente dá prazer a um engenheiro imaginativo, mas seu prazer esgota-se logo na conclusão do processo criativo, de tal forma que ele começa imediatamente a fazer outro. O desenvolvimento mais recente na criação de robôs é criar um que tenha inteligência, emoções e iniciativa. Em outras palavras, um robô que não seja um aparelho mecânico repetitivo, limitado por um padrão externo, mas um autômato em sua acepção semântica: algo que sente e que se move por conta própria e que tenha a propriedade adicional de comunicar sua subjetividade a seu criador.

Imagine um engenheiro que seja dotado do mais alto nível de conhecimento em mecânica e eletrônica, num ambiente no qual não tem companhia de outras pessoas como ele, porém detendo poderes, instrumentos e materiais indispensáveis a qualquer criação. É possível que, para romper seu próprio isolamento, ele se ponha a criar um autômato tão semelhante a ele quanto possível. Em síntese, um ser com quem possa interagir. Com seu nível de conhecimento, é óbvio que não se satisfará em criar um ser mecânico que se limite a movimentos repetitivos, exceto como passo intermediário do processo. Assim, mediante aplicação de um chip altamente especializado, sensível ao ambiente objetivo, dotará o autômato de todas as formas reativas de movimento e de toda a

A RAZÃO DE DEUS

capacidade de manipulação de objetos. Será, em realidade, o mais perfeito ser mecânico que uma inteligência ilimitada poderá criar.

Como dito, o engenheiro-criador não se satisfará com isso. Mediante aplicação de outro chip, ele quererá dotar o autômato de emoções e inteligência, para o que seria essencial equipá-lo com um processo pelo qual os perceptos dos sentidos seriam fixados num meio físico permanente suscetível a um mecanismo de recuperação que acionaria os efeitos subjetivos dos próprios perceptos. Também nesse caso, o chip captará o ambiente externo ou a memória e comandará a reação do autômato: se for um ambiente de tristeza, ele chorará; se de alegria, ele vai rir. Com um chip suficientemente poderoso será possível equipar o autômato de toda a gama de sentimentos movidos por uma força externa, objetiva, no campo determinístico ou de causalidade. O mesmo se pode inferir do atributo da inteligência: dotado do chip específico, o autômato terá condições de ativar a memória, avaliar o ambiente, comparar e testar eventos e tirar conclusões a partir de fenômenos do mundo objetivo ou interno. Além disso, mediante algum equipamento altamente sofisticado, poderá comunicar suas memórias, emoções e experiências ao mundo externo.

Independentemente da capacidade técnica do engenheiro, ele, na verdade, não estará criando algo novo, mas simplesmente transferindo, pela via determinística, seus sentimentos e conhecimentos para o autômato. Para que esse tenha autonomia, é preciso dotá-lo de autêntica subjetividade. Naturalmente, a subjetividade é inacessível ao autômato pela via determinística, independentemente dos poderes e da sofisticação tecnológica de seus chips: é o campo da autoconsciência e, ainda num nível mais profundo, o da intuição. A autoconsciência encontra-se no limite da interação entre o mundo objetivo e o mundo subjetivo: só somos conscientes de nós mesmos (subjetividade) porque nos diferenciamos dos outros (objetividade). Um chip de autoconsciência incrustado no autômato não lhe dará realmente autoconsciência, mas apenas lhe transferirá a consciência de seu criador numa forma objetivada. A intuição, por sua vez, é um evento não determinístico, portanto quântico. Como tal, é imprevisível e incomunicável. Para dotar o autômato de autoconsciência e intuição, o engenheiro teria de fazer um chip tão poderoso quanto sua própria mente e incrustar o chip no autômato. Ele e o autômato ficariam fisicamente conectados pela inteligência e pela emoção, mas não pela intuição. Essa surge da complexidade da mente individual em seu conjunto e da complexidade reproduzida também do próprio chip, revelando-se como atributos independentes e subjetivos da mente e do chip. É que a intuição, em termos de Teoria do Caos, pode ser interpretada como resultante da complexidade e da interação quântica de todos os atributos e faculdades da mente, assim como do chip, gerando um estado caótico que se organiza na forma superior de uma inspiração mental não causal, instantânea e claramente definida. Um chip tão poderoso e complexo quanto a mente humana poderia, em tese, ter intuição autônoma, diferenciando-se do engenheiro que o construiu.

Com os poderes da intuição, o autômato poderia criar outras coisas, também independentemente de seu engenheiro-criador. É que a intuição é exclusiva da consciência individual e brota de interações caóticas na fronteira entre o mundo subjetivo e o mundo objetivo, de uma forma não reproduzível em outra consciência, seja ela uma consciência humana, seja um gigachip. Os lampejos da intuição, oriundos do mundo

A RAZÃO DE DEUS

quântico caótico, seriam captados pela consciência e transformados em movimentos e coisas. O engenheiro-criador observaria o mundo criado por "seu" autômato e ficaria maravilhado com sua criatividade e diversidade, além do que ele próprio havia imaginado antes como possibilidade dessa criação.

Pois bem: essa metáfora está inspirada nos arcanos da filosofia hindu, em especial o poético Bhagavad Gita, escrito milênios antes que se pensasse em chips. Krishna, na forma de Suprema Personalidade de Brahman criador de criaturas que também criam pela interação dos atributos feminino e masculino dele derivados, está presente em cada um de nós como Atman individual, partilhando a sua própria essência. É como se cada um de nós tivesse incrustado na mente um chip que contém a essência divina e o poder criativo de Deus pela via mística da intuição. Nesse sentido, não somos deuses, em função de nossos condicionamentos materiais. Mas Deus está em nós e nossa mente é um aspecto individual da mente divina.

2. Os processos complexos da mente

Pelo que podemos inferir de nossa realidade subjetiva, mental ou espiritual, a consciência, numa dimensão naturalmente distinta do plano material, é um estado alerta de conhecimento objetivo e de emoções e perceptos subjetivos, esses alimentados pela memória; e o pensamento, um operador dinâmico da consciência que está presente provavelmente em todos os seres vivos dotados de sistemas nervosos complexos. No homem, e de forma limitada em algumas aves e em mamíferos não humanos como golfinhos e chimpanzés, surge, num nível mais refinado do pensamento, a faculdade de inteligência, que é uma operadora dinâmica da razão, sendo essa a consciência em movimento. A mente é o repositório da interação entre todas essas faculdades e o cérebro é o repositório físico da mente. É da interação infinitamente complexa de todas as faculdades mentais que surge a intuição, num plano estritamente subjetivo. Se há, pois, conexão entre matéria e espírito, o ponto de conexão é a mente, em que está presente o Atman absoluto na forma de Atman individual. Por sua dupla natureza, a mente racional é a única faculdade humana, à margem da experiência mística — essa, exclusivamente, no campo devocional ou emocional — que pode apreender a razão de Deus.

Esse, a meu ver, é o fundamento e o propósito da Criação. Mas o engenheiro cósmico é infinitamente mais engenhoso do que o humano. Ele não se limita a criar seres com iniciativa de também criarem coisas, eles próprios, mas quer participar do processo, quer sentir o prazer da criação do outro. Criação requer tempo e espaço. Assim, o espaço-tempo surge da criação do próprio universo, no Big Bang. Porém, não será um universo pronto e acabado. É um universo evolutivo, bergsoniano, que surge de interações simultaneamente deterministas e aleatórias de objetos macroscópicos e de partículas subatômicas que obedecem, uns, a leis deterministas e, outras, a leis quânticas, assim como de processos vitais e psicológicos interativos sujeitos a uma combinação de leis num caso objetivas e em outro subjetivas.

O universo natural é, pois, uma criação divina não inteiramente determinista, nem inteiramente aleatória. Deus em si — Brahman, ou o Supremo — seguindo a tradição hindu em parte recuperada na Cabala judaica, é inapreensível, sem forma e sem essência que se possa conhecer. No entanto, um aspecto aparente de Deus — a trindade Brahma, o criador; Shiva, o destruidor, e Vishnu, o mantenedor —, que pode associar-se às *sefirots* cabalísticas, acessíveis aos homens pela linha mística, criou determinismo e probabilidades. Ele próprio não sabia — ou melhor, não quis saber — a forma exata que tomaria o mundo que ele criou. Deu liberdade de ação às partículas quânticas elementares, os tijolos básicos do universo, assim como à mente humana, sua expressão mais elevada, embora condicionando o comportamento coletivo delas às leis da probabilidade. Com isso, ele se reservou o supremo prazer da criação: ver surgir o novo de forma inesperada e surpreendente a partir de escolhas aleatórias dos próprios entes criados, conforme se pode apreender no fascinante "God of Chance" do filósofo estatístico David Bartholomew. Quem não se comove com o brotar de uma rosa registrado por uma câmera lenta de televisão? Acaso isso é menos emocionante do que ver uma rosa platônica, imutável, eterna? Com efeito, no *Gênesis*, Deus não faz o universo num dia; cria aos poucos!

A correção probabilística de leis presumidamente deterministas do universo se manifesta como quebra de simetria dessas últimas — algo percebido como realidade profunda da natureza, não só na física mas sobretudo em biologia, pelo físico brasileiro Marcelo Gleiser em seu genial *Criação imperfeita*. Em suas palavras, "por trás da miríade de estruturas e de formas complexas que vemos na natureza existe um mecanismo baseado em alguma forma de desequilíbrio. A imperfeição e o desequilíbrio são as sementes do devir. Uma natureza perfeita seria inerte, sem estruturas, existindo apenas como uma abstração platônica, longe do mundo real". Ou, mais especificamente: "A ciência moderna nos ensina que a assimetria do tempo e a assimetria da matéria são precondições para a origem da vida."

3. Deus joga dados

O comportamento aleatório das partículas elementares foi o fato da física que mais intrigou Einstein. Ele nunca aceitou por completo a Teoria Quântica porque sempre achou que, por trás das probabilidades, haveria em algum reduto do conhecimento físico uma lei determinista. "Não acho que o Velho jogue dados", disse ele a Max Born, outro gigante da física, que por sinal não concordava com ele. Contudo, a base da metafísica que está sendo apresentada aqui é justamente a de que Deus joga dados, sim, com toda a certeza, nos processos elementares do mundo real e também em relação ao comportamento humano, no que diz respeito a grandes populações, assim como no campo da biologia. Einstein tinha uma visão impessoal de Deus, inspirada em Spinosa, porém diferente da que está sendo exposta aqui neste aspecto fundamental: ele concebia um deus determinista, aqui não!

O caráter fundamental da Teoria Quântica não está relacionado apenas com a capacidade experimental das medidas no mundo subatômico. É a própria natureza da realidade que escapa ao determinismo. Segundo a corrente principal da mecânica quântica, conhecida como a interpretação de Copenhague, se se mede com precisão a posição de uma partícula quântica, é impossível determinar, a não ser probabilisticamente, sua velocidade num determinado tempo. Não importa o nível de precisão de seus instrumentos: a aleatoriedade é intrínseca ao comportamento da partícula na sua

A RAZÃO DE DEUS

relação com os instrumentos de medida. Em outras palavras, nem Deus saberia prever, nesse caso, sua velocidade, pois, se o fizesse, estaria negando uma propriedade aleatória que resulta de sua própria criação intencional (Veja o mito de Sarpédion!).

A metáfora do gato de Schroedinger ajuda a se construir uma imagem dessa situação. Erwin Schroedinger, um dos maiores físicos quânticos, imaginou um arranjo experimental no qual um gato estaria preso num compartimento isolado com dois aparatos, ambos também fechados, um dos quais contendo uma comida apetitosa inofensiva e outra contendo um veneno fulminante. Uma partícula quântica com atributos correlacionados seria disparada para abrir os aparatos, com probabilidades iguais (50%) de assumir uma carga positiva ou negativa. Se assumisse a positiva, abriria o aparato da comida e o gato sobreviveria; se assumisse a negativa, o gato seria fulminado pelo veneno. Contudo, enquanto não se abrisse o compartimento, ninguém, nem mesmo Deus, saberia se o gato estaria vivo ou não. Ele estaria num estado virtual de vivo-morto!

Os desafios da física quântica ao conhecimento objetivo, no Ocidente atual, e os paralelos entre os fenômenos que nela se manifestam e os enunciados metafísicos da antiguidade greco-romana e da sabedoria hindu levaram o já citado físico Fritjof Capra, em *O Tao da física* e em outros livros de grande popularidade que lhe seguiram, a destacar a teia básica de relações físicas e espirituais que aproximam num padrão extraordinário as duas culturas. De fato, a tradição materialista ocidental esgotou seus limites, pelo que, nos contatos cada vez mais frequentes com o Oriente num mundo globalizado, tende a confrontar-se com o polo oposto da espiritualidade aí desenvolvida em grau máximo. A síntese se dá num nível superior, unindo elementos comuns do materialismo e da espiritualidade e aproveitando elementos dos dois num nível superior.

Dizer que Deus não sabe o futuro parece uma blasfêmia aos crentes. Mas o que eu digo é que Deus presente na Criação não quer saber o futuro.[1] Se o quisesse, faria um universo apenas determinístico, e não também quântico. Em certo sentido, Deus quer velar-se na criação, que em sentido profundo é uma criação ou replicação de si mesmo. E quer velar-se justamente para experimentar o prazer do desvelamento progressivo que se manifesta em todo processo criativo, evoluindo por assimetrias no espaço-tempo por ele criado, desde os primórdios do Big Bang ao aparecimento da inteligência humana. Esse é um prazer que os humanos reconhecem muito bem, seja nas artes, seja na construção de máquinas: criar está no mais alto nível na escala dos prazeres de homens e mulheres.

Entretanto, não creio que esse seja um prazer externo a Deus, um prazer criado por Deus para usufruto dos humanos e de outros seres. Por que Deus, estando fora do tempo e do espaço, ao fazer algo tão espetacular quanto o universo, e depois a vida, se suprimiria o prazer de vivenciá-los dentro do próprio espaço-tempo? Creio que Deus não apenas manifesta a Criação, mas se manifesta nela, para experimentá-la emocionalmente. Está dentro dela. É nesse ponto que a cosmogonia hindu revela uma intuição poderosa, desde milênios atrás. Como já mencionado, o sistema hindu estabelece que Brahman está na criação, embora não seja a criação. E é o

---

[1]Retomando a doutrina védica, pode-se especular que Brahma, o Deus na forma criadora, não quer saber o futuro, mas Brahman, o Supremo, que contém em si, simultaneamente, os contrários do determinismo e da probabilidade, esse, sim, vê o futuro, porém sem interferir na evolução criadora.

Atman individual, a expressão de Brahman presente no íntimo de cada ser, que conforma nesse último a presença divina. Nesse sentido, o Atman individual é o Absoluto subjetivado, porém recoberto pelo véu de Maya.

Pode-se tentar fazer uma imagem mental desse processo: Deus é o oceano imenso, infinito, e os seres criados são como reentrâncias, braços finitos de mar, entrando na terra. O oceano está em cada braço de mar e cada braço de mar está no oceano. Ambos são Um. Nessa metáfora, que corresponde a uma das correntes do pensamento hindu (māyāvāndi), podemos supor que a morte nada mais seja do que o recolhimento do braço de mar pelo oceano imenso, ou a imersão do Atman individual no Atman absoluto. Não difere muito do conceito cristão de volta dos filhos ao seio do pai. E é compatível com a biologia e a física, na medida em que a biologia sabe que um dia a vida desaparecerá da Terra e a física, que o universo, segundo a teoria do Big Bang, ou se estrangulará numa terrível contração ou congelará numa expansão infinita por falta de energia, nos dois casos reduzindo-se também ao Um, ou ao que os físicos chamam de singularidade. Entretanto, no Bhagavad Gita, que representa a corrente védica ortodoxa, o Atman individual não nasce nem morre, e preserva sua identidade individual nos ciclos sucessivos de vida e morte dos corpos físicos.

4. A morte como contrapartida da criação

A morte física é a contrapartida necessária do processo criativo da natureza. Só existe criação se há mudança e a condição de todas as mudanças é o surgimento do ser a partir do não ser. A evolução posterior do ser é uma consequência necessária do processo criativo, que, pelo menos no plano físico, rejeita a possibilidade de um estado eterno: a condição biológica natural dos seres superiores é o nascimento, a maturidade e a morte. Do contrário, não haveria evolução, pois a característica fundamental dessa é fazer surgir o novo no ciclo permanente da vida a partir da sucessão das gerações, com suas combinações genéticas aleatórias, cada uma com sua contribuição específica à diferenciação das espécies. Portanto, não haveria estímulo natural ou intelectual à criatividade num universo habitado por seres eternos; a morte, assim como o nascimento, é fundamental para o prazer da criação.

Um deus que está na Criação e participa dela não pode ser um deus indiferente. Probabilidade não é certeza. Assim, o universo e a vida não poderiam ser deixados a uma situação em que corressem o risco de ver deteriorado o processo evolutivo por um desvio probabilístico, uma excentricidade estatística, como é inevitável que se deduza das conclusões do clássico *O acaso e a necessidade*, de Monod. Além disso, os processos aleatórios são caóticos. A desordem do caos só se resolve, num nível superior de ordem, mediante intervenção da entidade "mística" que os matemáticos apelidaram de Atrator Estranho, não explicada por leis deterministas. Deus interfere nos processos probabilísticos e caóticos através de constantes físicas, como o quantum de ação de Planck, ou de saltos qualitativos, reordenando a evolução se e quando isso for necessário para preservar a integridade do processo criativo — o que pode se realizar através de um Avatara, na filosofia hindu, ou por algum milagre profético, como a vinda de Jesus no cristianismo.

A criação da vida certamente requereu a intervenção divina direta, como se procurou demonstrar no Capítulo I.

Mas também a vida segue leis probabilísticas em seu processo evolutivo. As interações de DNA entre seres masculinos e femininos não produzem outros seres exatamente iguais ao pai ou a mãe. Não existem homens e mulheres exatamente iguais na forma física e na personalidade, sequer gêmeos, apenas aparentemente idênticos. A diversidade é o atributo fundamental da Criação. É nela que está o prazer de criar. Imagine homens e mulheres que tivessem filhos exatamente idênticos; ou que toda a humanidade fosse idêntica; ou que não houvesse diversidade biológica: é quase certo que nesse mundo monótono não houvesse algo tão dependente de diferenças físicas e psicológicas sutis quanto o amor!

Portanto, há uma diferença essencial entre criação de tecnologia e uso de tecnologia. Quem faz tecnologia transforma conhecimento científico num processo de criação. Há prazer nisso, e não só prazer de registrar patente e ganhar dinheiro. Já o uso de tecnologia repetitiva, para fazer os mesmos e idênticos produtos, mesmo quando rende muito dinheiro, conduz a frustrações psicológicas e leva àquele tipo de alienação tão bem retratado na metáfora genial de Charles Chaplin, *Tempos modernos*. O prazer de criar é o prazer de transformar: tirar de uma tela em branco o semblante ambíguo de uma Mona Lisa!

A imensa diversidade biológica na natureza reflete o prazer de Deus como Criador. Esse prazer, repita-se, seria incompleto se a Criação fosse algo pensado como pronto e acabado, fora do espaço e do tempo, para ser injetado nele de uma vez por todas. Assim, Deus não se limitou a criar o universo enquanto tal ou a projetá-lo no futuro num curso determinista, como acreditava Laplace, mas transferiu ao universo a propriedade de continuar criando por conta própria, através das leis quânticas e genéticas no mundo físico e biológico. Com isso, Ele poder ver surgir o que não tinha sido pensado. Abriu mão do poder infinito de prever o futuro para ver o futuro se realizando como um processo de surpresas e novidades, inclusive para Ele mesmo.

Sugeri no Capítulo I que toda a diversidade biológica pudesse estar contida, em potencial, num DNA complexo primitivo, que contivesse em si processos interativos determinísticos e probabilísticos. Isso teria a vantagem de reduzir em muito a necessidade de intervenção direta de Deus na evolução criadora: as interações aleatórias de bilhões de genes cuidariam de criar a diversidade ao longo de milhões de anos. Entretanto, se essa for considerada uma proposta ousada demais, teríamos de recorrer à intervenção divina em cada mudança de espécie, pois seria muito pouco provável que de um DNA especializado pudessem surgir seres tão diferentes quanto uma formiga, um elefante e um homem, por aquisição aleatória de suas características específicas transmitidas regressivamente ao código genético. Deus teria de ser reintroduzido na criação de cada espécie: imagino que Ele seria mais econômico criando o DNA primordial e deixando a evolução fazer o resto aleatoriamente, com as descontinuidades já inscritas no próprio DNA avô, no campo macrobiológico, ou por interações intuitivas, no psicológico.

5. Para além do puro acaso

A vindicação do puro acaso no surgimento da vida e em sua evolução é tão implausível, como se viu, como na determinação da diversidade biológica. Em seu livro já citado, o físico Marcelo Gleiser alinha nove condições que tiveram de ser

A RAZÃO DE DEUS

cumpridas para o surgimento espontâneo da vida na terra: a reunião num mesmo lugar de determinados elementos químicos essenciais à vida; a formação de moléculas orgânicas a partir desses elementos, com os reagentes certos; a interação dessas moléculas com reagentes e condições atmosféricas favoráveis; a transição do estágio inanimado das moléculas para o estágio de vida elementar; a transição para as formas de vida mais complexas de proteínas e ácidos nucleicos; a transição das células procariotas (nas quais nenhuma membrana separa o núcleo do DNA do resto da célula) para as eucariotas, que levou cerca de 2 bilhões de anos; a transição de seres simples eucariotas para seres multicelulares; a "explosão cambriana" de vida há 550 milhões de anos; e o surgimento do gênero *homo* na África há 4 milhões de anos.

O fato é que mesmo um cientista da estatura de Werner Heisenberg, um dos criadores da mecânica quântica, não se sentia muito à vontade com a teoria clássica de Darwin no que diz respeito à biologia, pela sua fundamental dependência do acaso. Em seu *A parte e o todo*, relata o que teria sido uma discussão entre um biólogo neodarwinista convicto e o grande matemático Von Neuman, esse cético em relação ao evolucionismo linear. A certa altura da discussão, Von Neuman teria levado o biólogo até a janela de seu gabinete e lhe dito: "Você está vendo aquela bela casa branca lá adiante, em cima do morro? Ela surgiu por puro acaso. Foram precisos milhões de anos para que o morro se formasse. As árvores cresceram, deterioraram-se e tornaram a crescer, depois o vento cobriu de areia o topo da colina, as pedras foram provavelmente depositadas nele por um processo vulcânico e o acaso decretou que elas deveriam depositar-se uma sobre as outras. E assim prosseguiu. Sei, é claro, que os processos acidentais ao longo das eras costumam produzir resultados muito diferentes. Mas, nessa ocasião exata, levaram ao aparecimento daquela casa de campo. As pessoas se mudaram para lá e estão morando nela."[2]

Essa especulação exige uma reconsideração do conceito aristotélico de enteléquia. Aristóteles supunha um mundo biológico com uma finalidade ordenada. Seria um mundo determinista, mas de algum modo mais próximo do mundo real do que um mundo inteiramente produto do acaso. O cristianismo remodelou o conceito para introduzir a ideia de plano divino, mediante uma sofisticada e, afinal, confusa filosofia, para conciliar um deus determinista com o livre arbítrio do homem. Na verdade, esse paradoxo é insolúvel: se Deus criou o homem semelhante a si mesmo e lhe deu livre arbítrio, como o homem poderia pecar, contrariando o plano divino? A própria noção de pecado é um contrassenso dentro de um mundo criado e ordenado por um Deus determinista. A solução para o paradoxo, na tradição hebraica transmitida aos cristãos, foi a doutrina de que Deus criou o homem e o homem, por livre arbítrio, escolheu o pecado.

A existência do mal no mundo tem sido fonte de controvérsia, como discutido em capítulo anterior: como um Deus benevolente poderia criar desastres naturais como furacões e vulcões e deixar que os homens provocassem genocídios, estupros, inquisições e toda espécie de perversidades contra a humanidade e outros seres vivos? Alguns filósofos destacados se declararam ateus ou agnósticos por não suportarem a ideia de que tanto mal pudesse ser criado por um deus. No

---

[2] HEISENBERG, Weiner. *Physics and Beyond: Encounters and Conversations.* Tradução brasileira, *A parte e o todo.* Rio de Janeiro: Contraponto, 1996, pp. 134-135.

entanto, se tomamos a opinião de um gigante da filosofia, como Bertrand Russel, veremos que seu desapontamento não é exatamente em relação a Deus, mas em relação ao Deus pregado pelas religiões. Em relação a um Criador, ele se coloca na posição agnóstica: não sabe se existe ou não existe.

O lado fraco desse raciocínio é que os homens não se limitaram a criar um deus pessoal, mas lhe deram atributos que correspondem a desejos e emoções humanos num campo objetivo, não probabilístico. Assim, Deus é infinitamente poderoso, infinitamente bom, infinitamente misericordioso e infinitamente sábio (poder-se-ia acrescentar, pela lógica, infinitamente contraditório) — inclusive quanto ao presente, o passado e o futuro. Contudo, esses conceitos passam ao largo do que deveria ser o atributo fundamental de Deus, que é alguém que rompe o próprio isolamento de se ver no espelho e quer ter o prazer de se objetivar — não na forma de coisas estáticas, acabadas, mas dinâmicas e inteligentes, que têm também elas a propriedade de criar, com isso expandindo em novas formas sua Criação.

Nesse universo criativo, o bem e o mal são aspectos essenciais da evolução. Eles não existem na natureza irracional, pois nascem no processo de socialização dos humanos. Matar outros mamíferos para comer não pode ser considerado fazer o mal para um tigre de Bengala. O homem, logo que desceu das árvores e incorporou a carne em sua dieta, passou a matar outros animais para comer, o que faz ainda hoje com toda a naturalidade. Isso também não pode ser considerado um mal. A partir de determinado momento, porém, ele passou a fazer o que outras espécies só fazem raramente: passou a matar seres de sua própria espécie com espantosa regularidade, com propósitos de poder social ou político.

Como aqueles grupos primitivos de quinze a vinte homens e mulheres, tão poeticamente descritos em *Origens* por Richard Leakey na paisagem tranquila do lago Turkana, na África, passaram da cata de sementes e caça de pequenos animais à violência da Inquisição e do Holocausto? Certamente esses grupos se defrontaram com outros e foram forçados a competir por espaço. Inicialmente, atuavam em comunidades. Aos poucos, as comunidades evoluíram e, dentro delas, começou a surgir uma hierarquia, talvez religiosa, talvez civil, talvez ambas, uma reforçando a outra. A organização social que prevaleceu no processo evolutivo foi a que definiu como sua base o direito de propriedade privada da terra. A definição de um espaço de domínio territorial deve ter sido concomitante com a aquisição de inteligência. Sem inteligência homens e mulheres não se dedicariam a culturas permanentes de subsistência e para cultivar a terra em favor de uma comunidade é preciso que a terra lhe pertença. O salto para a propriedade individual, no caso dos gregos, parece ter ocorrido com um legislador mítico, Sólon, que teria dividido a terra em demos familiares — uma medida de propriedade que, no sistema político de igualdade entre proprietários, de Atenas, deu nome à democracia.

6. Os efeitos da propriedade privada da terra

A propriedade privada da terra está na origem da civilização ocidental, hoje quase mundial. E é a origem também do mal, ou pelo menos de grande parte dele. Note-se que não estou afirmando que a propriedade privada é um mal. Estou dizendo que se trata de um polo de um sistema que quando falta o outro — a saber, o interesse comum — torna-se um mal.

A RAZÃO DE DEUS

A propriedade privada está na origem de guerras, do aviltamento e da submissão da mulher ao longo de séculos (por ser a legitimadora hereditária da herança da terra, sendo a terra a portadora tradicional também da herança de títulos nobiliárquicos) e das diferentes formas de injustiça social que, sobretudo no Ocidente, resultaram em múltiplas revoluções nos séculos XVIII a XX.

Não obstante, sem propriedade privada não teríamos civilização como a conhecemos. É que a propriedade privada é também origem de muitas coisas positivas, tais como a inviolabilidade da casa, a geração competitiva de riqueza, o progresso tecnológico, a premiação do talento e do esforço individuais. Sociedades que não desenvolveram sistemas de propriedade privada, como as africanas, não evoluíram. Não existe nisso nenhum juízo de valor: a civilização que conhecemos é a que produziu maior soma de conhecimentos científicos e de capacidade produtiva entre as conhecidas, pelo que conquistou uma vantagem competitiva em relação a outras que, por razões aleatórias, seguiram um rumo diferente no tratamento da propriedade.

Nesse conceito, o mal é um desequilíbrio entre o exercício ilimitado do direito de propriedade privada e o bem comum. É um processo natural, nada tem a ver com Deus. A ordem humana surgiu e continuará até o fim dos tempos como um processo evolutivo essencialmente probabilístico, com cada vez menor intervenção divina e maior intervenção da própria inteligência. Se Deus criou o processo de criação do homem e lhe conferiu inteligência num salto evolutivo, é a inteligência humana que deve assumir o processo daqui para frente, não comandando a evolução, que segue seu curso probabilístico, mas interferindo nela quando necessário.

Alguns se exaltam, e chegam a perder a fé, diante de fatos históricos brutais como a Inquisição, a Segunda Guerra Mundial, o Holocausto, o bombardeio nuclear de Hiroshima e Nagasaki. Perguntam-se por que Deus não interferiu para evitar essas barbaridades humanas. A resposta não pode estar na teologia, que argumentaria que tais fatos estariam num plano secreto de Deus com propósitos finais não conhecidos. A resposta razoável é: esses são fatos probabilísticos, que o próprio Deus não poderia controlar pois isso violaria regras básicas da evolução que ele próprio criou. O que Ele estabeleceu foi que, para a civilização como um todo, e não para seres individuais, haveria forte probabilidade de que tais fatos viessem a ser neutralizados, no curso da história, por forças humanas contrárias — como efetivamente têm sido.

Faça-se uma retrospectiva: para não haver o Holocausto, não poderia ter havido uma Segunda Guerra; para não ter havido uma Segunda Guerra, não poderia ter havido um Tratado de Versalhes tão estúpido a ponto de levar a Alemanha a tentar recuperar sua dignidade nacional com o rearmamento; para que não tivesse havido Tratado de Versalhes, não poderia ter havido a Primeira Guerra. Em qual ponto exatamente Deus deveria ter intervindo? E para diante? Sem Holocausto, não existiria Israel como lar político para um povo discriminado durante séculos. Contudo, seria Israel um bem para os palestinos? Acho que a resposta está nos homens e nas probabilidades: independentemente da atual liderança israelense, cresce, em razão de forças políticas mais ou menos aleatórias (por exemplo, a eleição de Barack Obama nos Estados Unidos), a probabilidade de uma solução de dois Estados na Palestina!

A RAZÃO DE DEUS

Isso pode decepcionar pessoas que acreditam num deus pessoal e numa relação pessoal com ele. Não há por que se desesperar. O Deus supremo é também o deus individual, o Atman, e é na relação com o Atman que o homem e a mulher individuais se realizam plenamente em sua subjetividade, sem necessariamente cair no desespero de Sartre. O mundo externo é o do campo da socialização e nesse caso não somos indivíduos, mas parte de um conjunto: a marcha da história segue um curso criativo, por experimentação aleatória, e nele nossa participação individual em geral não é maior do que nossa participação política quando votamos num candidato à Presidência. Vamos numa onda. Rigorosamente, numa onda probabilística. Mesmo nessa forma, porém, nossa participação é significativa.

Aqui temos outro paralelo inevitável com a mecânica quântica. O princípio de incerteza, de Heisenberg, estabelece que é impossível conhecer simultaneamente, com exatidão determinística, os atributos correlacionados de dois de alguns dos eventos quânticos, por exemplo, a posição e a velocidade de uma partícula subatômica: pode-se conhecer ou a posição ou a velocidade, mas não ambas; e na medida em que se conhece exatamente a posição, só se conhece a velocidade como uma função probabilística, ou vice-versa. O paralelo é que é impossível ter uma certeza absoluta sobre a realidade, e sobre Deus, que se origine simultaneamente do mundo subjetivo e do mundo objetivo: se mergulharmos dentro de nós mesmos, na forma de uma subjetividade absoluta, teremos uma percepção incerta do mundo externo; por outro lado, se nos objetivamos de forma absoluta, obscureceremos nossas verdades interiores.

7. A inspiração como meio de comunicação com o Atman

É através da intuição que se materializa a comunicação com o Atman. A psicologia não explica plenamente a intuição. E a fisiologia não dá conta do próprio pensamento. Sabemos, obviamente, que pensar é um atributo da mente e que está relacionado com emissão de ondas cerebrais. É tudo. Ninguém conseguiu fazer uma máquina de pensar criativa e ninguém conseguiu ver ou pesar o conteúdo do pensamento, só alguns registros elétricos na topologia do cérebro. Por algum caminho, um evento chamado intuição entra no pensamento de um indivíduo e esse o transforma numa manifestação concreta: uma invenção, uma pintura, uma escultura, uma música.

Uma pista sobre o funcionamento da mente normal pode ser deduzida de seu mau funcionamento quando ela falha. É o método que, no plano biológico, deu origem à acupuntura na China. Os pacientes de Alzheimer costumam se fixar em registros de memória fragmentados, que passam a ser operados exclusivamente pela fala, de forma mecânica e exaustivamente repetitiva. Eles se revelam incapazes de articular mentalmente relações no tempo. Só existe o espaço e o tempo congelados no cérebro. Isso significa uma desconexão com o atributo essencial do pensamento, que é o encadeamento de relações temporais e espaciais na mente sã. Num estado de êxtase, diz-se que a mente também se descola do espaço-tempo. Nesse caso, porém, quando o agente subjetivo é um iogue, tratar-se-ia do resultado de uma busca consciente de identificação com o Atman, pela qual a consciência do eu desaparece no ato de fundir-se com a consciência cósmica levando ao estado de iluminação. Já o Alzheimer é uma desconexão patológica com o fluxo central do pensamento.

A RAZÃO DE DEUS

A intuição tem características similares às do êxtase. Sua manifestação não distingue raça, credo, condição social. Porém, não revela qualquer padrão e sequer exige treinamento, o que a difere do yoga. Entre os físicos, diz-se que o período criativo vai até antes dos 30 anos, mas isso pode estar mais relacionado com o poder de concentração da mente do que com a intuição propriamente. Einstein teve um extraordinário surto criativo muito jovem, publicando na mesma revista, simultaneamente, cinco ensaios que revolucionaram a física em três campos: relatividade restrita, efeito browniano e efeito fotoelétrico. Levou alguns anos para completar a relatividade geral e passou o resto da vida brigando sem êxito com a mecânica quântica, que ele próprio ajudou a fundar.

Há alguns casos excepcionais de criatividade por hereditariedade, como os Strauss, na música, ou os Dumas, na literatura. Há casos fantásticos de explosão criativa afim em curto período de tempo na mesma área geográfica, como o fenômeno filosófico grego dos séculos VI e IV a.C.; a pintura e escultura italianas e espanhola da Renascença; a literatura europeia ocidental de fins do século XIX para o século XX; a música erudita italiana e alemã na mesma época; a filosofia alemã, inglesa e francesa dos séculos XVIII e XIX; a música popular inglesa, norte-americana e brasileira nos anos 1950 a 1970; o realismo fantástico literário dos latino-americanos no mesmo período. Foi também na virada do século XIX para o século XX que a física deu um salto extraordinário, com Maxwell, o próprio Einstein, Poincaré, Bohr, Born, Werner Heisenberg, Dirac, Schroedinger, Planck e outros. Enfim, o que pode explicar tais explosões de intuição? Por enquanto nada. O cérebro de Einstein foi deixado para ser estudado, mas o estudo de um cérebro sem vida, portanto sem pensamento, não pode ser de muita ajuda!

A intuição não pode vir de fora, de um deus separado dos homens, por um caminho determinístico, pois seria uma discriminação de Deus escolher uns e não outros. Vem de dentro, da relação individual probabilística com o Atman, o Deus interior, acessível a todos. É um conhecimento que, por algum processo casual, aflora na mente sob a forma de pensamento a ser organizado. É possível que esse também seja o caminho da experiência mística, que leva a um estado de comunicação plena com o divino. Pelo que dizem os místicos, há nessa experiência um prazer inefável, porém suscitado pelo treinamento. Num nível mais terreno, a criação induzida pela intuição, através do pensamento, leva a situações de prazer extraordinárias: basta ver a satisfação que emana do rosto de uma diva do jazz em plena performance no palco!

Ao lado do prazer da criação objetiva e do prazer místico, o prazer sexual é o maior que podem experimentar o homem e a mulher, elevados a uma satisfação máxima quando numa relação a dois. Está presente na maior parte da Criação e certamente em todos os mamíferos. Contudo, junto com o instinto de sobrevivência pelo impulso de alimentar-se, o instinto sexual tem uma característica peculiar: é determinístico, não probabilístico. Homens e mulheres se inclinam ao prazer sexual, assim como a alimentar-se, seguindo um impulso natural que, embora dependendo de uma probabilidade externa (achar um parceiro ou uma parceira, no caso da relação heterossexual), é conduzido por um fator interno, invariável a outros fatores sociais, inclusive a cultura.

É pelo caráter mandatário desses dois instintos que o Criador quis assegurar a sobrevivência por algum tempo do indivíduo, e da espécie por tempo indefinido, independentemente de fatores aleatórios: não obstante desgraças naturais e sociais, não obstante restrições religiosas e políticas, não obstante o medo do futuro ou da morte, homens e mulheres se realizam momentaneamente no ato sexual e tentarão por todos os meios se alimentar. O suicídio acontece como ato individual isolado, assim como a abstinência sexual tem sido um caminho de realização pessoal para monges budistas e padres católicos, mas isso em nada altera e pouco ameaça a marcha de sobrevivência da espécie como o caminho normal da humanidade fora das excentricidades.

Em termos culturais, o apetite de comer não acarretou grande controvérsia, a não ser a condenação da gula pela Igreja Católica e do excesso de comida pelos orientadores de dieta de homens e mulheres que querem ficar em forma. Já o sexo, conforme já visto, constitui, seguramente, o principal foco de controvérsias culturais na civilização contemporânea. E não há dúvida de que, no Ocidente, o centro da controvérsia está nos preceitos morais de correntes do cristianismo. Na Antiguidade, o sexo livre era tolerado exceto quando perturbava a transmissão de herança: como já visto, entre gregos e romanos as mulheres sofriam restrições para relações extraconjugais, mas não os homens, exceto quando se relacionavam com mulheres da mesma classe, o que podia afetar patrimônios.

Esse comportamento cultural obviamente influiu na discriminação da mulher como ser inferior até tempos muito recentes. Contribuiu para isso o papel secundário que Paulo de Tarso atribuiu à mulher no cristianismo primitivo, acentuado, desde tempos imemoriais, pela tradição bíblica de que teria sido a tentação da serpente através da mulher que levou o homem ao pecado e à perda do Paraíso Terrestre, ou pela mesma tradição hebraica de eliminar da doutrina religiosa a esposa de Javé, ou ainda da tradição católica de negar à mulher a ascensão ao sacerdócio. Na verdade, a associação da mulher com o pecado perpassou grande parte da história da Igreja, até culminar, na Idade Média, com a queima das bruxas. Isso não impediu que, antes como hoje, as mulheres sejam as mais piedosas na frequência às igrejas e as principais transmissoras dos dogmas religiosos no núcleo familiar!

8. A manipulação religiosa do prazer sexual

Foi, sobretudo, por efeito da moral religiosa que o sexo, de um ato íntimo e prazeroso a dois, fonte da criação, passou a ser um ato pecaminoso relegado a alcovas secretas. Mesmo aí a religião tentou intervir. O sexo, para ela — ou, ao menos, para alguns intérpretes religiosos — só é moral quando destinado à procriação. Daí a condenação incondicional do homossexualismo. E, seguindo à risca esse conceito, mulheres depois da menopausa e homens estéreis não devem fazer sexo. O mesmo princípio se aplica ao uso de contraceptivos: violam a lei natural que se oporia à mediação da inteligência no ato sexual exclusivamente procriador.

Certo, houve um tempo em que o homem copulava sem conhecimento da relação entre sexo e procriação. Nessa etapa, a natalidade era um fenômeno genuinamente probabilístico. Mas é óbvio que, se não sabiam que o ato sexual gerava filhos, o homem e a mulher faziam sexo unicamente pelo prazer. Acaso a aquisição de inteligência, que levou ao conhecimento do princípio da natalidade, deveria mudar esse instinto? Alguns alegam, em favor da restrição, que entre os mamíferos só se faz sexo na época do cio da fêmea. Não é verdade. Entre os macacos bonobos, na África, faz-se sexo literalmente o tempo todo, sem qualquer relação com reprodução. Além disso, há farta evidência de homossexualismo entre animais.

Comparações com o mundo animal não se aplicam, porém, porque o homem e a mulher são racionais. A aquisição de inteligência lhes deu capacidade de interferir nos processos naturais, mas não a ponto de violar totalmente as leis de probabilidade. Alguns homens e mulheres usam contraceptivos, outros não; já uma quantidade expressiva de mulheres e de homens quer ter filhos, enquanto outras e outros não. Existe um instinto paternal e maternal que transcende o sexo, porque se manifesta também com filhos adotivos. Nesse sentido, não há risco para a continuidade da espécie se, em dado momento cultural, houver uma onda de uso de contraceptivos, ou mesmo de abortos, ou de homossexualismo, já que é da própria cultura evoluir em ondas probabilísticas, e uma onda contrária eventualmente aparecerá para contrabalançá-la — como foi o caso do *baby boom* norte-americano depois da mortandade da Segunda Guerra Mundial.

Além disso, desde que adquiriu inteligência, e, sobretudo, depois que adquiriu cultura, homens e mulheres começaram a interferir nos processos naturais, inclusive assegurando um aumento espetacular da produtividade agrícola e o concomitante aumento muito veloz da população, suprimindo efeitos da seleção natural que seriam considerados desumanos pela cultura atual. Sem interferência humana, deficientes físicos, bebês prematuros, idosos doentes teriam pouquíssimas chances de sobreviver por muito tempo. Usar contraceptivos é reduzir a probabilidade de gravidez, embora não com segurança absoluta. Mesmo uma camisinha pode rasgar. Em qualquer hipótese, é um ato de seleção consciente, não essencialmente diferente da seleção natural, na medida em que um ato inteligente é também natural.

O prazer sexual em si é de natureza diferente do prazer da criação ou do prazer místico. Ele nada cria além de um êxtase emocional, sendo um instinto que se realiza num ato a dois, sem garantia de procriação. É, porém, um instrumento da evolução da espécie controlado pelo mais elevado entre os sentimentos humanos, o amor. Embora confira um prazer supremo, promove apenas uma satisfação temporária. Terminado o êxtase reacende-se aos poucos o desejo, que se mantém latente enquanto houver amor. É geralmente na continuidade dos atos sexuais que se pode ter um resultado positivo de uma nova vida dentro de milhões de probabilidades de fracasso. Se o sexo se destinasse apenas à procriação, ele seria duplamente determinístico: bastaria desejo sexual, que é efetivamente determinístico, associado ao encontro que também seria determinístico entre o espermatozoide e o ovócito. Na realidade, esse encontro é inteiramente probabilístico, dentro da mulher e no relacionamento da mulher com o homem.

Na medida em que é uma fonte de prazer, em si, independentemente da reprodução, o sexo é um dom fantástico de Deus para a plena realização de homens e mulheres. Isso não significa a banalização do sexo, por um lado, nem sua sublimação, por outro. Também não deve levar à indução precoce da busca de satisfação sexual em meninas e meninos, antes da plena maturidade. Uma ética sexual não deve diferir de outras éticas: a conciliação da máxima satisfação individual com o bem comum — aí incluídas convenções sociais relativistas, necessariamente não invasivas da intimidade

A RAZÃO DE DEUS

humana. Não se trata do utilitarismo de Jeremy Bentham, cuja ética estipulava um balanço quantitativo entre prazer e dor. Embora Bentham tenha sido um pensador surpreendentemente avançado na virada do século XVIII para o XIX, defendendo a dignidade da mulher, condenando a escravidão e com intuições fantásticas em economia, sua ética não decorre de uma metafísica, mas de uma visão humanista, porém quantitativa, do mundo.

Enquanto instinto reprodutivo, o prazer sexual funciona como garantia natural de preservação da espécie pelo aumento contínuo da população. Entretanto, temos plena consciência, hoje, do caráter limitado dos recursos terrestres. Estima-se que, pelas tendências atuais, até 2050 a população continuará crescendo, pressionando fortemente tais recursos e só se estabilizando em torno de 9 bilhões. Talvez isso venha a revelar-se um excesso. Assim, é possível que, junto com o uso dos métodos convencionais de prevenção de natalidade nas relações heterossexuais, a expansão, nas últimas décadas, do homossexualismo e do bissexualismo masculino e feminino esteja em relação com a busca de realização de emoções sexuais naturais fora do contexto reprodutivo, porém inconscientemente em favor do equilíbrio quantitativo da espécie como um todo, em ambos os casos sem perda individual do prazer sexual.

9. A criminalização das drogas e seus efeitos

Consumo e tráfico de drogas representam, num mundo que se admite criado por Deus, outro ponto controverso nas relações legais, religiosas, morais e éticas das sociedades contemporâneas. O ato em si de usar drogas não tem implicações éticas maiores do que o consumo de bebidas alcoólicas e as atitudes antissociais abusivas de alguns indivíduos, todos afetando o interesse coletivo em limites definidos numa curva normal para grandes populações. É a proibição legal da droga, paradoxalmente, que gera problemas éticos quase insolúveis, dado o clima emocional em que o tema é debatido. Por ser criminalizado, o tráfico, estimulado pelos ganhos oriundos da venda ao consumidor na ponta, estabelece uma complexa rede de comercialização que, para funcionar na sombra da lei, requer uma estrutura paralela de corrupção. Dado o extraordinário volume de dinheiro envolvido, esse sistema corruptor afeta praticamente todas as instituições sociais e do Estado, da Polícia ao Parlamento, com óbvias implicações políticas.

A solução para o problema é extremamente difícil, porque pessoas de boa fé julgam que o uso de drogas é tão destrutivo, do ponto de vista individual, que deve ser restringido pela lei. É uma atitude generosa, mas tão invasiva da liberdade individual quanto a restrição ao sexo por prazer. É evidente que o uso de drogas faz mal e, do ponto de vista educativo e mesmo moral, em qualquer sociedade civilizada deve ser desestimulado. A criminalização, porém, é um tiro no pé. Ela estimula a busca de novidades pelos jovens e sustenta toda a estrutura financeira de comercialização. Cria um desequilíbrio ético entre a satisfação do traficante, enquanto comerciante de drogas, e o conjunto da sociedade, enquanto sujeita a consequências nefastas do negócio ilícito. Se alguém tem dúvidas disso, basta observar o México: é uma nação em processo de destruição pelo tráfico de drogas em face da resistência deste aos instrumentos legais de criminalização!

Ouvi certa vez do grande geneticista brasileiro, já falecido, Warwick Kerr o relato sobre duas tribos amazônicas que, conduzidas pelos pajés, participavam de rituais místicos usando uma beberagem indutora de transes. Acontece que, enquanto a erva usada numa das tribos, embora produzindo efeitos psicológicos semelhantes ao da outra, era inócua para a saúde em estado normal, a erva da outra tribo tinha efeitos degenerativos. Essa última tribo estava desaparecendo por conta do uso da droga e nada se podia fazer: intervir seria também destruí-la socialmente, pois estava estruturada em torno do ritual de transe. Seu desaparecimento estava inscrito nas leis do acaso, ou da probabilidade, dentro do processo evolucionário universal.

No caso das drogas "civilizadas", a perspectiva é oposta. Sabemos de seus efeitos e devemos contribuir para a redução de seu uso generalizado por todos os meios persuasivos possíveis. Apenas é inútil tentar fazer isso por lei e pela ação da polícia, conforme a experiência tem provado. O que se requer é uma intervenção cultural determinista para controlar as leis do acaso que levam algumas pessoas a se drogarem. E isso não pode ser feito pela polícia. Tem de ser feito por métodos educativos e persuasivos, similares ao que se têm adotado com relativa eficácia para o controle do consumo exagerado de bebidas alcoólicas e de fumo.

10. O destino individual do homem após a morte física

O que se propõe neste capítulo não é panteísmo, a ideia de que tudo é deus e, portanto, que tudo é natural e moral. Já se disse anteriormente sobre a noção hindu de que Deus está em tudo. Isso é inteiramente contrário ao panteísmo. O panteísta reconhece deus em pedras e bois. Aqui se concebe o espírito de Deus (Atman) como refletido em pedras, bois e homens — nesses, de uma forma muito especial, porque lhes foi conferida inteligência para desenvolver uma mente abstrata, capaz de investigar o próprio Deus por ser uma extensão dele. "Estar em" não é o mesmo que "ser". "Estar em", de outra forma, é um atributo lógico de Deus, desde que suponhamos que Deus quis estar na Criação.

Na metafísica aqui sugerida, não há diferença entre o destino individual na eternidade entre um crente e um ateu. Ambos serão absorvidos ou estarão numa relação pessoal com o Absoluto. O hinduísmo supõe que aquele que não atingiu em vida a realização plena e superou seu karma voltará ao ciclo da vida, para realizar-se. Uma vez cumprido o karma ao longo de vários ciclos de vida — ou através do conhecimento, da devoção ou da ação —, o Atman individual atinge a esfera do Absoluto, o que elimina o tempo individual — já que o Absoluto está fora do espaço-tempo. Os espíritas consideram a hipótese da sobrevivência da alma individual, como os cristãos, porém eles, como os hindus, mas diferentemente da ortodoxia cristã, também acreditam em reencarnação como um mecanismo de aperfeiçoamento do indivíduo através de várias vidas. É uma hipótese razoável desde que se aceite uma transição peculiar entre o tempo humano, no espaço-tempo normal, e o tempo de Deus, fora do espaço-tempo.

Há uma concepção yoga pela qual o ser individual, depois da morte física, escoa por sucessivas etapas sempre mais sutis — corpos etérico, astral, mental, budhi — até a absorção no Absoluto. Seria uma transição do corpo terreno para o nível estritamente espiritual, que também supõe alguma forma de escoamento do tempo numa dimensão própria do espírito. Também aqui é preciso especular sobre uma transição entre dois mundos, na medida em que se acredita que Deus e todo o campo espiritual estejam fora do espaço-tempo e a Criação esteja dentro dele. A hipótese é certamente tranquilizadora para as pessoas com apego a sua individualidade, mesmo desconhecendo o prazer que poderia ser recolher-se logo, como Atman individual, ao seio do Absoluto, imediatamente depois de uma primeira morte física.

Essa questão da sobrevivência de um aspecto da personalidade individual — alma, atmã ou espírito — à morte física só pode ser tratada, a rigor, a partir de fundamentos simultaneamente emocionais (quânticos) e racionais (determinísticos) da existência humana. A razão determinista se inclina a considerar a morte como o fim definitivo da personalidade individual, pois esta só existe enquanto relação matéria-espírito: assim, uma vez destruída a parte material pela morte física, a personalidade individual correspondente desaparece junto, e com ela também o espírito, qualquer que seja o conceito deste.

É o lado emocional humano que sugere a sobrevivência de uma parte, ao menos, da sua personalidade. É impossível provar isso, mas pode-se justificar o motivo pelo qual a ausência de prova é essencial para a valoração da vida: caso houvesse certeza absoluta da sobrevivência da personalidade humana à morte física, a próxima questão seria especular sobre a condição dessa sobrevivência; caso houvesse certeza de que seria melhor que a vida presente, seria um desestímulo para se continuar vivendo; caso contrário, seria um elemento permanente de angústia em vida. Por outro lado, a certeza absoluta de que não há sobrevivência humana à morte física tornaria a busca de estados superiores de bem-estar e de sua conservação bens tão ambicionados que a convivência só seria factível pela imposição da vontade do mais forte numa forma extrema, muito para além do estado hobbesiano.

Minha intuição, ou simplesmente fé, é que o aspecto espiritual da personalidade humana sobrevive à morte física num campo quântico fora do espaço-tempo normal. É óbvio que não poderia ser no espaço-tempo da física clássica, pois este requer relações materiais que desaparecem com a morte. Entretanto, é emocionalmente intolerável pensar que toda a vida subjetiva humana, com a fantástica riqueza espiritual produzida pelo pensamento, pela intuição, pela consciência, pela inteligência, pela emoção e pelo afeto, desaparece com o corpo físico. E não é implausível especular que dentro das muitas dimensões da realidade inferida por diferentes correntes da física, com suas equações quânticas de espaços de múltiplas dimensões, haja lugar para manifestações naturais do espírito individual onde todos venhamos a nos reconhecer após a morte, atendendo simultaneamente a emoção e a razão.

No mundo que se cria perpetuamente, a diferença entre o crente e o ateu é existencial. O crente se coloca numa posição existencialmente mais tranquila porque tem a segurança, ou procura ter, na sobrevivência depois da morte e num acolhimento benevolente no paraíso. O ateu, ao contrário, costuma ter uma compulsão inevitável para provar a si mesmo e aos outros que Deus não existe. É uma tarefa inglória e cansativa, porque, racionalmente, nunca se pode provar, do ponto de vista científico, que algo não existe. O que se prova é que algo não resultou de um experimento particular. Seriam necessários infinitos experimentos sobre a existência de Deus, todos negativos, para se provar de forma científica que Deus não existe.

É verdade que também não se prova cientificamente que Deus existe, embora vários filósofos, desde Aristóteles até Hume, tenham tentado fazer isso ao longo de mais de dois milênios. Mas demonstra-se, como visto no Capítulo I, que algo como um criador é necessário para explicar descontinuidades na física e na biologia, assim como na filosofia e na metafísica. Por isso, o comportamento do cético é mais racional: ele não sabe se existe ou não um Deus. Sua posição, do ponto de vista social, conduz a uma ética mais humana. O materialismo absoluto do ateu dificilmente o levará a ver o outro como irmão, ou seja, a um sentido de fraternidade entre homens e mulheres por sua origem espiritual comum. Nisso o crente também leva uma vantagem moral, desde que sua crença não resvale para o dogmatismo radical e a intolerância religiosa.

Nessa concepção, o bem e o mal estão associados aos atos individuais e coletivos que promovem ou não a evolução criadora. Os atos condenáveis do ponto de vista individual e social, nos ramos extremos da curva normal de probabilidades, deveriam ser principalmente o assassinato e o aborto, esses sem justificativas sociais relevantes, com justificativas torpes ou com justificativas fúteis. No caso do aborto, suprimir uma promessa de vida porque a criança será do sexo feminino, não terá olho azul ou herdará características de uma raça distinta, não discriminada socialmente, é uma justificativa eticamente condenável. É como matar por distração ou suicidar-se num jogo de roleta-russa.

Os processos de engenharia genética devem ser avaliados pelo mesmo ângulo do equilíbrio entre indivíduo e espécie. A eugenia é uma interferência indevida no campo evolucionário. Entretanto, o grande físico Stephen Hawking sugeriu que chegou a hora de o homem assumir o controle da evolução por interferência nos processos genéticos. É quase inevitável que o faça (na verdade, já está fazendo), mas isso tem consequências éticas imprevisíveis. Toda interferência determinista na genética ocorrerá num campo probabilístico. Haverá acertos e erros. Se o homem está em busca de acertos, terá de arcar com a responsabilidade dos erros caso o resultado do experimento seja uma aberração. Antes, a seleção natural cuidava das aberrações, suprimindo-as. Acaso o cientista genético suprimirá a aberração humana gerada por seu experimento ou a acolherá como parte da humanidade, como fazem atualmente as famílias civilizadas com suas crianças excepcionais?

11. O Deus que habita em nós

Iniciei este livro pedindo-lhe para pensar como Deus. Minha mensagem final é que, para isso, não é preciso olhar para o céu. Olhe para si mesmo, sinta seu Atman. Na medida em que viva a emoção de ter Deus dentro de si, vendo a presença de Deus também em cada um de seus semelhantes e em cada árvore na paisagem em frente, você se sentirá mais humano, mais ético e politicamente mais responsável. Seu destino é o destino da espécie — na verdade, do conjunto da Criação, de todo o universo. Daí sua tremenda responsabilidade para com a preservação de um meio ambiente saudável, base de sobrevivência digna para futuras gerações. Alguns filósofos gregos, como Empédocles, diziam que tudo é Um. Somos, na verdade, Um, agora mais do que nunca em função das inter-

A RAZÃO DE DEUS

conexões da era da informação E essa unidade se expressa na relação entre a busca da realização individual, especialmente no prazer da Criação, e a promoção do bem comum. É essa a ética do Deus que se fez homem e mulher e habita entre nós. É a ética que surge da razão de Deus.

A suprema afirmação da ética exprime a conciliação no homem e na mulher da máxima satisfação individual com a realização do bem-estar comum, refletindo o equilíbrio entre o polo subjetivo e o polo objetivo da existência humana. A satisfação subjetiva está em relação com fenômenos físicos no nível subatômico, mais próximos da psicologia, e nessa condição provavelmente governados pelas leis probabilísticas da mecânica quântica, enquanto os aspectos relacionados com o bem-estar coletivo, manifestos no mundo macroscópico, estão ao alcance das regras deterministas da física clássica. Expressos nessa dupla realidade espiritual (subjetiva) e material (objetiva), o homem e a mulher têm em si as qualidades da liberdade probabilística (Shiva) e da estabilidade determinista (Vishnu), o que os torna aptos a criar (Brahma) e a manter o processo criativo num jogo simultâneo de espontaneidade e de determinação.

Niels Bohr, o grande físico dinamarquês, famoso pela defesa da epistemologia quântica frente a Einstein, desenvolveu o conceito de complementaridade como base para o entendimento dos fenômenos da natureza, a partir dos paradoxos da mecânica quântica. Com toda certeza inspirado nas filosofias orientais (escolheu por brasão o símbolo do yin e do yang chinês), ele viu na manifestação da luz como efeito ora corpuscular, ora ondulatório a indicação de uma realidade única mais profunda, expressa pelo conceito de complementaridade. Não é de todo arbitrário aplicar o mesmo conceito de complementaridade à própria existência humana, na sua forma manifesta, indivisível em vida, de corpo e espírito (ou consciência). E se toda a matéria, no nível subatômico, se manifesta ora na forma de onda, ora na forma de partícula, não seria exagerado associar a forma-partícula ao corpo material e a forma-onda ao espírito. Por outro lado, parece óbvio que é esse arcabouço de aspectos complementares básicos que está na origem da atração psicológica e física entre o homem e a mulher, ou entre o masculino e o feminino, em todo o universo da Criação.

Minha inspiração longínqua tem sido *Çaturanga*, um fascinante romance do poeta e escritor indiano Rabindranath Tagore, que li na adolescência. É o caminho de uma vida que nasce num ambiente religioso formal, cresce agnóstica, torna-se seguidora de uma seita mística e finalmente atinge a iluminação. Eu segui algo como os três primeiros passos, mas não tenho ousado buscar a iluminação. O que tenho aprendido do yoga do conhecimento me aconselha a buscar a felicidade em plena vida, na conciliação do um, que sou eu, com a humanidade, que é a espécie na sua relação com o mundo. Um dia atingirei a iluminação, a união com o grande Atman. Será, porém, por um processo natural, a morte física, sem a elevada disciplina ascética requerida dos iogues orientais numa prática hoje generalizada também no Ocidente.

Contudo, não tenho pressa, sequer como experiência mística: se fosse para ter pressa de sair da vida ou para suspender minha conexão temporária com a vida — com seus altos e baixos, com seus momentos de prazer e de dor, com sua ambiguidade fundamental de alternância de dias claros e escuros —, se fosse, repito, para ter a experiência que seria me confundir com Deus em vida, eu não teria tanto gosto por

A RAZÃO DE DEUS

ter sido criado como homem na qualidade de um cogerente da própria Criação para viver objetivamente nela. Em lugar disso, enquanto espero pela interação com o Absoluto, quero tirar da vida o máximo de satisfação, no plano subjetivo, buscando realizar meus desejos sem apego, mas contribuindo ao mesmo tempo, de forma objetiva, para o bem-estar geral do meu meio social, que a Internet tornou o meio do mundo.

CAPÍTULO XI O enigma da paranormalidade

1. O assombro em face do inexplicável

O espanto do homem primitivo diante do som do trovão e o assombro do homem contemporâneo diante do código genético são da mesma natureza: trata-se de reação da razão ao imediatamente inexplicável. A diferença está no fato de que o primitivo, por estar num estágio inicial do desenvolvimento racional, não tem como atribuir ao método científico a propriedade de resolver os enigmas em algum tempo futuro. Na essência, um procura inventar uma explicação sobrenatural para todos os fenômenos sem explicação objetiva, enquanto o outro confia numa explicação natural futura que tem, no presente, características similares às de uma metafísica.

Há fenômenos estranhos comprovados objetivamente que não são explicados pelo método científico ou pela crítica de mágicos de extrema habilidade. Formam o estofo do misticismo, do esoterismo, de crenças e de religiões. É o campo da paranormalidade. Eventualmente, são "explicados" pelo recurso a um terreno de fronteira entre materialismo e espiritualismo. Em qualquer hipótese, desafiam a razão científica de uma forma peculiarmente intolerável para muitos pensadores que prefeririam um mundo mais sujeito à experimentação e mais previsível. Infelizmente para esses, contudo, os alicerces subatômicos do mundo são probabilísticos, não determinísticos. É provável que a esfera do sobrenatural se situe aí, talvez numa dimensão ainda mais sutil, inalcançável para sentidos comuns e os mais sofisticados instrumentos de medição.

De fato, o que se conhece da matéria nos remete a níveis sempre mais crescentes de complexidade no mundo subatômico, numa escala que vai da molécula ao átomo e desse aos prótons, nêutrons e elétrons; dos prótons e nêutrons aos quarks e léptons, sendo cada um desses com sua diferente *cor* e spin; e desses para partículas de ligação e repulsão ainda mais sutis, como os glúons e higgs. Os atomistas gregos, como Leucipo e Demócrito, acreditavam que a matéria elementar era constituída por átomos uniformes e indestrutíveis, numa concepção que certamente violava o senso comum, mas que só seria cientificamente contestada no início do século XX. O mesmo tipo de limitação pode aplicar-se ao mundo espiritual. As noções que temos de pensamento, intuição, inteligência e consciência, que a psicologia toma como atributos homogêneos do espírito, na verdade podem ser estruturas complexas que se desdobram para dentro de si mesmas de forma análoga à estrutura do átomo físico.

Os fenômenos sobrenaturais são de diversas naturezas. Aí se incluem, no terreno da religião, milagres de aparição e de cura, comunicação com os mortos pela fala e a escrita (psicografia), fenômenos de materialização mediúnica, aparições de santos e de fantasmas etc.; no campo secular, pode-se citar a telepatia, a telecinesia, a premonição etc.; no campo metafí-

A RAZÃO DE DEUS

sico, a astrologia e outras formas de adivinhação; no campo do misticismo, a levitação, a parada mentalmente induzida de funções orgânicas por um tempo que normalmente levaria à morte, o êxtase místico etc.; finalmente, temos os discos voadores (Ovni), as alegadas abduções, visitas de extraterrestres, fenômenos luminosos inexplicáveis, desaparecimentos misteriosos de aviões e navios etc.

Uma análise rigorosa desses fenômenos requer, inicialmente, uma separação clara entre os que correspondem a experiências subjetivas e os que têm, de alguma forma, um registro objetivo: fotografias autênticas, vídeos, testemunho compartilhado por muitas pessoas que se acredita não sugestionáveis. Estou interessado sobretudo na segunda categoria, mas a sugestão de explicação que vai abaixo, caso considerada razoável, serve para ambas, exceto quando se trata de fraude ou de má-fé. A hipótese colocada é que o sobrenatural existe como probabilidade e é nessa característica que reside a dificuldade de explicá-lo: ele resiste à experimentação e ao controle em termos de física clássica e de sentidos comuns.

Se tomarmos a metáfora de um Atman Absoluto, o Criador, que se manifesta na Criação como braços finitos de um oceano infinito, esses na forma de Atman individual, podemos extrair daí a sugestão de uma comunicação permanente entre o Criador e os seres criados e desses entre si, através do campo que lhes é comum. Usando uma imagem da física, Deus é o campo de energia simbolizado no oceano e seus braços e a mente do homem e da mulher é a forma como Deus se individualiza na Criação e partilha com ela o prazer criativo. Deus e homem, assim como todos os seres nos quais se manifesta um Atman, estão intimamente entrelaçados. E o processo desse entrelaçamento, no homem e na mulher, é o pensamento racional e a intuição criativa. Sabemos que a memória é um conjunto de registros do passado e de conceitos adquiridos ao longo da vida, topologicamente situada num lugar do cérebro, e sabemos que a consciência é um estado de alerta da mente como um todo. Já o pensamento se revela mais como um operador dos processos mentais da memória e da consciência, um instrumento deles, embora também com conteúdos próprios. É como a energia elétrica: ela não é a luz, nem a força motriz, nem a energia térmica, mas a operadora e indutora de processos que geram luz, força motriz e energia térmica.

2. Um campo sutil de comunicação e de criação

Se tomarmos a mente, identificado também como espírito, como o campo gerado pelo Criador — talvez, como um aspecto polar do próprio Criador, sendo o outro polo a matéria/energia — é possível compreender grande parte dos fenômenos sobrenaturais numa base quase-natural. Estamos mergulhados nesse campo sutil, mais sutil do que o mais sutil dos campos subatômicos, e partilhamos com o Criador esse campo, que constitui um reservatório infinito de capacidade de operar a mente com conteúdos cognitivos e intuitivos. Portanto, nossa mente é a expressão individualizada da mente do Criador e se manifesta de duas formas: uma, determinística, conduzindo a inteligência pelos processos da razão crítica; outra, probabilística, conduzindo os processos mais criativos por meio da intuição.

O homem comum pensa dessa forma quando atribui um ato criativo excepcional a uma inspiração superior ou a Deus. A intuição artística e científica, como observado

A RAZÃO DE DEUS

antes, é racionalmente inexplicável. Contudo, se existe um campo comum de sabedoria ou de inspiração artística, é indiferente atribuir sua fonte a fenômenos naturais ou a Deus: em qualquer hipótese, trata-se de interação com um campo partilhado em algum nível sutil de energia ainda não constatado em laboratório. Ou seja, deve haver algum meio pelo qual um inspirador "celeste" comunica algo ao criador terreno. E como isso não ocorre de forma sistemática, num processo racionalizado ou só dentro de determinadas categorias ou classes sociais, discriminadas pela inteligência, deve acontecer através de métodos probabilísticos.

Uma vez aceita essa analogia, fica mais fácil compreender a telepatia, a premonição e talvez a suposta comunicação com os mortos, entre outros fenômenos sobrenaturais. O estudo desses fenômenos esteve muito em voga nas últimas décadas do século XIX e primeiras do século XX, conduzido, sobretudo pela Sociedade Britânica de Pesquisas Psíquicas e depois por suas congêneres americana e francesa. A telepatia tem sido comprovada em laboratório por métodos estatísticos, mas não determinísticos, o que deixa muita gente insatisfeita. Prova-se que o número de acertos em experimentos telepáticos é maior do que o que se esperaria do acaso, mas há um número suficiente de erros para que se conclua que a experiência não pode ser controlada deterministicamente. Aqui, de novo, temos um campo de probabilidade, não uma certeza matemática.

Considere-se, porém, que o telepata interaja com outras mentes através do meio comum do pensamento, o Espírito de Deus ou Atman: seria um mecanismo similar ao da intuição, um processo genuinamente probabilístico, que ele pode sentir espontaneamente, mas não pode controlar; e parecido, no mundo material, com o processo físico que ocorre entre um aparelho celular e uma torre de micro-ondas. O mesmo se pode dizer da premonição, algo também comprovado por muitos testemunhos críveis: uma mãe que "sente" um grande risco por que passa o filho no momento em que esse risco está ocorrendo num lugar distante simplesmente entrou no campo comum do pensamento de ambos, o Atman universal. O processo é incontrolável — a mãe não consegue reproduzir a sensação de percepção quando o quiser —, mas tem podido ser verificado em certos casos por testemunhos idôneos.

Milagres têm sido apresentados como autênticos e a Igreja Católica utiliza-se de métodos muito rigorosos de investigação para reconhecê-los. Contudo, também podem ser explicados numa base ao mesmo tempo natural e metafísica, quando se considera que efeitos objetivos do milagre derivam de interações subjetivas que são reconhecidas pela medicina no campo da psicoterapia. Assim como há doenças psicossomáticas bem diagnósticas, a ação da psique, no campo de interação entre o Atman individual e o Atman absoluto, pode trazer a cura num nível inesperado, atribuída à intervenção divina ou de algum santo. Contudo, não é a cura direta operada pelo divino, mas a cura em interação com o divino ou com um princípio natural universal.

A suposta comunicação com os mortos requer uma hipótese adicional. Os espíritas asseguram que é possível, mas obviamente partem do pressuposto de que há uma vida após a morte num corpo sutil individual, a alma, com emoções e inteligência não diferentes das que existem em vida. É muito difícil aceitar essa hipótese fora do âmbito de crenças religiosas arraigadas, pois pressupõe a extensão do tempo-espaço ao mundo dos mortos e, portanto, ao de Deus. A

A RAZÃO DE DEUS

doutrina espírita é confortável para os que querem sobreviver à morte física, mas não é necessária para o conforto do espírito. Afinal, se a suprema felicidade é ser reabsorvido no seio de Deus, ou do Atman, ou partilhar com Ele atributos divinos, por que esperar por vários ciclos de reencarnação? Não obstante, é possível conceber um processo de transição desse para o mundo espiritual no qual a individualidade seja preservada numa dimensão especial do espaço-tempo até a total assimilação do Atman individual no Absoluto, fora do espaço-tempo.

É que fenômenos mediúnicos existem. As pranchas Oui Ja foram moda na França do século XIX, primeiro como brincadeira de salão, depois como crença codificada por Alan Kardec, sendo que o espiritismo ganhou rapidamente popularidade em muitos outros países. No Brasil, dois notáveis espiritualistas se destacaram em tempos contemporâneos: Chico Xavier, pelas mensagens do além que se transformaram em centenas de livros e em motivo de consolo para milhares de mães que haviam perdido filhos e filhas em acidentes ou por doença, e José Arigó, pelas operações mediúnicas de indiscutível eficácia. Essa habilidade de curar sem prévio conhecimento médico regular pode ser atribuída à comunicação com o Atman em estado de transe. O mesmo quanto à escrita automática, cujo conteúdo pode ser resultado de empatia do Atman do médium com o Atman do próprio consulente.

Já a "ciência" de Arigó e de alguns de seus sucessores, todos se acreditando como meios através dos quais age o espírito de um morto, traz implicações adicionais perturbadoras: Arigó fazia operações extremamente complexas, sem anestesia, de tumores no corpo e até de olhos, sem usar equipamento cirúrgico esterilizado e totalmente fora de um campo asséptico. Muitas dessas operações foram registradas em vídeos ou por fotografias, de ângulos muito próximos, o que afasta a hipótese de fraude. Resultados foram acompanhados, assim como curas. Teríamos, portanto, que avaliar todo o processo em sua unidade básica, num nível mais amplo de interação entre o médium, o paciente e o objeto de cura, pelo qual as "forças" sutis envolvidas na operação atuassem a um só tempo sobre a mente (anulando efeitos de dor) e a matéria, aí incluídos fatores patológicos e possíveis agentes de infecção bacteriológica. Note-se que essa descrição não conflita necessariamente com as explicações que os próprios espíritas dão de todo o processo, exceto pela intervenção nele de um morto individualizado ou de uma equipe de médicos mortos.

Fenômenos de materialização, que exigiriam uma interação improvável entre mente e criação de matéria na forma de ectoplasma, não chegaram a ser comprovados de forma inequívoca. Fantasmas e aparições têm sido relatados com mais frequência, e em alguns casos — batidas no assoalho, vultos, arrasto de correntes etc. — com testemunhos compartilhados. Nesse caso, o que se pode dizer é que se trata de um evento genuíno na mente através da intersubjetividade, como acima sugerido. Isso é muito menos implausível do que se pensa. Não temos conhecimento real do mundo exterior, exceto pela atuação da mente num mundo que se dá a conhecer pela intersubjetividade. Jamais podemos afirmar de forma lógica que o que vemos como vermelho é de fato o que o outro vê como vermelho. O que acontece é uma convenção linguística: chamamos de vermelho um evento que cada um experimenta de forma subjetiva, inferindo uma relação de causalidade entre o evento e seu percepto.

Se há um campo comum de pensamento, que liga os seres conscientes entre si e subsiste na unidade do Atman após a morte individual, a intersubjetividade que dá sentido ao mundo da física deve atuar também no campo psicológico. Uma condição externa qualquer pode gerar uma reação espontânea da mente na percepção do que lhe parece ser o efeito físico de um fantasma, sendo isso comunicado a outras mentes pela mesma cadeia da intuição criativa. Com isso, um fenômeno estritamente subjetivo torna-se aparentemente objetivo, pela intersubjetividade. É o que pode ter acontecido, por exemplo, no milagre de Fátima: o percepto de uma menina acabou por ser comunicado aos irmãos diretamente a suas mentes, por intersubjetividade. Assim mesmo, a aparição da imagem é um fato interno, não estritamente objetivo.

3. O fenômeno dos Ovnis

É possível que a mesma interpretação pode-se aplicar a algumas aparições de Ovnis. Quando se trata de evento sem outras testemunhas senão o próprio observador, o relato, desde que sincero e sem intenção de fraudes, cai no campo da explicação psicológica: para a mente individual, trata-se de fato verdadeiro, inequívoco. Como tal, merece credibilidade, embora a explicação para o evento não coincida necessariamente com a interpretação dada pelo próprio observador. É que não há necessidade de existência real de um Ovni externo para que ele exista enquanto realidade psicológica. Um evento mental pode ser a individualização da percepção dentro do campo universal da mente gerado pelo Atman e transmitido aos seres vivos na forma de inteligência e de intuição. Um Ovni, nessa acepção, não é diferente de um arquétipo junguiano.

Quando existem muitas testemunhas e registros físicos de uma aparição de Ovni ou de eventos físicos extraordinários (como luzes inexplicáveis enquanto fenômenos físicos normais), é necessário ir além na interpretação — ou, simplesmente, abandonar qualquer tentativa de explicação, como fazem muitos investigadores. É que a "explicação" convencional dos ufólogos, e que tem certo agrado popular, é justificadamente inaceitável em termos físicos contemporâneos: as distâncias astronômicas da terra são tão absurdas que inviabilizariam visitas de extraterrestres; por outro lado, não parece plausível a existência de seres inteligentes semelhantes a nós na nossa vizinhança, o Sistema Solar; finalmente, viagens no tempo são pura ficção científica pelo menos para o estágio atual da ciência.

Entretanto, é sempre possível avançar com a especulação. O mais perturbador são os eventos registrados fisicamente por máquinas fotográficas ou câmeras de televisão. Só podem ser interpretados dentro do esquema aqui proposto mediante uma fórmula extrema: ou a comunicação entre si de mentes individuais produz uma forma capaz de refletir a luz que incide sobre a película do filme ou, com ainda maior grau de ousadia, se admite que é a mente do fotógrafo ou cinegrafista que produz a imagem diretamente na película, por algum processo causal desconhecido. Talvez o mais razoável seja postular que se trata de visitas de seres procedentes de civilizações milhões de anos mais avançadas que a nossa e que dominaram uma tecnologia de viagens a uma velocidade superior à da luz!

4. Experiências de vidas passadas

Um fenômeno que merece atenção à parte é a chamada regressão a vidas passadas. Hoje isso faz parte de certas psicoterapias alternativas, ao que parece produzindo resultados eficazes, mas o relato original a respeito, *O caso de Bridey Murphy*,[1] trata do conteúdo mesmo das comunicações a partir de uma ou várias supostas vidas anteriores. É particularmente interessante porque esse primeiro efeito de regredir-se a uma vida passada não era buscado no experimento. Buscava-se, sim, uma regressão hipnótica à infância (algo trivial) que, surpreendentemente, entrou para o espaço de vidas anteriores. Caso isso pudesse ser efetivamente comprovado, estaria confirmada a crença hindu na metempsicose ou na sobrevivência da alma individual à morte física. Contudo, os céticos sempre poderão alegar que se trata de elaboração da mente, mesmo que inconsciente.

Em terreno vizinho, as Experiências de Quase Morte (EQM), amplamente relatadas em hospitais de diferentes países por pacientes que estiveram próximos de morte clínica e foram ressuscitados, seguem um padrão comum de encontros numa outra dimensão com seres benévolos que os conduziram a voltar do mundo de gozo sobrenatural sob alegação de que sua hora de permanecer ali ainda não havia chegado. Essa experiência, na maioria dos casos, deixa uma impressão profunda de amor e fraternidade nos que passam por ela, o que atesta plena convicção subjetiva sobre seu conteúdo. As interpretações, à margem do que

---

[1]BERNSTEIN, Morey. *O caso de Bridey Murphy*. Tradução brasileira de Leonidas Gontijo de Carvalho. São Paulo: O Pensamento, 1952.

pensam os próprios experimentadores, remetem a uma situação psicológica de extremo stress nas vizinhanças da morte. Especialistas alemães chegaram a identificar a região do cérebro que, uma vez estimulada, produz as EQM. Isso, contudo, é muito pouco para concluir que se trata de um fenômeno exclusivamente bioquímico.

Em qualquer hipótese, só conta a favor de especulações tão ousadas o fato de que a psicologia é ainda um terreno amplamente desconhecido pela ciência contemporânea, a despeito dos progressos feitos no último século. Não sabemos realmente de que é constituído e como funciona o conteúdo da mente humana. Temos a abordagem de Freud, que coloca os processos mentais como condicionados a três aspectos fundamentais da mente, o id (impulsos vitais), o superego (condicionantes sociais) e o ego (a relação entre os dois que se apresenta socialmente como o foco da personalidade no eu); Jung acrescentou os arquétipos, que estariam num nível ainda mais profundo do que o id em sua influência na construção da personalidade individual e social. Lacan introduziu o conceito de real. Contudo, trata-se de uma axiologia, uma categorização: ninguém nunca viu o id em sua constituição interna!

A fisiologia do cérebro avançou muito em termos de topologia de funções mentais, mas nada diz ou pode dizer da realidade interna dessas funções. Como observei em capítulo anterior, sabemos que os registros de memória se localizam em certas partes dos hemisférios cerebrais, sabemos que as funções emotivas estão concentradas em outras, mas nada sabemos dos conteúdos internos do processo que relaciona essas áreas entre si: o pensamento. Mais importante ainda é o fato de que não há método fisiológico capaz de superar esse

A RAZÃO DE DEUS

impasse. Se houvesse um, seria o próprio pensamento, mas como poderia o pensamento analisar seu próprio conteúdo?

Esse tipo de dificuldade é familiar aos físicos que se defrontaram com a Teoria Quântica: os instrumentos de laboratório convencionais, por mais sofisticados e elaborados que sejam, são incapazes de tomar medidas precisas e simultâneas de alguns de dois eventos correlacionados no mundo subatômico. Não se trata de imprecisão dos instrumentos, mas de uma incompatibilidade física fundamental: os instrumentos convencionais de medida estão no mundo da física clássica determinística, enquanto os eventos subatômicos são, em sua própria natureza, probabilísticos. O físico pode medir probabilidades no comportamento de conjuntos, não trajetórias individuais. É como se a partícula de um conjunto, individualmente, pudesse escolher para onde ir dentro de um vasto campo de probabilidades.

Se o reino da probabilidade se manifesta no mundo subatômico, é perfeitamente possível, como já mencionado, inferir que esse é também o reino da mente e do pensamento, ambos movidos por energias sutis num nível ainda mais profundo do que o das partículas subatômicas conhecidas e em parte ainda desconhecidas. No homem e na mulher, a manifestação dessa realidade encontra-se no princípio do livre-arbítrio: dentro de determinados parâmetros subjetivos e objetivos, eles comandam suas escolhas individuais. Os parâmetros estabelecem a fronteira comum entre a ideia metafísica da liberdade humana absoluta e o pensamento behaviorista radical, para o qual cada movimento do pensamento e cada passo que damos na rua correspondem a um impulso mecânico mentalmente irresponsável, determinado pela física e pela biologia.

Os behavioristas, contudo, revelaram inegável sabedoria ao concentrar sua atenção na influência do ambiente sobre o desenvolvimento da personalidade humana. Seu florescimento ocorreu num tempo em que as descobertas da física quântica eram ainda pouco conhecidas fora de um restrito grupo de especialistas. Atualmente, poucos se atreveriam a colocar no mesmo nível de não responsabilidade individual os feitos de Madre Teresa de Calcutá e os de Jack, o Estripador. Não são os impulsos inatos, estritamente, nem os inculcados socialmente que determinam o conteúdo da personalidade. É a interação entre ambos, no qual o ambiente funciona como moldura e o indivíduo, quanticamente livre, como a obra de arte.

5. Limites da mente individual

Entretanto, sabemos, ou pensamos saber, muito do ambiente e pouco da mente individual. Nossas representações da mente são relativamente toscas, se a imaginamos como um campo polar da realidade total, como se sugere na filosofia hindu. Os esquemas imaginados por Freud, Jung e Lacan, entre outros grandes psicólogos, não deixam de ser reducionistas, não obstante o alargamento produzido pelos dois últimos. Se a realidade física é tão espetacularmente grandiosa que tenha levado um cientista a especular sobre o infinito em todas as direções, tal a complexidade do infinitamente grande identificada pelos grandes telescópios e também do infinitamente pequeno inferida em laboratório, nada justifica, como argumentado acima, que o polo mental se reduza a três ou quatro níveis de aspectos básicos, limitados a si mesmos.

Se o campo do pensamento, como acredito, é um condutor para a mente de conteúdos psicológicos, racionais e emocionais, que tem conteúdo em si mesmo, ele pode ser tão complexo como o campo do átomo físico ou mais ainda. Pode ter aspectos e funções diferenciados, pode ter componentes quânticos imateriais, num universo mental simétrico ao universo físico, ou pode ser o campo de interação entre o universo quântico físico e a própria mente. E, na medida em que acompanha a evolução social, obedece a leis probabilísticas. Essa forma de mente, se é assim, produz efeitos que estão fora da compreensão da lógica normal, sensível apenas à causalidade determinística. Nesse sentido, certos fatos sobrenaturais jamais seriam explicados, a não ser mediante treinamento que adapte a mente a efeitos estritamente quânticos.

É o que parece acontecer com o iogue: a base do treinamento do iogue é se colocar num estado de máximo esvaziamento dos conteúdos mentais oriundos do exterior e se deixar ficar numa posição receptiva da intuição interior. Ele passa do determinismo ao probabilístico. Isso significa literalmente deixar-se levar pelo acaso no campo mental. O êxtase, numa concepção comum a religiões orientais e ocidentais, é a comunhão do Atman individual com o Atman supremo, num campo emocional comum. Contudo, quando induzido com propósitos exibicionistas, apenas para maravilhar os outros com a exposição de poderes especiais, é condenado pelo Bhagavad Gita. De qualquer forma, os que comunicam essa experiência a descrevem como uma forma sublime de satisfação individual, mais prazerosa do que o ato sexual — aqui sempre me ocorre a dúvida sobre se os sábios iogues, diferentemente dos tântricos, tendo experimentado uma, realmente experimentaram as duas para estabelecer uma comparação! (É que vejo no ato sexual completo uma forma igualmente de fusão com o outro num campo divino, o que, aliás, corresponde aproximadamente ao pensamento tântrico).

Não se pode explicar completamente o sobrenatural, mas o sobrenatural pode lançar sobre os nossos processos mentais o mesmo tipo de luz que a bioquímica lança sobre a biologia: por sua incompletude, ambas requerem intervenção externa para uma interpretação racional aceitável dos eventos em seu campo. Estamos condenados a uma dualidade paradoxal: na medida em que avançamos em conhecimento científico, mais se abrem as avenidas do desconhecido. Isso acontece seja no campo da física e da biologia, seja na psicologia. Uma espécie de instinto nos empurra para a obtenção de mais conhecimento e para cada passo que se dá adiante verifica-se que falta cada vez mais alguma coisa para uma explicação completa. É a metáfora de Sísifo, condenado a empurrar eternamente uma rocha morro acima, sempre recomeçando a tarefa por ciclos sucessivos. Assim é, por exemplo, a busca de uma teoria unificada de forças pela física.

A despeito desse paradoxo, poucos cientistas estariam dispostos a parar de fazer pesquisas. E isso, sem dúvida, é a grande maravilha da Criação: se Deus tivesse feito o mundo pronto e acabado, se tivesse em si mesmo a chave do futuro, seria um tipo de criação monótona para os criados e para Ele mesmo. Por outro lado, não haveria sentido numa criação totalmente casual, sem parâmetros reguladores, pois do caos não se organizaria nada, a não ser por outra influência metafísica inventada pelos matemáticos, o Atrator Estranho, ele próprio expressão de algum fator regulador desconhecido. Para que houvesse uma criação criativa, foi necessário conciliar determinismo e probabilidade, ambos refletidos na mente e na matéria. O sobrenatural, nesse contexto, é um

A RAZÃO DE DEUS

truque evolutivo para manter a curiosidade humana acesa. É a forma como pisca, num nível elementar, a luz de Deus.

A intuição, por sua vez, parece funcionar como uma ponte direta entre o Atman individual e o Atman Absoluto, sem mediação da consciência racional. Ela é a verdade ou a beleza incondicionadas. Já mencionei os aspectos intrigantes da intuição nas artes e nas ciências, mas uma demonstração ainda maior de seu poder pode ser encontrada num terreno absolutamente insuspeito do desenvolvimento científico. De fato, séculos antes da divisão do átomo no Ocidente, "enquanto a Europa era soterrada sob as superstições da Idade Média, no Afeganistão o fundador da ordem dos derviches vagantes (Al Rhuni) profetizava: *Se você destruir um átomo, encontrará dentro dele um sol com planetas girando em torno. Quando esse átomo abrir sua boca, sairá um fogo capaz de reduzir o mundo a cinzas*".[2]

6. Bases empíricas da astrologia

A astrologia, no contexto da análise da paranormalidade, merece uma observação à parte. Da mesma forma que a alquimia, nos primórdios, contribuiu para a gênese da química moderna, a astrologia inspirou, em algum momento do passado, as bases da astronomia. É uma fascinante combinação de observação empírica, racionalidade e especulação livre, juntando aspectos objetivos e subjetivos do conhecimento humano. Qualquer pessoa com algum nível de racionalidade

---

[2]CARUSO, Francisco; SANTORO, Alberto (ed.). *Do átomo grego à física das interações fundamentais*. Rio de Janeiro: Associação Internacional dos Amigos da Física Experimental de Altas Energias, 1994, p. 75.

sabe, da observação dos fenômenos solares e lunares, que os astros mais próximos influem no comportamento humano através de ondas eletromagnéticas e gravitacionais, como é o caso da luz visível e do campo gravitacional. Na medida em que a luz das estrelas distantes também nos alcança, é razoável supor que também elas possam ter alguma influência na vida na Terra, se não de forma determinista, pelo menos de forma probabilística.

Como não há como precisar e medir exatamente os efeitos dos astros distantes sobre os humanos, tanto em escala social quanto individual, só um intérprete que tenha alta sensibilidade subjetiva a esses fenômenos é capaz de interpretá-los e transmitir objetivamente aos que o consultam uma indicação de probabilidade de eventos no futuro, e não uma tendência inexorável do destino. E, como acontece em qualquer especialidade, há os autênticos e há os charlatães. Em geral, é impossível distingui-los. Assim como é impossível distinguir autênticos de charlatães também na consulta de cartas, de vísceras de animais mortos, de búzios ou de toda sorte de expedientes físicos cuja eficácia reside justamente em provocar a sensibilidade dos adivinhos e médiuns, que vaticinam segundo um campo de probabilidade não determinístico, a cujo campo de conhecimento eles têm acesso pela afinidade com o Atman universal.

A ciência despreza como superstições a astrologia e a previsão do futuro por sensitivos que usam diferentes meios de contato com o sobrenatural. Entretanto, milhões de pessoas no mundo contemporâneo usam os serviços de astrólogos e de adivinhos em sua vida diária, seja como um roteiro prático de vida, seja como uma inspiração abstrata. A astrologia, a adivinhação por diferentes meios e os oráculos remontam aos

A RAZÃO DE DEUS

primórdios da civilização. O I Ching, na China, é considerado um reservatório de sabedoria. Certamente eles não passariam no teste se fossem submetidos à experimentação científica determinista, mas o simples fato de terem sobrevivido tantos séculos deve suscitar alguma dúvida quanto a sua eficácia. O fato é que, exceto em rituais de magia negra, a interação com o sobrenatural, independentemente de que seja uma realidade ou não, em geral é benéfica para a convivência humana e a paz interior. Donde a atitude mais prudente, além de generosa e tolerante, que se deve ter em relação aos fenômenos paranormais é a que se expressa no antigo e proverbial ditado espanhol: *No creo en bruxas, pero que las hay, las hay!* (Não creio em bruxas, mas que existem, existem!)

Posfácio

Deus em si

1. Compreendendo a natureza do divino

Até aqui se buscou compreender Deus por meio de um método aparentemente paradoxal que recorre, de um lado, às realizações e conquistas da ciência e, de outro, às evidentes limitações desta mesma ciência em sua capacidade de explicar a natureza. É o momento de tentar compreender Deus em si mesmo. Tudo o que existe procede de Deus, exceto o futuro, que é o campo deixado por Deus aos caprichos da probabilidade, e em cujo curso Ele só interfere em situações excepcionais em face de graves ameaças à ordem social e à ordem cósmica, assim como em certas situações individuais. Ao criar o universo, e dentro do universo o homem, Ele nada fez além de expandir seus próprios atributos na interação de matéria e espírito, condicionando matéria ao espaço-tempo do corpo físico e assegurando ao espírito a liberdade incondicional da mente humana.

Para tentar compreender Deus a cosmogonia hindu deduziu diferentes doutrinas de uma inspiração comum expressa nos Vedas, nos Brahmanas, nos Upanixades e nos Purunas, nem sempre coincidentes entre si. A que melhor satisfaria o racionalismo ocidental, numa forma em parte recuperada pela teósofa madame Blavatsky em "A Doutrina Secreta", no final do século XIX, distingue entre o ser absoluto, Brahman, contido em si mesmo e concebido como realidade una e eterna, inacessível à mente humana, e sua projeção objetiva, fonte de toda a criação universal, Brahma. Essa distinção sutil nos coloca em situação de entender pelo menos parcialmente o Criador: enquanto Brahma, Ele participa de alguma forma da natureza dos seres criados, no espaço-tempo, e lhes comunica a possibilidade do entendimento dessa natureza; como Brahman, o absoluto torna-se inapreensível e inalcançável pelo nosso intelecto — exceto pela via da emoção no transe místico de um mestre iogue, ou pela iluminação que se atinge também pelo conhecimento ou pela ação. Pode-se conceber o espírito, *purusa*, e matéria-mente, *prakrti*, como atributos de Brahma. Da sua interação surge o universo como o conhecemos.

Brahma, conforme visto no capítulo II, anteriormente faz parte de uma tríade composta também por Shiva, o destruidor, e Vishnu, o mantenedor, cada um com suas consortes. Contudo, insisti-se não se trata de três deuses: todos são aspectos do Brahman supremo, ou Krishna (Bhagavad Gita), em sua forma criadora, destruidora e mantenedora. Trata-se, pois, de expressões da realidade cósmica, que se manifesta como ciclos de criação, destruição e manutenção.

Essa representação, portanto, não passa de um recurso pedagógico: Brahma é o aspecto de Brahman associado à função criadora, sendo que, pelo Bhagavad Gita, a suprema e única personalidade de Deus é Krishna. Brahman, porém, não tem atributos que possam ser conhecidos, ou sequer tem atributos, porque se encontra numa esfera transcósmica ina-

A RAZÃO DE DEUS

preensível, portanto fora do alcance do conhecimento ou da especulação humana. Já Brahma pode ser conhecido através de seus atributos, isto é, através dos atributos reconhecíveis na própria Criação. É uma espécie de projeção de Brahman, que se manifesta para assumir o aspecto criativo no Cosmos, na vida e no homem.

Conhecemos matéria e energia, seja de forma tosca, pelos sentidos humanos limitados, seja usando os instrumentos sofisticados da matemática, da física e da biologia, num nível extremamente complexo de profundidade. No nível físico fundamental, tudo se reduz a um conjunto de ondas-partículas subatômicas elementares, interagindo entre si para formar blocos concretos de galáxias, estrelas, planetas, montanhas, oceanos, homens. No nível biológico, tudo se reduz a células microscópicas altamente complexas que se juntam para receber o sopro da vida no microcosmo e nos organismos superiores. A esses blocos aparentemente sólidos que vemos na vida diária associamos a ideia de matéria e energia. Em geral, nos esquecemos de que na base deles encontram-se eventos físicos e biológicos de extrema sutileza que, numa dança probabilística, asseguram o equilíbrio aparente do conjunto.

2. A dupla natureza divina: determinismo e probabilidade

Como já observado, pode-se tentar compreender a natureza de Deus como um ser que se manifesta numa forma simultaneamente determinista e probabilística, a forma da natureza física e biológica. É a forma da luz, simultaneamente onda (probabilística) e partícula (determinista). Não tente fazer uma imagem mental do que significa isso: nem são ondas empurrando trilhões de partículas, nem são trilhões de partículas cavalgando ondas. É uma coisa e outra ao mesmo tempo, uma realidade que se revela na complementaridade. Também é inútil tentar fazer uma imagem de Deus: a melhor metáfora para descrevê-lo é a da própria luz, algo que muitos religiosos de todos os séculos intuíram, ao identificarem Deus com o Sol ou com a Luz do mundo. Pense também no oceano com seus infinitos braços!

Aristóteles supunha que Deus tinha forma, porém não substância. Xenófanes foi mais radical: achava que era inútil tentar saber a forma de Deus, ou o que ele é. Numa curiosa paródia com os deuses olímpicos, ironizou que os homens davam aos deuses seus próprios atributos e suas formas humanas, mas isso nada tinha a ver com a verdadeira natureza de Deus. Se cavalos e bois tivessem mãos para escrever, e resolvessem desenhar seus deuses, argumentou, esses seriam desenhados como cavalos e bois. Portanto, quando se tenta imaginar Deus, é melhor ficar numa posição intermediária entre a forma e a substância de Aristóteles, e o ceticismo absoluto de Xenófanes: Deus está no limite entre substância e forma, com atributos simultâneos de determinismo e probabilidade, num nível de realidade inapreensível para os sentidos humanos e seus aparelhos de medição. Para Hegel, Deus só pode ser intuído no plano da emoção.

É possível conceber o primeiro ato de Criação como um sopro divino na forma de emissão, num nível de energia altíssimo manifestado na explosão primordial (Big Bang), da força especulada pelos físicos como força unificada, da qual derivariam na medida do resfriamento do universo as quatro forças fundamentais: fraca (mantendo o elétron na órbita do núcleo do átomo), forte (ligando o próton e o nêutron no núcleo do átomo), eletromagnética e gravitacional.

A RAZÃO DE DEUS

As ondas-partículas elementares originárias dessas forças é que formaram o estofo do mundo (*prakrti*), no mesmo movimento em que, de forma inicialmente não manifestada, outros aspectos do sopro divino (purusa) se revelavam como vida e inteligência potenciais. Essa tríade básica, na origem dos tempos, se manifesta integralmente ao longo do processo evolucionário, porém sem negar a unidade fundamental presente no ato criador. Tudo é Um, diziam os filósofos gregos, e este é um conceito que, também na filosofia hindu, aparece com frequência. Mas o Um existe na tríade suprema e se revela na polaridade entre os princípios contrários, o positivo e o negativo, masculino e feminino, yin e yang dos taoístas, manifestados na realidade de toda a Criação.

3. O fluxo de vida no sopro divino

A metáfora do sopro divino como significando o ato da criação encontra-se na maioria das antigas religiões e culturas. Não é descabido para um crente considerar essa interpretação como conhecimento objetivo da matéria e da psicologia, e não apenas como metáfora. A respiração é o sinal mais óbvio de vida, consciente ou não, e é natural considerá-la como o princípio vital, sobretudo nos animais superiores. Na Índia, o *prana* é justamente a energia psíquica vital que mantém o corpo físico funcionando; na China o *ch'i* é também o princípio vital, que penetra no corpo alternadamente por uma narina (yin) e outra (yang); entre os gregos, o *pneuma* é um princípio ativo que organiza a matéria e um fragmento no homem da alma de Zeus, que existe mesmo em objetos inanimados.

Essa concepção é coerente com o reconhecimento de que vivemos num mundo ancorado numa realidade simultaneamente determinista e probabilística, para além da polaridade masculino-feminina, onde, nos níveis mais profundos da interação matéria-energia, ondas-partículas individuais parecem ter liberdade de se mover por conta própria. No entanto nossas relações humanas só podem ocorrer porque vivemos num mundo aparentemente determinístico ao nível da realidade superficial. É no terreno da probabilidade, contudo, na qual alguns indivíduos ou grupos de indivíduos fogem da parte central da curva normal e se manifestam como excentricidades, que se opera o milagre da criatividade. Aqui é que se deve buscar o segredo da evolução: o novo é o excêntrico, aquilo que foge à normalidade e à rotina, o assimétrico, seja em biologia, seja em física, seja em psicologia, seja em economia. É nessa região que se pode buscar Deus.

Na Teoria do Caos, os sistemas extremamente complexos, num nível, se reorganizam através de múltiplas interações no tempo num nível superior, mediante a intervenção de um fator aleatório incompreendido, a que se deu o nome charmoso de Atrator Estranho. Esse Atrator, quando nos referimos aos períodos de caos social na história humana, pode ser associado ao conceito hindu de Avatara, anteriormente mencionado. Reconhecemos o Avatara nas formas antropomórficas de Buda, Lao Tse, Confúcio, Jesus, Maomé, no plano religioso, ou de Alexandre Magno, César e Napoleão, no plano civil e militar. Todos esses foram reordenadores de civilizações. Em geral não nos damos conta de que um avatara, desde os primórdios dos tempos, pode estar presente sempre que haja uma situação social caótica, com o fim de ordená-la em termos determinísticos. Ou pode ser também o ordenador da evolução, desde sua origem, em formas biológicas elementares: o Avatara que quer mudar uma espécie em outra

A RAZÃO DE DEUS

pode tomar a forma de um RNA mensageiro que altere intencionalmente a configuração dos genes e dos elementos do DNA num ser diferente, mantida porém a regra fundamental da probabilidade. A única razão que nos impede de pensar dessa forma é nossa tendência a nos relacionar mentalmente com o mundo a partir de paradigmas antropomórficos, que desconhecem o mundo subatômico.

O problema metafísico que surge a seguir é se Deus resguardou sua individualidade como Brahman ou se se arriscou a confundir-se na própria Criação, como Brahma. As evidências científicas, pela própria incompetência da ciência de explicar certos eventos da evolução, indicam que Deus está no mundo, em forma de matéria e de espírito, mas não é o mundo: isso seria panteísmo. Como se viu, é provável que ele interfira, às vezes, no mundo físico, no mundo biológico e no mundo social. Não para corrigir trajetórias individuais, mas para garantir a segurança do processo evolutivo como um todo. E talvez mesmo para corrigir trajetórias individuais, se isso corresponde a um apelo devido a uma sintonia fina entre o Atman individual e o Atman Supremo, desde que não se altere com isso a ordem social ou cósmica.

Para Deus, enquanto criador, devem ser significativos tanto os pontos extremos de frequência da curva normal na evolução de grandes populações quanto o comportamento central da frequência. Contudo, individualmente, para Ele, o gênio científico deve ter o mesmo valor do deficiente mental. Um governante não se incomoda muito com 3% de impopularidade se 97% dos entrevistados consideram sua performance boa ou ótima. Deus efetivamente se importa. Porém, os que escapam do centro e se refugiam nos extremos da curva, considerados excêntricos ou anormais,

335

não comprometem o curso do processo evolutivo como um todo. Às vezes o retardam, às vezes o aceleram, mas por fim a normalidade estatística prevalece.

4. A relação do homem com Deus

O indivíduo toma contato, sim, com a divindade, porém num campo coletivo ou emocional, o do pensamento criativo ou do espírito. Nesse caso, ele partilha a essência de Deus. É um campo também probabilístico, pois as interações da mente em indivíduos particulares, e com Deus, além de instantâneas, só podem ser descritas por equações não lineares, sem solução no campo finito. O oceano que cria braços de mar na terra não deixa de ser oceano, nem é menor que o oceano original. Assim, Deus nada perde de sua essência ao infundir seu espírito nos homens. Os homens, por sua vez, só se podem comparar com braços de mar quando têm a terra, matéria, para condicioná-los: do contrário, se confundiriam com o próprio oceano. Assim, o homem tem Deus em si, mas não é Deus. É espírito de Deus condicionado pela matéria. Deus, o Absoluto, objetivado, porém velado.

Apenas Deus é o espírito incondicionado. Entretanto, os humanos deveriam se resguardar de lhe conferir atributos de forma, de poder, de bondade, de sabedoria: tudo isso são projeções dialéticas da própria condicionalidade humana. Como incondicionado, Deus dispensa outros atributos, exceto um: o amor, consequência lógica da criação, como se discutirá adiante. Sabemos com alguma certeza que criou o universo, que deixou pistas de que o mundo foi criado por Ele, e que com toda probabilidade fez isso de forma tal que o futuro poderia ser previsto probabilisticamente, para

A RAZÃO DE DEUS

grandes números, mas não deterministicamente, para seres individuais. É o que basta. Um pouco mais de certeza em relação ao mundo e em relação a Ele nos tornaria infinitamente monótonos, preguiçosos e pouco criativos. Assim como nos dispensaria de uma ética de responsabilidade, atribuindo a Deus a responsabilidade por tudo e por todos, com grande prejuízo para a evolução ética da humanidade.

Não é Deus, mas a ética e a política que reconduzem à parte central da curva normal os excêntricos da evolução biológica e social. A crueldade aparente da evolução natural espontânea e a crueldade histórica dos processos sociais dirigidos têm como contrapeso o desenvolvimento ético e político, o primeiro movido pela compaixão e pelo amor ao próximo, e o segundo pela força das maiorias.

Em todos os países civilizados organizações de caridade e a própria lei protegem deficientes, e naqueles onde a democracia mais se desenvolveu as constituições protegem as minorias antes excluídas. E assim como uma intervenção cirúrgica no útero de uma grávida corrige defeitos naturais do feto, é o processo político, em sua dimensão evolucionária, que corrige os defeitos da vida social. Em qualquer caso, é e não é intervenção de Deus. Não é enquanto uma iniciativa externa sobrenatural. É intervenção de Deus enquanto manifestação humana de um processo evolutivo integral da matéria e do espírito, criados todos por Deus.

Como já mencionado, Aristóteles afirmou que Deus tinha essência, mas não forma. É um conceito que foi repassado ao mundo católico através de São Tomás de Aquino. Contudo, é uma especulação inútil. Atribuir a Deus uma essência especial é afastá-lo do homem como algo à parte. Um criador inteligente partilharia sua essência com sua criação, assim como um fabricante de robô partilha com ele sua inteligência. Contudo, pela própria natureza da especulação a respeito de Deus, a negação pura e simples de um deus pessoal cai no terreno do dogmatismo. A razão humana está preparada para o deus impessoal, mas a emoção dá preferência ao deus pessoal: a escolha é subjetiva.

Um eminente cientista, Francis S. Collins, que foi diretor do Projeto Genoma, traça em *The Language of God* um roteiro suave entre o conhecimento racional do universo e da vida e a devoção a um Deus pessoal — no caso, Jesus de Nazaré. Sua mais significativa mensagem diz respeito a uma sugestão sobre como ler a Bíblia: deve-se imaginar, antes de tudo, uma comunicação original pela palavra oral, e não pela palavra escrita (Martin Buber dizia o mesmo relativamente à Torá). O contexto da linguagem oral muda inteiramente o significado de algumas passagens do Evangelho. Veja-se quando o fariseu pergunta a Jesus, certamente de forma provocativa e impertinente, sobre o caminho para entrar no reino dos céus. Jesus dá inicialmente uma resposta convencional. Diante da insistência, explode: "Vai, vende tudo o que tem, e me siga." Jesus não queria exigir de todos nós atitude tão radical, provavelmente acima das forças da esmagadora maioria dos homens e das mulheres. Queria, simplesmente, livrar-se de um chato!

5. A reaproximação do homem com Deus

Há sinais de que o centro de gravidade da civilização está mudando, no sentido de que Deus poderá vir a ser reconhecido pela própria ação dos homens e das mulheres. A Idade Moderna afastou o homem de Deus. Caracterizou-se pela

A RAZÃO DE DEUS

busca e afirmação da liberdade individual sem limites, em todos os domínios, desde a cultura, à política e à economia (nesses casos, como atributos ao menos de elites). Na esfera econômica, em que se baseiam os alicerces materiais das sociedades, o liberalismo assumiu nas últimas décadas a forma de neoliberalismo, com total esmagamento dos valores humanos em favor do primado do livre mercado e da matéria. A crise financeira expôs a fragilidade do sistema neoliberal na medida em que só a intervenção maciça dos Estados nos sistemas financeiros evitou um colapso total da economia mundial. Tornou-se evidente, pela natureza mesma da crise, que ela não poderá ser superada fora do marco da cooperação interna e internacional, portanto no sentido inverso ao do neoliberalismo extremado.

Contudo, como se examinou anteriormente, não é apenas em relação à economia que estamos assistindo a uma mudança de paradigma civilizatório. Isso acontece também na geopolítica, na questão climática, nas ciências genéticas e na política. Em geopolítica, tornou-se obsoleto, em face da realidade de um mundo nuclearizado, o conceito de Carl Von Clausewitz de que "a guerra é a continuação da política por outros meios". A característica do poder militar atômico é que, primeiro, nivela os países por baixo: pequenos arsenais são tão dissuasórios quanto os grandes; segundo, que a simples existência desses arsenais impõe a cooperação entre os países, em lugar da competição radical como medida de segurança individual e coletiva.

A cooperação constitui um imperativo óbvio no domínio das questões do clima na Terra. A relação predatória do homem com seu meio ambiente terá de ser enfrentada numa base cooperativa, pois não há solução individual. Por certo que há imensos interesses econômicos envolvidos e uma forte atuação de lobbies de parte a parte, o que complica as decisões políticas. Entretanto, as discussões têm avançado. Copenhague, em dezembro de 2009; México, em 2010, e Doha, em 2011, podem ter desapontado ativistas ambientais, mas é preciso ter em conta que esses processos de negociação são necessariamente lentos num mundo democratizado. Além disso, não há certeza absoluta, quanto ao efeito estufa, de que as mudanças climáticas se devem apenas à ação humana, e não também a processos naturais; por outro lado, caso se firme a convicção de que essas mudanças são por ação humana, ainda restará considerar, como anteriormente observado, qual o menor custo relativo — se o de reduzir significativamente as emissões até a algum nível estabelecido do passado, ao custo de trilhões de dólares, se o de amenizar as consequências, ao custo de bilhões.

Contudo, a questão ambiental transcende mudanças climáticas. A predação da Terra por exploração econômica exaustiva tem resultado em derrubada de florestas, degradação de rios e lagoas, desaparecimento de nascentes, exaustão de recursos naturais, desertificação, poluição de cursos d'água, acúmulo de lixo tóxico em áreas urbanas etc. Também aqui os problemas centrais têm que ser enfrentados numa base cooperativa, pois ações de uns afetam o meio ambiente de outros, para o bem ou para o mal. A ciência e a tecnologia já estão dando importante contribuição para o alívio das pressões ambientais, mas é provável que, em algum grau, com o fim de assegurar o equilíbrio na evolução da espécie, o homem e a mulher terão de escolher, numa base também cooperativa, entre qualidade e quantidade de crescimento econômico.

A ciência e a tecnologia genética são outro campo no qual a humanidade, para preservar valores éticos fundamentais,

A RAZÃO DE DEUS

está sob o imperativo da cooperação. Os avanços nessa área estão entre o promissor e o assustador. As promessas da genética para a medicina são simplesmente espetaculares. Mas a pesquisa genética também pode levar a aberrações casuais ou mesmo intencionais. Em razão disso, está cada vez mais evidente a necessidade de um código de ética internacional para pesquisas genéticas, em base essencialmente cooperativa, para prevenir distorções nas investigações e no desenvolvimento da tecnologia genética.

A transição da Era Moderna, fundada na liberdade individual que se pretendeu ilimitada, para a futura Idade da Cooperação, na qual a ação humana individual estará eticamente condicionada ao bem-estar também do outro, está se processando sob a guarda da democracia de cidadania ampliada, o fenômeno político mais marcante da segunda metade do século XX. A política aparece na Idade Moderna na forma de democracia de cidadania limitada: apenas uma elite goza de todos os direitos civis, sobretudo o direito ao uso de todas as liberdades. No curso da história, na medida em que proporções crescentes da sociedade adquirem mais direitos, a cidadania se expande, expandindo com ela a democracia. E é a democracia de cidadania ampliada o fator condicionante mais eficaz da Idade da Cooperação, mediante a superação do individualismo exacerbado e da concorrência predatória entre pessoas e povos. A democracia, a despeito de todas as suas insuficiências determinadas pelo poder econômico e dos lobbies particulares, é o estatuto objetivo pelo qual cada um está compelido a subordinar a sua liberdade aos interesses do outro, identificados com a maioria dos cidadãos. Enfim, talvez venhamos a descobrir que a verdadeira face de Deus é a cooperação!

6. O amor de Deus como efeito da criação

Até aqui tentei transmitir para mim mesmo, e a quem me lê, a noção de um Deus que, exceto por breves menções, é um reflexo da racionalidade humana, porém não de sua emoção. Entretanto, Deus não pode ser exclusivamente razão. Ninguém que cria está privado de emoção. Criar é gostar da coisa criada. No *Gênesis*, Deus aparece como tendo gostado de sua criação. Por isso a razão criativa de Deus implica necessariamente o amor de Deus. Nesse sentido, o drama da condição humana toma outra dimensão: é que, na medida em que tem uma relação emocional com suas criaturas, Deus participa necessariamente de sua alegria e de seu sofrimento. É nesse sentido que interpreto a metáfora da Paixão de Cristo: Deus ama como pai, e o pai sofre quando o filho sofre; e ao manifestar esse sofrimento, Deus se faz homem. E o Filho, inicialmente velado, se desvela também no amor ao Pai e aos outros homens e mulheres, a ponto de entregar-se no sacrifício da cruz para salvá-los.

Pode-se chegar à mesma conclusão pelo caminho inverso, isto é, em lugar de um Deus que se faz carne, a carne que sobe a Deus na integração do Atman com o Absoluto. Isso ajuda a aceitar a aparente passividade divina diante do sofrimento humano. Qualquer interferência individual alteraria a ordem cósmica e as relações de causa e efeito no mundo objetivo e subjetivo, tal como intuído por Homero na Ilíada, conforme citação anterior. Como consequência, em algum nível inapreensível, Deus sofre com o sofrimento humano, e se alegra com sua alegria, algo não surpreendente quando se considera a participação humana na essência divina. É essa atitude emocional que se traduz como amor de Deus.

A RAZÃO DE DEUS

E a receita extremamente simples com que Deus propõe ao homem, no *Evangelho*, superar o sofrimento comum é que os homens se amem uns aos outros.

Essa mensagem cristã é portadora de grande otimismo. Em primeiro lugar, diferentemente do budismo, que vê sofrimento em tudo e por isso prega a negação do desejo, por ser fonte do sofrimento, Cristo promete um reino do céu cheio de bem-aventuranças, aberto àqueles que amam uns aos outros e que são felizes também na terra. Note-se que o conceito de que todos os homens são irmãos não era novo. Alexandre Magno também proclamou que todos os homens são filhos do mesmo pai e, portanto, deveriam viver como irmãos; mas tratava-se de um conceito estritamente político e, óbvio, que tinha implícito uma relação com homens submetidos a seu império. A mensagem de Cristo é muito mais emotiva. No *Sermão da Montanha*, ele coloca os homens como "filhinhos" de Deus, no diminutivo. E o amor ao próximo, como decorrente do amor de Deus, é colocado no patamar mais alto e mais sublime das relações humanas.

Nas cosmogonias arcaicas, havia criação, mas não amor. Em Hesíodo o Amor é identificado entre os deuses primordiais, como fonte da criação, mas não existe entre esse deus e suas criaturas nenhuma relação afetiva. Em mitos mais antigos, como os babilônicos, os persas e os hindus, a criação se apresenta como um ato cosmológico de um deus ou de forças primordiais impessoais, e também aí não há espaço para a afetividade e o amor. A própria cosmologia hebraica supõe uma criação burocrática e fria de Adão e Eva. Só no *Novo Testamento* surge claramente a noção de que Deus criou o homem com amor, e não apenas com os recursos da razão.

Pode-se concluir, pois, que a maior questão metafísica dos tempos contemporâneos não é especular sobre a existência ou não de Deus, ou sobre como Ele é. Acredito que muitos de nós, talvez a maioria, estejamos satisfeitos com as evidências de que Ele existe, e que sua existência se manifesta na fronteira entre forma e essência, ou entre o objetivo e o subjetivo. A questão realmente essencial é saber o que Deus quer de nós, e o que nós devemos querer de nós mesmos. Estou absolutamente seguro de que não são orações, embora acredite que rezar tem um efeito psicológico benéfico na maioria das pessoas que rezam. Porém, minha convicção profunda em relação ao que acho que Deus realmente quer de nós é bem simples: Ele quer que, pelos meios de que dispomos — científicos, sociais e políticos —, nos esforcemos em verdadeiro espírito de cooperação para construirmos na Terra o Paraíso Perdido que, enquanto probabilidade, encontra-se ainda em sua própria mente. Construindo o Paraíso Perdido na terra, estará acabado, por definição, o sofrimento humano, e estaremos o mais próximo possível de conhecer Deus em si.

Nota final

Este livro não tem qualquer intenção de proselitismo. Tem, sim, um propósito de reflexão sobre a existência de Deus, atualizando de forma pedagógica, no que me foi possível, especulações de todos os tempos, à luz de alguns desenvolvimentos da ciência contemporânea, sobre um tema que jamais será esgotado. Não tive intenção de fazer história de religiões ou de outros aspectos civilizatórios: a história não é meu campo específico de conhecimento. Cuidei simplesmente de estabelecer premissas essencialmente lógicas e racionais, e ilustrá-las, sem preocupação com cronologia, com fatos científicos, opiniões ou crenças históricas.

Foi graças à franqueza e paciência de um dos mais notáveis matemáticos e físicos quânticos brasileiros, meu dileto amigo e parceiro intelectual Francisco Antonio Doria, que pude evitar alguns erros em mecânica quântica que estava a ponto de cometer. Ele me possibilitou o refinamento de conceitos nessa e em outras matérias, e me conduziu a seu filho, Manuel, um estudioso de filosofia que me esclareceu sobre pontos da Teoria da Evolução em que me baseei para especular sobre a origem da vida e das espécies. Claro, não são responsáveis por minhas próprias deduções. Devo um agradecimento especial à psicóloga Sofia Débora Levi, que leu e deu valiosas contribuições para o melhoramento dos originais.

Essas não seriam contribuições triviais, mas houve outra, de Doria, ainda mais relevante: como o leitor que chegou até aqui já sabe, foi ele quem fez o prefácio. Pedi que o fizesse por duas razões principais: pelo fato de que é um cientista altamente reputado, e, mais interessante ainda, porque é assumidamente um ateu — embora eu próprio o classificaria como agnóstico, por seu espírito generoso, raramente visto em ateus radicais. Portanto, sua opinião sobre *A Razão de Deus* é um ponto de vista relativamente neutro entre crentes e não crentes, um ponto de equilíbrio socrático entre dois extremos.

Fiz poucas citações e me poupei de referências bibliográficas, exceto num ou noutro caso. Isso porque este livro não tem pretensão acadêmica. É dirigido ao cidadão e à cidadã de cultura mediana que tenham alguma curiosidade sobre a origem e o destino humanos e sua relação com a divindade. Muitas citações apenas poluiriam o texto, sem qualquer vantagem relevante. A maioria dos filósofos, cientistas e autores citados são clássicos, e suas contribuições ao conhecimento humano, amplamente conhecidas. Para os interessados em saber mais deles, existem fartas referências na Internet.

Entretanto, no caso de alguns capítulos específicos, baseei-me em cinco fontes principais: na *Historia de la Filosofia Occidental*, de Bertrand Russel, edição espanhola; na insuperável *História das Crenças e Ideias Religiosas I e II*, de Mircea Eliade, editora Zahar; em *Deus na filosofia do século XX*, organizado por Giorgio Penzo e Rosino Gibellini, Editora Loyola; em *Dez provas da existência de Deus*, seleção de Plínio Junqueira Smith, Alameda; e em três versões

A RAZÃO DE DEUS

maravilhosas de um dos livros sagrados hindus, o *Bagavad Gita*, uma das quais de Gandhi, sendo essa e outra traduzidas para o inglês (com luminosas apresentações, respectivamente, dos sábios Mahadev Desai e S. Radhakrishnan — esse um iogue que veio a se tornar Presidente da Índia e depois se retirou em vida do mundo dos homens). Uma terceira versão consultada, essa em português, é a de A.C. Bhaktivedanta Swami Prabhaupada.

O leitor pode ficar intrigado pelo fato de que, tendo citado tão poucos livros e tendo feito tão poucas referências literais, fiz uma citação tão longa de um autor não muito conhecido e de limitado interesse filosófico, como o economista norte-americano David M. Smick. A razão é simples. Esse autor encarna melhor do que ninguém o pensamento neoliberal pós-crise financeira mundial. Seu *The world is curved* é um perfeito mapa das contradições do sistema financeiro mundial, condenado à instabilidade devido à sua própria lógica de funcionamento. Portanto, é um ponto de partida no debate da superação da crise por um novo paradigma.

Minhas ideias sobre física, biologia e espiritualidade desenvolveram-se ao longo de mais de 40 anos de leituras anárquicas, e acredito que somente no presente texto encontraram uma síntese orgânica. Por décadas, dediquei-me quase inteiramente à economia política, não obstante continuar seguindo a trilha do pensamento oriental em metafísica. Isso me deu oportunidade para uma interpretação que creio mais convincente da crise global que vivenciamos a partir de 2007, e que está retratada em *A Crise da Globalização*, ed. MECS, de 2008, e principalmente em *Universo Neoliberal em Desencanto*, ed. Civilização Brasileira, escrito em parceria com Doria. Esses livros, de certo modo, são uma espécie de

JOSÉ CARLOS DE ASSIS

ponte, só que restritos à economia e à política, para *A Razão de Deus*, na sua parte relativa ao valor e à economia.

Alguns autores e livros exerceram grande influência sobre meu pensamento e seria uma desonestidade intelectual não mencioná-los nominalmente. Em física, citarei novamente Bertrand Russel, *Analysis of Matter*, 1954 ; Albert Einstein e Leopold Infeld, *The Evolution of Physics*, 1938; Albert Einstein, *Mein Weltbild*, 1953, e *Uber die spezielle und die allgemeine Relativitatstehorie*, tradução brasileira: *A Teoria da Relatividade Especial e Geral*, 1999; Marcelo Gleiser, *A Criação Imperfeita*, 2010; F. Caruso e A. Santoro, *Do Átamo Grego à Física das Interações Fundamentais*, 1994; Niels Bohr, *Atomic physics and human knowlege*, 1958; Werner Heisenberg, *Physics and Beyond: Encounters and conversations*, 1971; Murray Gell-Man, *The Quark and the Jaguar — Adventures in the simple and the complex*, 1994; Emilio Segrè, *From X-rays to quarks: modern physicists and their discoveries*, 1980; Stephen Hawking, *A brief history of time: from the Big Bang to black holes*, 1987; Timothy Ferris, *Coming of Age in the Milky Way*, 1988; Joseph Silk, *The Big Bang — The Creation and Evolution of the Universe*, 1980. Em teoria do caos, James Glick, *Chaos — Making a New Science*, 1987; Edward N. Lorentz, *The essence of chaos*, 1993. Em biologia e genética, além de outros já citados no texto, Robert Shapiro, *Origins — A skeptic's guide to the creation of life in Earth*, 1987; Tom Wilkie, *Perilous Knowlege — The Human Genome Project and its implications*, 1993.

Em antropologia, sociologia, história e ciências políticas, cito Richard E. Leakey e Roger Lewin, *Origins*, 1977; Richard E. Leakey, *The Making of Mankind*, 1981; Max Weber, *Essays in Sociology*, 1946; Bertrand de Jouvenel, *Les*

A RAZÃO DE DEUS

débuts de l'Etat moderne, 1978; Felipe Fernández-Armesto, *Millenium*, 1995; Viviane Forrester, *L'horreur économique*, 1996. Em economia, muito devo a duas obras monumentais: *The Secrets of the Temple — How the FED runs the Country*, 1987, de William Greider, sobre política monetária e bancária, e *The Great Wave — Price Revolutions and the Rhythm of History*, 1996, de David Hackett Fischer, sobre inflação de preços desde a Alta Idade Média. Um notável livro de L. Randall Wray, *Understanding Modern Money*, introduzindo o conceito de uma política de emprego garantido como instrumento de promoção do pleno emprego, me impressionou tanto que o traduzi para o português, sob o título *Trabalho e Moeda Hoje*, editora da UFRJ, tendo sido adotado em algumas universidades brasileiras.

Na fronteira entre a física e a filosofia oriental, cabe mencionar Fritjof Kapra, *The Tao of Physics*, 1975; Max Jammer, *Einstein and Religion: physics and theology*, 2000; Sthephano Sabetti, *The Wholeness Principle*, 1986; Dana Zohar, *The Quantum Self*, 1990; Mark Epstein, *The truth about what the Budda taught*, 2005; Timothy Johnson, *Finding God in the Questions*, 2009; Deepak Chopra, *Jesus: A Story of Enlightenment*, 2008; Susan Blackmore, *Beyond of the Body — An Investigation of Out-of-the Body Experiences*, 1982. Em espiritualidade, Jon Klimo, *Channeling*, 1987; Judith Johnstone e Glenn Willston, *Discovering your past lives*, 1983; Andrew Mackenzie, *Hauntings and Apparitions*, 1982; Morey Bernstein, *The Search for Briday Murphy*, 1952; Robert Moroe, *Journeys out of the Body*, 1972. (De alguns desses livros eu li suas versões em português, por diferentes editoras, em edições esgotadas; a citação dos títulos no original visa a facilitar eventuais consultas pela Internet.)

O livro do jornalista e divulgador científico Reinaldo José Lopes, *Além de Darwin*, ed. Globo, contém um registro amplo, atualizado e divertido sobre as recentes descobertas biológicas, bioquímicas e arqueológicas em apoio à teoria da evolução. Entretanto, algumas de suas conclusões sobre mudança casual de espécies requerem um tremendo esforço de imaginação para serem aceitas. Também sua crítica ao Desenho Inteligente é insatisfatória: ele argumenta que a teoria não contém uma explicação científica para os fenômenos que examina. Ora, na física quântica, há inúmeros fenômenos descritos, mas não explicados, inclusive a luz.

A propósito da milenar cultura hindu, que me inspira em várias partes do livro, tive a sorte de ter em certa ocasião como vizinho de trabalho o engenheiro André Zabludowski, um fascinado pela Índia, por sua Filosofia e pelo sânscrito. Ele me ajudou a interpretar passagens e metáforas dos mitos hindus e a estabelecer, em alguns casos, conexões entre a sabedoria inscrita nos Vedas e Upanixades sagrados e linhas de conhecimento ocidental, sobretudo em psicologia e filosofia. André viaja regularmente à Índia há cerca de duas décadas e costuma citar um sábio hindu segundo o qual desse país se pode afirmar literalmente tudo, e também o seu inverso.

Grande parte da inspiração para fazer este livro me veio de longas conversas com minha prima Lúcia Maria Silva, Lucinha, uma iniciada rosa-cruz que desapareceu há alguns anos, vencida por um câncer em pleno vigor intelectual. Foi ela quem primeiro me introduziu no estudo da yoga, e me conduziu aos primeiros conceitos da Filosofia oriental, ainda nos anos 60, através do livro *A Libertação pelo Yoga*, de Caio Miranda. Não fora pela convicção que partilhamos sobre o *post mortem*, minha tristeza por seu desaparecimento teria sido bem mais profunda do que tem sido.

A RAZÃO DE DEUS

Não sou muito sábio, nem muito virtuoso, nem muito bom. O conhecimento que tentei passar neste livro está focado no homem e na mulher comuns e resulta do acúmulo de investigações e curiosidades de uma vida. Tive inúmeras contribuições de familiares, amigas e amigos na formação das ideias aqui expostas. Não vou nomeá-los para não cometer eventuais omissões. Registro, porém, meu agradecimento mais profundo a todos eles. Do leitor médio, espero que tenha tido suficiente paciência para procurar me entender. E que, dessas páginas, alguma coisa positiva lhe tenha aproveitado para gozar melhor a vida e temer menos a morte.

O desaparecimento de uma filha, Ana, em circunstâncias trágicas e inesperadas me ensinou a compreender do fundo da alma a necessidade do conceito budista de desapego como caminho para nos consolarmos da perda trágica de um relacionamento com uma pessoa amada. Quando iniciei a elaboração deste livro, pensei principalmente nas minhas filhas, como forma de compensá-las por não lhes ter dado formação religiosa convencional: infelizmente, Ana partiu antes de lê-lo.

Rio de Janeiro, fevereiro de 2012

O texto deste livro foi composto em Sabon,
desenho tipográfico de Jan Tschichold de 1964
baseado nos estudos de Claude Garamond e
Jacques Sabon no século XVI, em corpo 11/15.
Para títulos e destaques, foi utilizada a tipografia
Frutiger, desenhada por Adrian Frutiger em 1975.

A impressão se deu sobre papel off-white $80g/m^2$
pelo Sistema Cameron da Divisão Gráfica
da Distribuidora Record.